CEDU 쎄듀는 A **C**omprehensive **E**nglish e**DU**cation(종합적 영어교육)의 약자입니다.

펴낸이	김기훈 · 김진희
펴낸곳	(주)쎄듀 / 서울시 강남구 논현로 305 (역삼동)
발행일	2015년 7월 6일 제2개정판 1쇄
내용문의	www.cedubook.com
구입문의	콘텐츠 마케팅 사업본부
	Tel. 02-6241-2007
	Fax. 02-2058-0209
등록번호	제22-2472호
ISBN	978-89-6806-045-8

최신 기출 영어영역 최고오답률 문항 분석 보고서
ALL YOU MUST KNOW ABOUT ANSWER CHOICES

오답
백서

CEDU
BOOK 쎄듀

저자

김 기 훈   現 ㈜ 쎄듀 대표이사

現 메가스터디 영어영역 대표강사

前 서울특별시 교육청 외국어 교육정책자문위원회 위원

저서: 천일문 〈입문편·기본편·핵심편·완성편〉 / 천일문 GRAMMAR

첫단추 BASIC / 쎄듀 본영어 / 어휘끝 / 어법끝 / 문법의 골든룰 101

거침없이 Writing / 리딩 플랫폼 / READING RELAY

절대평가 PLAN A / Grammar Q / 1센치 영문법 / 잘 풀리는 영문법

독해가 된다 시리즈 / The 리딩플레이어 / 빈칸백서 / 오답백서

첫단추 Button Up / 파워업 Power Up / ALL씀 서술형 시리즈

수능영어 절대유형 / 수능실감 등

쎄듀 영어교육연구센터

쎄듀 영어교육센터는 영어 콘텐츠에 대한 전문지식과 경험을 바탕으로
최고의 교육 콘텐츠를 만들고자 최선의 노력을 다하는 전문가 집단입니다.

오혜정 센터장

마케팅   콘텐츠 마케팅 사업본부

영 업   문병구

제 작   정승호

맥편집   올댓에디팅

디자인   윤혜영, 박성희

영문교열   Mark Holden, Carolyn J. Papworth, Eric Scheusner

교재 제목 네이밍   황병욱 (대전 중앙고등학교)

본 교재는 '오답은 왜 매력적인가'에 대한 2013년 개정판인 '오답백서'를 최신 수능에 맞추어 개정한 것이다. 본 교재의 시리즈인 '빈칸백서'는 이미 두 차례의 개정을 거쳐 최신 수능에 대비할 수 있게 하였고, '오답백서' 또한 변화하는 수능에 맞춰 최적화된 내용 구성으로 선보이고자 한다.

개정 후의 가장 큰 차이점은 기존에 있었던 빈칸 유형을 모두 삭제하고 흐름에 무관한 문장 찾기 유형을 신설한 점이다. 빈칸 유형에 대한 대비는 '빈칸백서'로 충분히 가능하도록 이미 개정하였으므로 오답백서는 그 외에 오답률이 높은 유형들에 좀 더 충실하고자 하였다. 오답백서는 '빈칸백서'와 함께 EBS 비연계 및 간접 연계 문제에 대한 효과적인 대비를 하려는 목적을 가지고 있다.

학생들이 가장 많이 틀리는 문제들을 오답까지 포함해서 분석해보면, 특정한 오답 한두 개에 많은 수의 학생들이 집중된 것을 볼 수 있다. 정답을 택한 학생들이 20%라면, 오답을 선택한 학생들은 그보다 많은 30, 40%를 차지하는 식이다. 이는 유독 그 오답이, 학생들을 잡아끄는 어떤 매력을 가지고 있음을 증명하며, 그 매력은 모두 출제진들이 의도한 것으로서 고도의 출제기술이 발휘된 것들이다.

출제진들이 어떤 점들을 고려해서 오답을 만들어내는지, 이를 논리적으로 최대한 분석해서 간파해놓지 않으면 그 매력에 매번 빠져들 수밖에 없다. 그러므로, 소수의 문제라도 양질의 기출문제와 예상문제를 통해 오답률을 낮추고 정답률을 높이기 위한 집중 학습이 반드시 필요하다.

어느 학습이나 절대적인 '양'과 '깊이'는 서로 병행이 되어야 최고의 학습효과를 이룰 수 있다. 다량의 문제를 채점만 하고 그냥 흘려보내고 있지 않은지 한 번 되돌아보기 바란다. 본 교재를 통해 '깊이'에 대한 학습을 더함으로써 목표를 이룰 수 있으리라 확신한다. 이 책을 보는 모든 수험생들의 앞날에 합격의 영광이 있기를 진심으로 기원한다.

저자

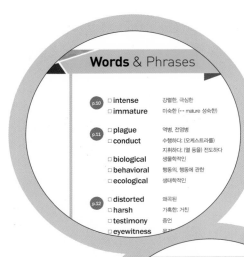

Words & Phrases

지문에 쓰인 어휘 중 반드시 알아야 할 수능 필수어휘를 엄선하여 한눈에 볼 수 있게 정리하였다. 최신 수능 경향에 있어, 어휘의 중요성은 두말할 필요도 없다. 수험장에 가는 그날까지 어휘는 차고 넘쳐흐를 정도로 담아 두어야 한다.

Check! Check!

기본적으로 알고 있어야 하는 필수 사항들을 정리하는 코너이다.

Brush Up Your Reading Skills!

최고오답률 문제를 본격적으로 학습하기 전에, 반대로 최고정답률을 기록한 문제는 어떠한 특징이 있는지를 알아보는 코너이다. 주로 그러한 특징이 없거나 반대인 문제가 최고오답률을 기록하므로 이해에 도움을 줄 것이다.

최고오답률
Case Study **1**

☆ 왜 오답률이 높은가?
주제문이 지문에 명시되어 있으나 **주제문을 찾기 쉽지 않다**. 주제문임을 나타당하는 여러 어구가 지문 곳곳에 보여 그 중에 어떤 것이 주제문인지를 파악한 경우 오답률이 더 높아진다.

☆ 정답률을 높여주는 TIP
문장들 중에서 어떤 것이 상대적으로 포괄적인 내용이고, 어떤 것이 좀 더 구이 관건이다. 앞서 정리한 주제문과 보충설명문장들의 특성에 근거하여 판단

☆ 오답 선택을 막아주는 TIP
**보충설명에 해당하는 문장의 어구가 포함된 선택지를 정답으로 택하지 않도이 상대적으로 이해가 더 쉬운 보충설명문장에 의존하기 쉽다는 점을 노린

48% 정답률

다음 글의 요지로 가장 적절한 것을 고르시오. 모의

While creating a statue, the artist depends on
figure because the quality of the final pro

최고오답률 **Case** Study

최근 5년간 해당 유형에서 최고오답률을 기록한 문항을 Case별로 나누어 논리적이고 체계적으로 분석하여 제시한다. 왜 오답률이 높을 수밖에 없는지, 정답률을 높이고 오답 선택을 막으려면 어떻게 해야 하는지 등을 기출 예제를 통하여 상세하게 살펴본다.

왜 오답률이 높은가?
정답률을 높여주는 TIP
오답 선택을 막아주는 TIP
최고 오답률 기출 예제

L Case **Revie**

[1~2] 다음 글의 요지로 가장 적절한 것을 고르

1 Often we are immobilized by the
and defend ourselves as if we we
than an observation by anoth
with a defensive response i
hurtful thoughts directed
defensive reaction ta

Case **Review Tests**

각 Case들에 주어진 다양한 TIP들을 실전에서 적용할 수 있도록 훈련하는 코너이다.

CONTENTS

목차

정답 및 해설

CHAPTER 01

주제, 제목, 요지 추론

독해의 기본인 글의 핵심을 묻는 유형들이다. 28문항 중 3~5 문항이 출제되어 독해 유형 중 비중이 가장 높다고 할 수 있다. 최근 5년간 평균 정답률은 69%로 높은 편이지만, 정답률이 낮은 문제(2018학년 대비 9월 모의고사 22번 – 정답률 40%, 2019학년 대비 9월 모의고사 23번 – 정답률 47%, 2019학년 도 수능 23번 – 정답률 48%)가 꾸준히 등장한다. 그들 문제가 유독 걸림돌이 된 이유를 들여다보자.

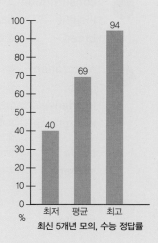

최신 5개년 모의, 수능 정답률

Words & Phrases

| p.10 | □ intense | 강렬한, 극심한 |
| | □ immature | 미숙한 (↔ mature 성숙한) |

p.11	□ plague	역병, 전염병
	□ conduct	수행하다; (오케스트라를) 지휘하다; (열 등을) 전도하다
	□ biological	생물학적인
	□ behavioral	행동의, 행동에 관한
	□ ecological	생태학적인

p.12	□ distorted	왜곡된
	□ harsh	가혹한; 거친
	□ testimony	증언
	□ eyewitness	목격자
	□ reconstruct	재구성하다; 재건[복구]하다

p.13	□ temporary	일시적인
	□ lasting	지속적인
	□ be concerned with	~에 관련되다, 영향을 받다
	cf. be concerned about	~을 걱정하다
	□ convince A that	A에게 ~을 납득시키다, 확신시키다
	cf. convince A to-v	A를 설득하여 v하게 하다
	□ revision	수정, 정정
	□ oral	구두의, 말의
	□ recitation	낭송
	cf. recite	(시·신문 등을) 낭송하다
	□ reflect	반사하다; 반영하다; ((on)) (~에 대해) 깊이 생각하다, 심사숙고하다

p.14	□ consumption	소비[소모](량)
	□ insight	통찰력; 이해
	□ breed	품종; 새끼를 낳다; 육성하다

p.15	□ restoration	복원[복구]; 회복; 반환
	□ joint	공동의, 합동의; 관절
	□ immense	엄청난, 어마어마한
	□ exceptional	이례적일 정도로 우수한, 특출한; 극히 예외적인
	□ ironic	반어적인; 비꼬는; 역설적인
	□ setback	차질, 좌절

| p.16 | □ take over | 더 커지다, 꿰차다 |
| | □ keystone | 핵심(의) |

p.16	□ predator	포식자
	□ exert	(권력이나 영향력을) 행사하다, 가하다
	□ alter	바꾸다

p.17	□ coincidence	우연의 일치
	□ trait	(성격상의) 특성
	□ conscientious	성실한
	□ agreeable	상냥한; 쾌활한; 선뜻 동의하는
	□ stick to	(어려움을 참고) 계속하다; (바뀌지 않고) 고수하다[지키다]

p.18	□ interplay	상호 작용
	□ solidity	견고함, 탄탄함, 확실함
	□ external	외부의, 밖의; 외부에서 작용하는

| p.19 | □ potentiality | 잠재력 |
| | □ identify | ((with)) (~와) 동일시하다, 동질감을 갖다 |

p.20	□ direct ratio	정비례
	cf. ratio	비(比), 비율
	□ unveil	덮개를 벗기다; 발표하다
	□ invariably	항상, 언제나
	□ effect	영향; 결과; (목적을) 이루게 하다
	□ pose	자세를 취하다; (질문 등을) 제기하다
	□ comprehend	이해하다
	□ imbalance	불균형
	□ date back	((to)) (~까지) 거슬러 올라가다
	□ insure (A) against B	B에 대비해 (A를) 지키다; B에 대비해 (A의) 보험을 들다
	□ embrace	껴안다; (제안 등을) 기꺼이 받아들이다

p.21	□ universality	보편성, 일반성
	□ in opposition to A	A에 반대하여
	□ ongoing	계속 진행 중인
	□ without regard to A	A에 상관없이, A를 고려하지 않고

| p.22 | □ spill | 유출; 유출물 |
| | □ rehabilitation | 사회 복귀, 재활; 복직; 재건 |

| p.23 | □ edition | (출간된 책의 형태로 본) 판; (시리즈 간행물 등의) 호[회] |
| | □ subsequent | 그 다음의, 차후의 |

Check! Check! **A**

주제문 Topic Sentence **vs.** 보충설명문 Supporting Details

글의 종류에 따라 주제문과 보충설명문은 다음과 같이 크게 두 가지 경우로 나누어진다.

1. 주제문이 필자의 주장을 강하게 드러내는 경우(e.g. 논설문)로서, 이때의 보충설명문장들은 그 주장을 뒷받침하는 근거가 된다. 주제문에는 필자의 주장을 강하게 드러내는 표현이 대부분 명시되어 있다.
2. 주제문이 위의 1.처럼 뭔가를 주장하는 것이 아니라, 다른 보충설명문들에 의해 구체적(specific)으로 설명되고 있는 가장 포괄적 (general) 내용(e.g. 설명문)인 경우이다. 이때는 지문에서 상대적으로 어떤 문장이 general이고 어떤 문장이 specific인지를 파악해 낼 수 있어야 하므로 1.보다 주제문 파악이 더 어려울 수 있다. 이런 문항은 오답 함정에 빠지기도 쉽다. 주제문의 의미가 너무 포괄적이면 상대적으로 이해가 더 어렵기 마련인데, 그렇게 되면 좀 더 쉬운 구체적 내용의 보충설명문장들로 답을 선택하기 때문이다. 사람들은 으레 자신이 이해 못한 부분은 무의식적으로 배제해버리고 이해한 부분에 의존하는 심리를 가지고 있으므로 이를 이용한 함정들이다.

이 점을 염두에 두고 다음 내용을 정리해 보자.

주제문임을 나타내는 단서

1 **필자의 주장을 강하게 드러내는 표현**
- It is important[vital / necessary / essential / key / imperative] 등
- must / have to / should / need to / ought to / had better / need (to) 등의 조동사
- be advised[forced / compelled / impelled / obligated / obliged / bound] to-v 등
- It's time
  ┌ to-v
  │ that + S´ + should + V´
  └ 과거동사
- Do ~ / Don't ~ 등 명령 표현
- 비교구문. 특히 최상급 구문이나 최상급의 의미를 지닌 원급, 비교급 등
- 직접적인 필자 주장 표현
  I think[believe / find / suggest] that ~ / I strongly urge[recommend] that ~
  In my opinion ~ / As for me ~ / To me ~ / As far as I'm concerned ~
  As[The way] I see[look at] it ~ / What I'm trying to say is that ~
  It is certain[clear / evident / doubtless / needless to say] that ~
  It goes without saying that ~ 등

1   All travelers **should** ensure they have adequate travel insurance before they depart. 수능

2   Apparently, **the higher** the temperature, **the more intense** the flavor. 모의

3   **I strongly urge that** stricter laws should be made to limit opportunities for immature judgement that often have harmful consequences. 모의

2 특정 연결어 전후
- however, but, yet, contrary to, on the contrary 등 '역접'을 나타내는 연결어 뒤
- for example, for instance 등 '예시'를 나타내는 연결어 앞
- therefore, thus, so, hence, consequently, as a result 등 '결론'을 나타내는 연결어 뒤

1 Many authors today are creating fairy stories in which the heroines are more active. **For example**, in *Cinder Edna*, a modern version of *Cinderella* by Ellen B. Jackson, the heroine wears comfortable shoes and takes the bus to the party. 모의 응용

2 Much of the culture of Alaska's Natives disappeared with the great plagues prior to the 1950s. The educational system also discouraged Native arts and culture. In recent decades, **however**, there has been a significant revival of interest in Native culture. 모의 응용

3 인용문, 속담, 연구 결과 등을 나타내는 내용

Erik Erikson, well-known for his psycho-social development theory, **says that** the first issue an infant faces right after birth is trust. He emphasizes that trust is the most important factor in the child's developing personality; and love, quality not quantity, is the key.

cf. 인용문, 속담, 연구 결과 등이 주제문에 대한 논거 제시의 기능을 할 때는 보충설명문장이 될 수도 있다.
What seems slower is actually faster.(→ 주제문) **A study** conducted at a jammed tunnel **showed that** when cars were allowed to enter the tunnel in the usual way, with no restrictions, the two-lane tunnel could handle 1,176 cars per hour. But in a trial, the tunnel authorities limited the number of cars that could enter the tunnel every two minutes to 44. The result? The tunnel now handled 1,320 vehicles per hour. 모의 응용

4 뒤에 나오는 다른 문장들에 의해 구체적으로 설명되는, 포괄적 의미의 어구가 있는 문장

1 For their own benefit, companies have **various ways** of offering lower prices. 수능

2 New research shows that men and women have quite **different biological and behavioral responses** to stress. 경찰대 응용

5 문제 제기에 대한 solution이나 답변에 해당하는 부분

What is the most ecological use of your garden? **At the top of the list is gardening for your own food.** 모의 응용

cf. 단, 수사의문문은 답변을 요구하는 단순한 질문이 아니므로, 그 자체가 주제문이 될 수 있다.
Is it fair for companies to sell a product they know is dangerous?
= It isn't fair for companies to sell a product they know is dangerous.

6 | Myth에 대한 Truth에 해당하는 문장

In the United States, *some people maintain* that TV media will create a distorted picture of a trial, while leading some judges to pass harsher sentences than they otherwise might. **However**, there are some benefits connected to the televising of trials. It will serve to educate the public about the court process. It will also provide full and accurate coverage of exactly what happens in any given case. 모의

ⓑ 보충설명문임을 나타내는 단서

1 | imagine, suppose 등이 이끄는 문장

for example, for instance 등 '예시'를 나타내는 연결어뿐만 아니라 imagine, suppose, if 등도 보충설명에 해당하는 구체적인 상황이나 사례를 제시하는 '예시'를 이끄는 경우가 자주 있다.

Suppose you're all sitting around the living room and someone is telling a joke. 수능

2 | 주장이 될 수 없는, 객관적인 fact에 해당하는 문장

1   One third of the unsuccessful cases rested on the testimony of two or more mistaken eyewitnesses.

2   Bristlecone pines are unusual trees that grow in the mountain regions of western America, sometimes as high as two or more miles above sea level. 수능

3 | Truth에 대한 Myth에 해당하는 문장

Many people believe that human memory works like a video recorder: the mind records events and then, on cue, plays back an exact copy of them. Psychologists have found, *on the contrary*, that memories are reconstructed rather than played back each time we recall them. The act of remembering is more similar to putting puzzle pieces together.

4 | 앞 내용에서 거론된 어구를 좀 더 상세히, 구체적으로 풀어 써준 문장

The ancient Greeks were the first people in the world to build and use *anything* resembling the modern-day showers that we know. **Their advanced sewers and water pumping systems with lead pipes enabled widespread use of public shower rooms and bathhouses.**

1

Sweeping statements have been made about the effect of clothing on the behavior of a child. It has been said that a child who is better dressed is better behaved, and that a child who is dressed like a cowboy is louder than he is when dressed in ordinary clothes. Clothing, however, might have a temporary effect on the behavior of the child, but not a lasting effect. We would predict that a child who was dressed in his best clothes and whose mother stressed that they were 'best' would be better behaved for a short period, but by the end of the hour the child would have forgotten his clothes and would be acting as he would in old clothes. 모의 응용

2

A clean sheet of paper is lying in front of you, and you have to fill it up. Suddenly, your mind seems as blank as the paper. What can you do to set your pen in motion? You don't have to worry that what you are about to write has to be the finished product. Make writing as easy for you as you can by not being concerned with how good the first draft is. If you can convince yourself that the first draft isn't your best writing and can be made more effective with additional thought and some revision, then it will be easier to get started. 수능 응용

3

A poem will live or die depending on how it is read. There are a few pointers about the oral recitation of poetry. Read the poem once slowly aloud without writing or marking anything. Don't stop until you finish the poem, even if you don't know the meaning or pronunciation of a word. When you have finished, reflect for a moment on any words, images, and characters that caught your attention. Write down these items in your notebook, and read the poem again silently. 모의 응용

Check! Check! **B**

주제 Topic **vs.** 제목 Title

주제와 제목은 해결 방법이 거의 유사

명시된 주제문이 있을 경우 이를 잘 압축한 내용의 선택지를 찾으면 된다. 글에 주제문이 명시되어 있지 않으면, 내용을 종합하거나 글에서 서술된 사건, 상황이 시사하는 바와 일치하는 것을 찾는다.

주제와 제목의 차이점은 선택지 표현 형태

제목은 글의 핵심을 나타냄과 동시에 읽는 이의 호기심을 자극할 수 있도록 표현된다. 즉, 글을 읽고 싶은 마음이 들도록 주제보다 훨씬 다양한 형태로 글의 핵심 내용을 표현하는 것이 보통이다. 따라서 제목은 주제에 비해 말바꿈이 더 심하게 일어나고 좀 더 포괄적으로 표현되는 경우가 많아 오답률이 전반적으로 높다.

제목을 표현하는 방법은 매우 다양할 것이므로, 지금까지 기출 문제에 사용된 표현을 정리해 두면 도움이 될 것이다. 아래를 보자.

 의문사가 쓰이는 경우

글의 핵심 내용	제목
전통적인 소비는 계절적이고 공동체 지향적이었다.	What Motivated Traditional Consumption?
다른 사람과의 대화를 통해 기억이 재구성될 수 있다.	How Distortion of Memory Can Occur
막대한 비용이 들어감에도 불구하고 새로운 공연작품이 상연되어야 한다.	Why Not Take a Risk on New Plays?

콜론(:)이 쓰이는 경우

글의 핵심 내용	제목
나라 간의 견해차로 인해 탄소세 부과는 쉽게 합의하기 어려운 과정이다.	Global Carbon Tax: A Long Way to Go
과거의 지혜로부터 오늘날 살아가는 데 필요한 교훈을 얻을 수 있다.	History: A Fountain of Insights
유전적으로 획일한 품종을 수확하는 것에는 득실이 모두 있다.	Farming Uniform Breeds: A Double-Edged Sword

C 문장으로 표현되는 경우

글의 핵심 내용	제목
예술 작품은 복원하지 않고 있는 그대로 두는 것이 최선이다.	Do We Really Need Restoration?
유전을 보호하기로 결단한 에콰도르 정부의 행보	Keep the Oil Underground for the Earth
성공하기 위해 훌륭한 사람들을 모델로 선택하여 모방하라.	Follow the Best and Succeed!

[1-3] 다음 주제문을 읽고, 글의 제목으로 가장 적절한 것을 고르시오.

1

The Sahara Solar Breeder Project, a joint project proposed by Japanese and Algerian universities, would use the desert's immense supplies of sunlight and sand to "breed" solar power plants and solar panel factories. 모의 응용

① Solar Panels: Excellent Tools for Clean Energy
② A Plan Turns Desert into Energy Farm

2

The more aware you are of your weaknesses, the better prepared you will be. Exceptional achievers always experience low levels of confidence and self-confidence, but they train hard and practice continually until they reach an acceptable level of competence. 모의 응용

① The Less Confident Are More Successful
② High Self-Confidence Leads to Better Achievement

3

It may sound ironic, but if you have experienced a lot of failure, you are actually in a better position to achieve success than people who have not. 모의

① A Shortcut Toward Happiness
② Setbacks: Not All Bad

Brush Up
Your **Reading** Skills!

본 내용에 들어가기에 앞서, 정답률이 매우 높은 문제들은 어떠한 것들인지 살펴보자. 정답률 8, 90% 이상에 달하는 이러한 문항들은 우선 내용소재가 매우 익숙하고 구문과 어휘도 쉬워서 독해에 장애를 주는 요소가 거의 없다. 또한 주제문이 단락 첫 부분에 위치한다.

84% 정답률 ▶ 주제문임을 명확히 알 수 있는 문장이 지문 중에 명시되어 있다.

A 다음 글의 주제로 가장 적절한 것을 고르시오. 모의

Some species seem to have a stronger influence than others on their ecosystem. Take away the sea stars along the northwest coast of the United States, for instance, and the ecosystem changes dramatically; in the absence of these sea stars, their favorite prey, mussels, takes over and makes it hard for other species that used to live there. Sea stars are known as keystone species, because as top predators they determine ecosystem structure by their eating habits. If you chop down an aspen tree by a beaver pond, not much will happen; but if you take away a beaver, a wetland might dry out, changing the kinds of plants that live there and the animals that rely on them. Because beavers exert their influence by physically altering the landscape, they are known as ecosystem engineers.

① ways of cultivating ecosystem engineers
② altering the ecosystem along the U.S. coasts
③ species playing a major role in the ecosystem
④ causes of population reduction in some species
⑤ necessity of protecting endangered species in wetlands

B 다음 글의 제목으로 가장 적절한 것을 고르시오. 모의

It's no coincidence that some people are just like their dogs. Researchers in Bath, England, conducted an online survey of 1,000 dog owners and found that certain human personality traits link to specific canines. The research claims that if you own a German Shepherd, you're most likely outgoing. Got a Golden Retriever? Odds are you're conscientious. A Chihuahua? Research says you're agreeable. "It seems likely that personality types are subconsciously drawn to certain breeds," reported study author Lance Workman in a British Psychological Society news release. The study indicates that you may be able to predict someone's personality based on his or her dog of choice. Of course, lifestyle plays a part too. For example, according to Workman, more active individuals are better suited to athletic, pastoral breeds such as Border Collies, while those who are considered emotionally stable might be suited to hound dogs such as Beagles or Greyhounds.

① Just Stick to Your Belief!
② What Your Dog Says about You
③ Popular Misconceptions about Dogs
④ Dogs: The Cure for a Broken Heart
⑤ Which Animal Would Make a Good Pet?

최고오답률
Case Study **1**

☆ **왜 오답률이 높은가?**
주제문이 지문에 명시되어 있으나 **주제문을 찾기 쉽지 않다**. 주제문임을 나타내주는 명백한 단서가 없거나, 반대로 주제문 단서에 해당하는 여러 어구가 지문 곳곳에 보여 그 중에 어떤 것이 주제문인지를 파악해야 한다. 게다가 정답 선택지가 주제문을 심하게 말바꿈한 경우 오답률이 더 높아진다.

☆ **정답률을 높여주는 TIP**
문장들 중에서 어떤 것이 **상대적으로 포괄적인 내용**이고, 어떤 것이 좀 더 **구체적인 정보나 사례를 나타내는 내용**인지 판단해내는 것이 관건이다. 앞서 정리한 주제문과 보충설명문장들의 특성에 근거하여 판단하자. (☞ p.10)

☆ **오답 선택을 막아주는 TIP**
보충설명에 해당하는 문장의 어구가 포함된 선택지를 정답으로 택하지 않도록 주의한다. (☞ 아래 오답 ③ 참고. 오답률 39%) 사람들이 상대적으로 이해가 더 쉬운 보충설명문장에 의존하기 쉽다는 점을 노린 출제자들의 함정이다.

48% 정답률

다음 글의 요지로 가장 적절한 것을 고르시오. 모의

While creating a statue, the artist depends on the appropriate lighting to develop the figure because the quality of the final product relies on the interplay between light and shade. So great attention should be paid to lighting when the finished work is displayed. If a light from a source is weaker or stronger than when the work was created, the effect that the sculptor intended may be lost. In painting, the light and shade give the image shape and solidity that cannot be altered by an external light in which it is displayed. When a sculpture is exhibited, however, the artist's work is brought to life by light, and its character can be altered by the control of the light source.

① 미술 작품에 대한 평가는 시대에 따라 바뀐다.
② 조명을 이용한 설치 예술 작품이 증가하고 있다.
③ 미술 작품을 제작할 때는 빛이 큰 영향을 미친다.
④ 조각품의 손상을 방지하기 위해 촬영을 삼가야 한다.
⑤ 조각품은 제작 당시와 동일한 조명 아래에서 전시해야 한다.

1 다음 글의 주제문에 밑줄 긋고, 요지로 가장 적절한 것을 고르시오.

The ability to sympathize with others reflects the multiple nature of the human being, his potentialities for many more selves and kinds of experience than any one being could express. This may be one of the things that enable us to seek through literature an enlargement of our experience. Although we may see some characters as outside ourselves — that is, we may not identify with them completely — we are nevertheless able to enter into their behavior and their emotions. Thus, the youth may identify with the aged, one gender with the other, and a reader of a particular limited social background with members of a different class or a different period. [수능] 정답률 65%

① 작가의 능력은 독자와 작품 속의 등장인물을 연결시키는 데 있다.
② 타인과 공감할 수 있는 능력은 문학을 통한 경험 확장을 가능케 한다.
③ 독자는 문학 작품을 통해 성현들의 다양한 지혜를 배울 수 있다.
④ 문학 작품을 이해하기 위해서는 그 작품의 시대적 배경 지식이 필요하다.
⑤ 작가의 성장 배경은 문학 작품에 무의식적으로 반영된다.

2 As life broadens with advancing culture and people are able to comprehend and collect more of the various forms of art, the artist himself attains greater power and his genius increases in direct ratio with the progress in culture made by the people and their ability to understand him. When an artist unveils a new work of art, new and difficult ideas are invariably presented, the understanding of which can only be effected by the development of the mind. The artist stimulates the public's mind, staying one step ahead of the public by posing difficult questions. As once the public has comprehended a work the artist will inevitably create another piece that poses an even more difficult question, there can never be equality in his relationship with the public even though the artist desires balance.

① difficult questions posed by artists
② the public's ability to comprehend artists
③ an imbalance between the artist and the public
④ an artist's desire for a balanced relationship
⑤ development of the mind's understanding of culture

3 The practice of risk-sharing is one of the most widespread and well-established activities in human societies all over the world, and for evidence of just how important a practice it is, one need look no further than our highly institutionalized insurance industry. People pay for insurance, because it offers them a means to protect against unexpected and rare events that they would otherwise be unable to prepare for. This concept dates as far back as ancient Greece, when people teamed up in "funeral societies" to make small annual contributions to pay for the funeral of any member who happened to die. As a means of insuring individuals against the financial risk of untimely death, the forward-thinking Athenians embraced the concept of cooperative protection. The idea of risk-sharing is used today to insure investors against a diversity of risks, including bad weather, sickness, and changes in commodity prices.

① the importance of organized funeral societies
② the universality and importance of distributing risk
③ risk-sharing in ancient Greece and the modern world
④ Athenians who were forward-thinking about insurance
⑤ the importance of being insured against a diversity of risks

4 Perhaps the most fundamental Western assumption is that the individual self is in ongoing opposition to society. You can hear this in everyday conversations, as people talk about learning to be true to themselves by resisting society's expectations. A guest on a famous American talk show expressed the hope that women would learn to "make decisions all by themselves without regard to what society or somebody else says." This concept is, however, foreign to most Asians as well as members of many other cultures, such as Africans, for whom the self exists only in relation with others — family members, clan members, co-villagers, and so on. At one end we have Westerners who view society as the individual's enemy, and at the opposite end we have other societies, particularly in Asia and Africa, within which the individual is defined by his or her place in a social network. 메가스터디 모의고사 응용

① the importance of making your own decisions
② forming an identity through social relationships
③ contrasting views regarding society and the self
④ preventing conflicts between society and individuals
⑤ ways to confront social pressure by finding your true self

Case Study 2

☆ 왜 오답률이 높은가?

본문에 주제문이 명시되지 않아 **전체적인 문맥을 통해 글의 주제를 추론**해야 하는 경우, 글의 일부 어구나 내용만으로 이루어진 오답 함정에 넘어가기 쉽다. 앞서 다뤘듯이, 주제는 글의 모든 내용을 포괄하는 어구로 이루어진다. 그러므로 이를 뒷받침하기 위해 지문에서 예시로 사용된 어구들은 주제에 그대로 쓰일 수 없다.

☆ 정답률을 높여주는 TIP

주제문이 없을 경우, 글의 **내용을 종합하거나 요약한 것**이 주제·요지가 된다. 따라서 구체적인 문장들이 **궁극적으로 말하고자 하는 바를 추론**하도록 하자.

☆ 오답 선택을 막아주는 TIP

본문에서 **첫 문장이나 마지막 문장을 주제문으로 착각**하여 이를 이용한 오답에 빠지지 않도록 주의하자. (☞ 아래 오답 ① 참고. 오답률 39%) 또한, **반복적으로 사용된 어구를 핵심어구로 착각**하여 **이를 포함한 선택지**를 무조건적으로 택하지 않도록 하자.

39% 정답률

다음 글의 주제로 가장 적절한 것을 고르시오. 모의

The penguin has shiny feathers coated in natural oils which keep it waterproof and warm in the icy waters. Crude oil from a spill destroys these natural oils, and the penguin fails to protect itself from the cold. The bird is also liable to swallow poisonous oil and die since it preens its feathers using its beak. Sweaters are often used to keep penguins warm when they have just been rescued from an oil slick. Once penguins are rescued, they are cleaned, dressed in sweaters, and then put in salt-water pools for rehabilitation. As they swim around and regain their strength, the salt water gradually destroys the wool. By the time the penguins are ready to return to the ocean, their natural oils will have come back, and they can go home dressed only in their feathers.

* **preen:** (부리로) 다듬다

① the functions of penguins' natural oils
② the value of protecting penguins' habitat
③ dangers penguins face in polluted waters
④ the impact of oil spills on the environment
⑤ a rehabilitation process of rescued penguins

1 다음 글의 주제로 가장 적절한 것을 고르시오.

Book enthusiasts and book collectors are fascinated with the number one — they are interested in obtaining the first edition of a book. An edition of a book is a printing of the book made from a single set of printing plates. It doesn't make any difference how many print runs are made, even if they are separated by months or perhaps even years. If nothing has changed in the book or its design between printings, all the books are still considered first editions even if the book is from the seventh printing. However, if the book contents, font, illustrations or dust jacket artwork change in a subsequent printing, the new printing is generally considered to be a new edition of the book as well.

모의 정답률 46%

① reasons for collecting valuable books
② the need for new editions of books
③ recognizing different editions
④ the process of publishing books
⑤ recycling printing plates for other uses

☆ **왜 오답률이 높은가?**
제목이 글의 핵심 내용이나 주제문을 말바꿈한 정도가 심할 경우, 정답이 마치 오답처럼 느껴져 오답률이 높아질 수 있다.

☆ **정답률을 높여주는 TIP**
제목은 주제를 반영하되 독자의 흥미를 유발하는 효과를 내기 위해 지문이 담고 있는 내용보다 좀 더 폭넓은 범위의 의미를 담거나 함축적으로 표현될 수 있음을 이해하도록 하자.

☆ **오답 선택을 막아주는 TIP**
지문에 자주 언급되어 마치 **핵심어인 것처럼 생각될 수 있는 단어들을 그럴듯하게 조합**해서 오답을 만드는 경우가 많으므로 주의한다. 또한, 선택지 어구 중 단어 하나를 틀리게 해서 오답을 만드는 경우가 최근 들어 늘어나고 있으므로, 선택지 단어 하나하나를 꼼꼼히 확인하도록 한다. 이런 함정들에 빠지는 학생들이 정답 선택자들보다 더 많은 경우도 실제로 있었다. (☞ 아래 오답 ④ 참고, 오답률 53%)

33% 정답률

다음 글의 제목으로 가장 적절한 것을 고르시오. 수능

Richard Dawkins and John Krebs argued that although in some circumstances it might be appropriate to describe animal signals as transferring information, in many other, perhaps most, cases there would be such a conflict of interest between signaller and receiver that it is more accurate to describe the signaller as attempting to 'manipulate' the receiver rather than just inform it. For example, an angler fish that dangles a worm-like bit of skin in front of a small fish and catches it because the smaller fish snaps at the 'worm' can certainly be said to have carried out a successful manipulation of its prey. In this case, if information has been transferred, it is most definitely false.

• **dangle:** 매달다

① Are Smaller Fishes Smarter?
② Talking Animals: Fact or Myth?
③ Cooperation in the Animal World
④ Manipulation: Tricking the Signaller
⑤ Animal Messages: Not What They Seem

[1–4] 다음 글의 제목으로 가장 적절한 것을 고르시오.

1 The conflicts and evolution in our sense of what is beautiful may be painful and costly, but there's little prospect of "insulating" ourselves from them entirely. We will probably never own a chair, for instance, that forever satisfies our perception of what's beautiful. Conflicts in taste are the inevitable by-products of living in a world where the dynamic forces of materialism and capitalism continually fragment and wear us out in new ways. As long as people have a history, that is, a record of changing struggles and ambitions, then aesthetics, too, will also have a history — where there will always be casualties such as once-loved sofas and now-unsightly renovations. And, as we evolve and alter our perceptions, so our tastes will alter and attract us to new styles.

① The Unique Human Ability: To Taste Beauty
② Insulating Ourselves from Inevitable Conflicts
③ Staying True to One Taste? Probably Impossible
④ The More Tastes Change, the Fewer Our Struggles
⑤ Diverse New Ways to Decorate and Upgrade Your Life

2 Until recently, it was generally assumed that the first humans took a northerly route to leave the African continent, walking into the Middle East and then spreading out from there. However, mtDNA analysis now suggests the exodus may have proceeded via a more southerly route. In 2005, an international team of researchers announced that an isolated group living in Malaysia appeared to be the descendants of humans who left Africa around 65,000 years ago. According to the researchers, climatic change underway at the time would have made a southerly route easier. The genetic evidence suggests perhaps as few as several hundred individuals went first to India, then Southeast Asia and Australasia. If correct, this would explain why humans appear to have reached Australia around 50,000 years ago, while the oldest human remains in Europe — a jawbone found in Romania — are only around 35,000 years old.

모의 정답률 47%

• **mtDNA:** 미토콘드리아 DNA

① Out of Africa: Which Way?
② Are Asians the First Humans?
③ How Reliable Is mtDNA Analysis?
④ Climatic Change in Ancient Africa
⑤ Genetic Evolution of Human Beings

3 Members of a group tend to avoid promoting viewpoints outside the comfort zone of consensus thinking. It is a type of thought exhibited by group members who try to minimize conflict and reach consensus without critically testing, analyzing, and evaluating ideas. It may cause groups to make hasty, irrational decisions, where individual doubts are set aside, for fear of upsetting the group's balance. To protect the group from this groupthink, leaders should assign each member the role of critical evaluator or devil's advocate. This allows each member to freely air objections and doubts. Another is to stress to group members the importance of supporting their opinions with evidence. Furthermore, emphasizing commitment to the task rather than just commitment to the group can help members overcome the tendency to hold back differing opinions. 모의 정답률 42%

① No Groupthink, Why & How
② The Role of Critical Evaluators
③ Who Should Be the Group Leader?
④ Three Ways of Consensus Thinking
⑤ Different Views: Hindrance to Group's Balance

4 We smile because we are happy and we frown because we are sad, but what happens if a person doesn't allow his or her face to express a negative emotion? Psychologist Judith Grob has tried to answer that very question. In a series of studies she showed disgusting images to three groups of subjects. One group of subjects was told to purposely hide their emotions, while another was aided in hiding their emotions by holding pens in their mouths to prevent them from frowning. People in the third group could react as they pleased. Then she gave the subjects a series of cognitive tasks that included fill-in-the-blank exercises. Surprisingly, subjects who had repressed their emotions used more negative words to complete the word tasks. For instance, they expressed their negative emotions by filling in "gr_ss" as "gross" rather than "grass."

① Express Oppressed Emotions Honestly for Stability!
② Is It Possible to Hide Our Negative Feelings Completely?
③ What Makes It Hard to Suppress Our Negative Emotions?
④ Why Our Feelings Seek Various Channels to Express Themselves
⑤ Cognitive Skills: Crucial Factors in Expressing Suppressed Emotions

Case **Review Tests**

[1~2] 다음 글의 요지로 가장 적절한 것을 고르시오.

1 Often we are immobilized by the slightest criticism. We treat it like an emergency and defend ourselves as if we were in a battle. In fact, criticism is nothing more than an observation by another person about us. When we react to criticism with a defensive response it hurts and we may fill our minds with angry or hurtful thoughts directed at ourselves or at the person who is being critical. This defensive reaction takes an enormous amount of mental energy, ruining our self-esteem because we see everything as negative. There are many times when simply agreeing with criticism reduces the tension of the situation, satisfies a person's need to express a point of view, and offers us a chance to learn something about ourselves and to be more calm.

① 비판할 때는 정당한 이유가 필요하다.
② 타인보다 자기 자신에게 엄격하도록 노력해야 한다.
③ 자신에 대한 비판을 인정하는 자세가 필요하다.
④ 약간의 비판은 대화의 활력소가 될 수 있다.
⑤ 비판에 대해 방어적인 것은 자연스러운 일이다.

2 Everyone needs affection and care from family and friends. We need them to accept us, understand us, and support us. Sometimes we need their criticism, and their forgiveness if we do them wrong. But if we expect our loved ones and others to be able to read our minds and know exactly what we want and give it to us without being told, we will often be disappointed. Being honest, open, and direct about our feelings and needs while being sensitive and thoughtful about others' feelings and needs is so important. We all need to learn simply to ask for what we want. Of course, it's always possible that you will be refused, but whenever you make a reasonable request, you get a boost in self-esteem and open the door to a more fulfilling life.

① 대화를 통해 문제를 해결할 수 있다.
② 사람들은 가족과 친구들의 관심을 원한다.
③ 사람들의 비판을 받아들일 줄 알아야 한다.
④ 자신이 원하는 것을 솔직하게 표현해야 한다.
⑤ 타인에게 기대하는 것이 많으면 실망도 크다.

3 다음 글의 제목으로 가장 적절한 것을 고르시오.

Putting your thoughts into language and then organizing the words so that they flow well is a very complex task for your brain. So it's actually surprising that everyone doesn't stammer. Stammering is a speech problem that makes you unable to speak easily: for instance, when you want to say "Hi, Jeff!" what comes out is "Huh-huh-hi Juh-Juh-Juh-Jeff!" No one understands why stammering occurs, but a lot of research is being done to find out. Research into the problem of stammering has looked at the different areas of the brain that handle language processing and the formation of speech. The research suggests that stammering happens when the formation of speech jumps too far ahead of the language processing. Other researchers are looking at the role of neurotransmitters, the "chemical messengers" of the brain.

① What's Behind Stammering?
② How to Improve Your Speech
③ New Ways to Stop Stammering
④ How Humans Organize Their Speech
⑤ Brain Chemicals Causing Stammering

4 다음 글의 제목으로 가장 적절한 것을 고르시오.

Our habits channel consciousness so well that our thoughts seem to follow each other without effort and without a hitch. That's why most of us never realize just how little control we have over our mind. Your morning alarm restores you to consciousness after sleeping; you walk to the bathroom, shower, and get dressed. Then your socio-cultural roles give shape to your thoughts and you operate on autopilot until the end of the day and you lose consciousness again by falling asleep. But, when you're alone and you have nothing to do, the basic disorder of the mind reveals itself. With no demands on it, the mind starts to follow random patterns and only pauses to focus on disturbing or unhappy things. Unless you know how to give order to your thoughts, they will jump around haphazardly and draw you toward whatever is most troublesome for you now, whether it be real or imaginary pain, fresh resentments, or long-held disappointments.

① The Mind: A Pattern-Seeking Machine
② Are We the True Rulers of Our Minds?
③ How Can You Cultivate an Organized Mind?
④ The Source of Bad Memories in a Serene Mind
⑤ How Your Social Roles Keep Your Life Organized

5 다음 글의 주제로 가장 적절한 것을 고르시오.

In order to better understand the role of light in schools, researchers turned to Smith Middle School in Chapel Hill. The school was built for energy efficiency with lots of skylights so classrooms could reduce use of electric lights yet still be brighter than usual indoors. That allowed testing of the effects when some eighth-graders at Smith Middle School suddenly lost exposure to a specific wavelength of light. From waking until school ended, 11 students wore special orange goggles that block short-wavelength "blue light" but not other wavelengths necessary for proper vision. Blocking that light for five days upset the students' internal body clocks — delaying by half an hour their evening surge of a hormone called melatonin that helps induce sleep. "Teens who spend their days in mostly windowless schools probably suffer the same effect," said one of the researchers.

메가스터디 모의고사 응용

① the importance of protecting vision
② the causes of irregular sleep patterns
③ teenagers' increasing hormonal changes
④ the use of natural light for energy efficiency
⑤ the effect of lack of natural light on teenagers

6 다음 글의 제목으로 가장 적절한 것을 고르시오.

The attitude that it is better to display cultural treasures in museums in distant but so-called "civilized" countries, not in their original context, which was held by people in the 19th and 20th century, is out of favor. Centuries ago Western civilization believed that it had to remove cultural treasures from uncivilized or poor lands for their appreciation and protection. In this regard, imperialist states such as Britain and other Western nations assumed they were the successors of the Greek and Roman Empires. It was they who would protect the heritage of Western civilization by placing it in museums in London, Paris, or Berlin. In 1801, following this notion, the Parthenon marbles were taken out of Greece by Lord Elgin, who later sold them to the British museum. This allowed them only to be understood in their architectural context and not in their original, geographic, cultural context. The display of imperial trophies in institutions such as the British Museum or the Louvre has become offensive to many.

• the Parthenon marbles: 파르테논의 대리석 유물

① The Wonders of the Parthenon Marbles
② Where Should Cultural Treasures Be Kept?
③ Why Should National Treasures Be Preserved?
④ The Trace of National Heritage in Western Museums
⑤ Reclaim Cultural Treasures from the Imperialist States!

7

다음 글의 주제로 가장 적절한 것을 고르시오.

Language has two interrelated benefits: one is that it is social, and the other is that it supplies expressions to make thoughts public that would otherwise remain private. When we see or hear something that a companion is not looking at or listening to, we can usually make him or her aware of it by saying, "look," or "listen," or even by a simple gesture. But if we saw a fox, for example, "yesterday," it wouldn't be possible without language to communicate this fact to anyone who wasn't with us at the time. This depends upon the fact that the word "fox" applies equally to a fox seen or a fox remembered, so that we can make a memory or thought known to others. Without language, we could communicate only the sensations we experience in public, and only to the people who are close by.

① the role of language in social companionship
② ways to communicate private thoughts clearly
③ the promotion of cultural identity through language
④ language as a vehicle for conveying private experiences
⑤ the difference between language used in public and private

8

다음 글의 주제로 가장 적절한 것을 고르시오.

We depend on our surroundings indirectly to mirror and remind us of the moods and ideas we respect. We turn to wallpaper, benches, paintings, and streets to stop the feeling that our true self is disappearing. In turn, we honor with the word *home* that place whose outlook most matches our own. To speak of a building as a *home* is simply to recognize that it's in harmony with our heart. Our love of a home is an acknowledgement that our identity is not entirely self-determined. We all need a refuge to back up and reinforce our state of mind, because so much of the world is opposed to our own preferences, loves, and loyalties. We need our rooms to make us feel closer to our desirable versions of ourselves and to keep alive the important, short-lived sides of us.

① the importance of shelter in discovering our potential
② necessary conditions for attaining contentment in life
③ the consequences of a lack of control over one's own life
④ the necessity of a home suited to our psychological needs
⑤ the best way to find harmony between our home and lifestyle

9 다음 글의 제목으로 가장 적절한 것을 고르시오.

Every restaurant chain in the US with 20 or more outlets must post calories on its menus. The point of this regulation is to encourage healthier eating, of course. For the restaurant industry, however, it's more about the bottom line than waistlines. When calories are printed on the menu, the consumer has fewer cognitive resources to devote to judging prices. Some "Weight Watchers" menus include not only calories but grams of fat and fiber — along with the price of the item. That's four sets of numbers for each item. It is a very frustrating task when someone tries to use all this information to make a healthy choice. In reality, most people give up, picking whatever they want. In that moment of decision, the customer ignores the price, ordering something more expensive than he or she might have.

• **bottom line:** (최종) 손익

① The Healthier the Item, the More Expensive
② The Need to Post the Calories of Menu Items
③ Posting Calories: For Slim Bodies or Slim Wallets?
④ Calorie Counting: A Frustrating but Important Task
⑤ The Objective of Regulation to Post Calories on Menus

10 다음 글의 제목으로 가장 적절한 것을 고르시오.

If you went on an African safari but traveled around only during daylight hours to see animals, you would miss out on a whole lot of action in the bush. However, with night vision binoculars, you would be able to fully appreciate the nocturnal animals. By way of analogy, we can see a similar problem in the business world when managers are only attuned to the strongest, brightest signals — such as highly-promoted big-ticket projects that carry little risk — and they fail to perceive the weaker signals, the bolder experiments led by individuals or small teams who prefer to stay out of the corporate spotlight. But a manager who can pick up and help amplify the brightness and readability of these "weaker signals," endorsing and supporting smaller corporate initiatives, will reap big rewards.

• nocturnal: 야행성의

① Mobilize Individuals and Teams to Consolidate Power
② Encourage Each Individual to Overcome His Weaknesses
③ Identify the Strengths of Individuals and Reinforce Them
④ Look More Closely at Details and Take Promising Projects
⑤ Uncover Hidden Talent and Give It the Attention It Deserves

CHAPTER 02

요약문 완성

글을 요약한 문장의 빈칸을 완성하는 유형이다. 요약문장 자체가 길고 복잡한 데다, 본문 내용이 추상적인 경우가 많아서 수험생이 어렵게 느끼는 유형 중 하나다. 2017학년 대비 6월 모의고사에서 42%의 정답률을 보였으며, 앞으로도 고난도로 출제될 가능성을 배제할 수 없으므로 철저한 대비가 필요하다.

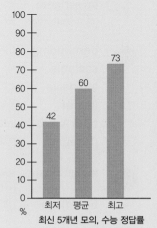

최신 5개년 모의, 수능 정답률

Words & Phrases

p.38
- anonymity   익명(성)
- commute   통근; 통근하다
- constricted   압박된; 답답한; 좁은

p.39
- solitude   (편안한) 고독, 혼자 있기
- reluctant   꺼리는, 주저하는
  (= unwilling)
- compel   강요하다, ~하게 만들다
  (= force, constrain)
- abolish   폐지하다
- in accordance with   ~에 일치하여, 따라서
  cf. accordance   일치, 합치
- alternative   ((to)) 다른 방도, 대안
- detection   탐지, 발견
  cf. detector   탐지기
- sniff   냄새를 맡다; 코를 훌쩍이다

p.41
- anthropology   인류학
- primitive   원시의; 미개의; 원시인
- evolve   진화하다, 발달하다
- account for   ~을 설명하다; (수치를) 차지하다
- distinctive   구별되는, 독특한
- righteous   (도덕적으로) 옳은, 바른; 당연한
- biased   편견에 치우친, 선입견이 있는

p.42
- fundamental   근본적인, 본질적인
- sensation   감각; 느낌; 센세이션
- analytical   분석적인
- definite   분명한, 명확한
- investigate   조사[수사]하다
  cf. investigation   조사, 수사

p.43
- demanding   요구가 지나친, 까다로운
- sociable   사교적인, 붙임성 있는
- intensive   집중적인 (= concentrated)
- liberal   자유주의의, 진보적인; 관대한, 도량이 넓은
- take A into consideration   A를 고려하다
- disregard   무시하다; 무시

p.44
- insignificant   중요하지 않은, 하찮은
  (= trivial)
- beneficial   유익한, 도움이 되는
  cf. beneficent   자비심이 많은

p.45
- disharmony   불화, 부조화
- united   연합한; 일치한; 단결한
- competent   유능한, 능력이 있는

p.46
- compound   화합 물질; 합성의
- tolerate   용인하다
- initiate   개시하다, 착수시키다
- density   밀도
- disperse   퍼뜨리다; 해산시키다
- metabolism   신진대사, 대사 작용
- respiration   호흡

p.47
- suspend   매달다; 유보하다
- prosperity   번영, 번창
- optically   시각적으로
  cf. optical illusion   착시, 착각
- errant   잘못된, 그릇된
- perception   지각, 자각; 인식
- perspective   관점, 시각; 원근법
- dwarf   위축시키다, 작아 보이게 하다; 난쟁이
- assess   평가[판단]하다
- presence   있음, 존재(함)
- reference   참조, 참고; 언급
- vanish   사라지다
- abnormally   비정상적으로

p.48
- novelty   새로움, 신기함
- metaphor   은유
  cf. metaphorical   은유의, 은유적인
- in terms of   ~ 면에서, ~에 관하여
- attribute   자질, 속성; ((to)) (~의) 덕[탓]으로 보다
- gain currency   통용되다, 널리 퍼지다

p.49
- reflect on   곰곰이 생각해보다
- morality   도덕(성)
- carry out   실시[수행]하다
- exceedingly   대단히, 굉장히
- successive   연속적인, 계속적인; 상속의, 계승의
- in turn   차례로; 결국, 결과적으로
- manipulate   조작하다, 조종하다
- unanimous   만장일치의
- conform   ((with, to)) (~에) 순응하다, 따르다

□ excel	((in)) (남을) 능가하다, (~보다) 뛰어나다	
□ rebel	((against)) (~에) 반역하다, 저항하다	

p.50
□ stereotypical	전형적인
□ adolescence	청소년기
cf. adolescent	청소년
□ pioneering	선구적인
□ urge	강력히 권고하다; (강한) 욕구, 충동
□ discipline	훈육하다, 훈련하다; 규율, 훈육; 절제(력)
□ disruption	붕괴; 분열; 혼란
□ prevailing	지배적인, 우세한; 널리 퍼져 있는

p.51
□ end up with	결국 ~하게 되다
□ stuck in	~에 갇힌

p.52
□ dozens of	수십 개의
□ reclaim	되찾다, 회수하다
□ hold on to	~을 고수하다, 지키다; (팔거나 주지 않고) 계속 보유하다

p.53
□ instrumental	중요한 수단이 되는; 악기에 의한
□ have a stake in A	A에 이해관계가 있다
□ compulsory education	의무 교육
□ dawn	새벽; ((the ~)) 초기, 시초
□ push for	~을 요구하다
□ coalition	연합; 《정치》 연립
□ consensus	합의, 일치된 의견
□ monopoly	독점, 전매(품); 전유물

p.54
□ scores of	많은, 수십의
□ portray	묘사하다, 그리다
□ creepy	오싹한, 소름 끼치는
□ occurrence	발생(하는 일)
□ psychotic	정신 이상의
cf. psychiatric	정신 의학의
□ with regard to A	A와 관련하여
□ fall prey to A	A의 희생양이 되다
□ illusory	착각의, 환상에 불과한
□ correlation	상관관계, 연관성 (= association)
□ inclination to-v	v하려는 경향, 성향 (= tendency to-v)
□ decidedly	확실히, 분명히

□ peculiar	특이한, 특유의; 이상한, 기이한 (= odd)	
□ fade	바래다, 희미해지다; 사라지다	
□ mutually	서로, 상호간에	

p.55
□ abstract	추상적인
□ overlap	겹쳐지다, 부분적으로 일치하다
□ recollection	회상, 기억; 추억
□ unambiguous	모호하지 않은, 명백한
□ facilitate	용이하게 하다, 촉진하다
□ enclose	둘러싸다, 에워싸다; 동봉하다
□ assessment	평가, 판단

p.56
□ fatal	치명적인; 운명적인
□ entrepreneur	사업가, 기업가

p.57
□ illogical	비논리적인 (= irrational)
□ prejudice	편견 (= bias)
□ discriminate	((against)) (~을) 차별하다, 불리하게 대우하다
□ contradiction	반박; 모순
cf. contradict	반박하다; 모순되다

p.58
□ conduct	(특정한 활동을) 하다
□ dose	(약의) 복용량
□ differentiate A from B	A를 B와 구분 짓다
□ induce	야기하다, 일으키다
□ seizure	압류; 발작
□ minute	미세한; 상세한, 자세한
□ trace	((of)) 극소량, 미량
□ extensively	널리, 광범위하게
□ contrary to	~에 반해서

p.59
□ sophisticated	복잡한, 정교한; 세련된
□ undergo	(수술 등을) 받다; 겪다, 경험하다
□ sequence	일련의 연속(물); 순서, 차례; (영화의) 연속된 한 장면
□ evaluate	평가하다

Brush Up
Your **Reading** Skills!

요약문 완성 유형은 최근 수년간 정답률 60% 안팎만 되어도 높은 정답률에 속한다고 할 수 있을 정도로 학생들이 잘 틀린다. 그러나 유형에 대한 기본적인 접근법만 적용해도 정답률을 올릴 수 있다. 이부터 숙지한 뒤, 최고오답률 문제에 도전해보도록 하자.

요약문 → 선택지 → 지문 순으로 해결하라!
요약문을 통해 지문 내용을 예측, 추론하고 선택지에서 정답 가능성이 있는 것을 추린 후, 지문의 내용을 가장 잘 요약한 내용을 정답으로 고른다. 요약문은 주제문을 달리 표현하는 경우가 많으므로 우선 주제문을 찾아 요약문과 대조해본다. 간혹, 지문을 읽지 않아도 요약문만으로 정답을 알 수 있는 것이 있으나, 이는 수능 출제지침에 부합하는 것이 분명 아니므로 적어도 앞으로 수능에서 출제될 가능성은 희박하다고 봐야 한다.

85% 정답률

다음 글의 내용을 한 문장으로 요약하고자 한다. 빈칸 (A)와 (B)에 들어갈 말로 가장 적절한 것은? 모의

Sometimes anonymity in traffic acts as a powerful drug, with several curious side effects. No one is watching and no one we know will see us, and the inside of the car itself becomes a useful place for self-expression. This may explain why most people, given the choice, desire a minimum commute of at least twenty minutes. Drivers desire this lonely "me time" — to sing, to feel like a teenager again, to be temporarily free from the constricted roles of work and home. One study found that the car was a favored place for people to cry about something. According to another study, researchers installed cameras inside of cars to study drivers. They report that after only a short time, drivers will "forget the camera" and begin to do all sorts of things, including nose picking.

↓

Drivers tend to seek _____(A)_____ in their own car, where they feel _____(B)_____ to express themselves.

	(A)	(B)			(A)	(B)
①	solitude	---- free		②	solitude	---- reluctant
③	company	---- free		④	company	---- compelled
⑤	comfort	---- reluctant				

[1–2] 다음 요약문을 읽고, 내용을 예측한 뒤 주어진 주제문을 근거로 하여 요약문을 완성하시오.

1

The most effective way to abolish _____(A)_____ is to settle international conflicts through _____(B)_____ among nations. 모의 응용

	(A)	(B)			(A)	(B)
①	war	---- competition		②	poverty	---- cooperation
③	war	---- agreement		④	poverty	---- agreement
⑤	disease	---- cooperation				

[주제문] To keep peace, we need to persuade mankind to settle international conflicts in a new way, not by force, but by agreement in accordance with principles of law.

2

A color-changing plant is expected to be _____(A)_____ for _____(B)_____ buried land mines. 모의 응용

	(A)	(B)			(A)	(B)
①	helpful	---- scattering		②	useful	---- detecting
③	effective	---- investing		④	creative	---- exploding
⑤	powerful	---- inventing				

[주제문] To get rid of mines in the ground, a color-changing plant, expected to be used regularly within two years, presents a cost-effective alternative to the most common detection methods currently available — humans with metal detectors and mine-sniffing dogs.

Case Study 1

☆ 왜 오답률이 높은가?

본문의 내용이 추상적이라서 난이도가 높을 뿐 아니라, **요약문이 주제문을 말바꿈(paraphrasing)한 정도가 심하여** 적절한 빈칸 어구를 찾기가 어려워서이다.

☆ 정답률을 높여주는 TIP

요약문과 선택지를 먼저 읽고, 본문의 내용 및 정답 가능성이 있는 선택지를 최대한 파악한 후에 글을 읽도록 한다. 혹, 예상과 맞지 않는다고 해도 요약문과 선택지를 통해 지문이 말하고자 하는 대강의 내용을 짐작하고 읽기 때문에 좀 더 수월하게 이해할 수 있다. 요약문이 주제문을 말바꿈한 정도는 단순한 동·반의어 차원이 아니라 시사하는 바를 이끌어 내는 등 다른 내용으로 느껴질 수 있는 경우도 있는데, 이때 선택지 어휘를 미리 살펴본 것이 도움이 된다.

☆ 오답 선택을 막아주는 TIP

흔히 선택지 5개 중 3개가 같은 어휘일 때 그것을 정답으로 판단하게 되기 쉬운데, 적은 개수의 쪽이 정답이었던 경우도 적지 않다. 그러므로 선택지 분포 개수를 근거로 정답을 섣불리 판단하거나 정답 가능성에서 배제하지 않도록 주의한다.

또한, **요약문이나 주제문에 not 등의 부정어구**가 있지 않은지 특히 조심해야 한다. 이런 부정어구를 놓쳤을 경우 정답으로 판단할 수 있는 함정을 출제진들이 항상 준비해놓기 때문이다. (☞ 오답 ② 참고. 오답률 52%)

다음 글의 내용을 한 문장으로 요약하고자 한다. 빈칸 (A)와 (B)에 들어갈 말로 가장 적절한 것은? 수능

With the rise of the social sciences, and especially the anthropology of the 1930s and thereafter, words like 'savage' and 'primitive' began to disappear from the vocabulary of cultural studies, along with the notion that the people who had once borne these labels represented a biologically less evolved form of humanity. Medical science could find no difference in the brains of the former primitives to account for their different behavior; colonists necessarily observed that yesterday's 'savage' might be today's shopkeeper, soldier, or servant. As humanity began to look more like a family of potential equals, Westerners had to accept that the behavior found in native cultures was not the distinctive feature of savage 'otherness' but the expression of a capacity that may exist, for better or for worse, in all of us.

• **savage:** 야만적인

↓

Westerners came to admit that their view toward the _____(A)_____ behavior found in native cultures was _____(B)_____ .

	(A)		(B)
①	religious	----	righteous
②	distinctive	----	acceptable
③	different	----	righteous
④	religious	----	acceptable
⑤	distinctive	----	biased

1 다음 글의 내용을 한 문장으로 요약하고자 한다. 빈칸 (A)와 (B)에 들어갈 말로 가장 적절한 것은?

I believe mystery plays a fundamental role in experiencing the great things in life. If you can determine the chemicals that exist in a food or wine, does that help you understand why you like the taste? Do you think that being able to list all the reasons you love a person enables you to love that person more or differently? If something is beautiful to you, can you really explain why in a meaningful way? There are many sensations and feelings that we can experience but not fully define. Once we give up the belief that definition of these emotions is necessary or possible, we can actually experience them more completely because we have removed the analytical filter we use to find definitions.

모의 정답률 31%

↓

| The attempt to _____(A)_____ things in definite ways prevents us from _____(B)_____ them deeply and completely. |

     (A)   (B)

① analyze ---- experimenting

② analyze ---- appreciating

③ mystify ---- discovering

④ mystify ---- investigating

⑤ mystify ---- justifying

1 Parents should take care when they send their children to a sports camp, and should talk with the sports coaches to see if they will respect the children's wishes. 수능 응용

↓

In choosing the most _____(A)_____ sports camp for their children, parents should make sure that the coaches have _____(B)_____ attitudes to children.

(A)	(B)		(A)	(B)
① inexpensive	---- competitive		② challenging	---- demanding
③ famous	---- sociable		④ intensive	---- liberal
⑤ suitable	---- caring			

2 It is important to take into consideration absent-mindedness or poor eyesight before believing that a friend is actually disregarding you. 수능

↓

We should carefully think about the _____(A)_____ someone's behavior to avoid coming to a _____(B)_____ conclusion about it.

(A)	(B)		(A)	(B)
① frequency of	---- negative		② frequency of	---- hasty
③ reason for	---- positive		④ reason for	---- hasty
⑤ importance of	---- positive			

3 Raising a family or being a good friend may sound simple or insignificant, but consider how they bring pleasure to many other lives. 모의 응용

↓

| No matter how _____(A)_____ it seems, your life purpose may turn out to be _____(B)_____ to others. |

	(A)	(B)		(A)	(B)
①	trivial	---- helpful	②	aggressive	---- beneficial
③	significant	---- worthless	④	meaningful	---- indifferent
⑤	complicated	---- simple			

4 In most societies the family comes first, and the individual is sunk within the family. This means that it is really impossible for most people to think of themselves without thinking of others. 모의 응용

↓

| Some people can find out their _____(A)_____ through _____(B)_____ in society. |

	(A)	(B)		(A)	(B)
①	identity	---- relationships	②	character	---- responsibility
③	limit	---- relationships	④	identity	---- responsibility
⑤	character	---- success			

5 The single most valuable skill an individual can have is probably the ability to avoid and resolve disagreement and argument. This is because disharmony is the last thing an organization needs. 모의 응용

↓

> The ability to handle   (A)   is much more valuable than other skills in an
> organization, because it can help keep all of the members   (B)   .

(A)		(B)		(A)		(B)
① conflict	----	healthy		② conflict	----	united
③ failure	----	competent		④ competition	----	healthy
⑤ competition	----	united				

☆ **왜 오답률이 높은가?**
자연과학 관련 소재 등의 지문으로서 다소 생소한 개념과 전문 용어가 사용되어 지문 자체의 난이도가 높은 편이며, 요약 문장이 **주제문 + Major Supporting Details**(이하 MSD)로 구성되는 경우이다. 즉 주제문만 찾아서는 빈칸 어구를 추론하기 어렵다.

☆ **정답률을 높여주는 TIP**
빈칸은 주제문과 **MSD의 핵심 어구**일 가능성이 크므로 요약 문장과 잘 대조해본다.

☆ **오답 선택을 막아주는 TIP**
MSD의 핵심 어구가 아니거나 일부만 말바꿈한 것에 해당하는 선택지에 주의한다.
또한, **빈칸에 본문 단어가 그대로 사용되지 않고 어려운 단어로 말바꿈되어 정답으로 사용**되면 상대적으로 쉬운 단어의 오답을 선택하는 경향이 높아지므로 유의한다. (☞ 아래 오답 ② 참고. 오답률 30%)

44% 정답률

다음 글의 내용을 한 문장으로 요약하고자 한다. 빈칸 (A)와 (B)에 들어갈 말로 가장 적절한 것은? 모의

Plants generate hundreds of compounds that they use to protect themselves from being overconsumed by insects and animals. While some plants use these compounds to reduce *all* foraging, most plants tolerate, or even enjoy, about an 18 percent foraging rate (10 to 25 percent depending on the plant) before they begin to initiate high levels of protective compounds. Many of the actions of animals when they eat plants (termed "herbivory") are necessary for both plant and ecosystem health. Herbivory alters the density, composition, and health of plant communities through eating plants, dispersing seeds, and defecation. Some plants produce an initial series of leaves designed to be eaten, and more luxurious growth only occurs once that has happened. For many plants, metabolism and respiration are all stimulated by animal and insect feeding. It is only after foraging rises above a certain level that many plant defensive compounds are produced in quantity or come into play.

• **foraging:** (동물에 의한) 피식(被食) •• **defecation:** 배변

↓

Until foraging rate reaches a certain point, many plants tend to ___(A)___ the production of high-level defensive compounds for the ___(B)___ that foraging brings to them.

	(A)		(B)		(A)		(B)
①	suspend	----	prosperity		② suspend	----	competition
③	extend	----	prosperity		④ extend	----	threat
⑤	stimulate	----	competition				

1 다음 글의 내용을 한 문장으로 요약하고자 한다. 빈칸 (A)와 (B)에 들어갈 말로 가장 적절한 것은?

Why does the moon appear to be larger when low on the horizon, as opposed to high in the sky? The key word is *appear*. The moon, optically, is the same size in both cases. An optical illusion is caused by the eye's errant visual perception. When the moon is just above the skyline, there are trees, buildings, and mountains to compare it with and give it a sense of size and distance, or perspective. But up high in the wide-open night-time sky, there are none of these earth-based landmarks for comparison, and the moon seems dwarfed by the vast dark space. You can test this idea by stretching out your arm and extending your little finger while looking at the "large" rising moon. Compare its size to your fingernail. Later, measure the "smaller" moon by the "fingernail method" again. You'll find that the size of this moon equals the same fingernail you used earlier.

↓

The human eye assesses the size of the moon ___(A)___, according to the absence or presence of ___(B)___ objects.

	(A)		(B)		(A)		(B)
①	differently	----	reference		② unconsciously	----	vanishing
③	unconsciously	----	distant		④ differently	----	illusory
⑤	abnormally	----	visible				

Case Study 3

☆ **왜 오답률이 높은가?**
본문에 **주제문이 명시되어 있지 않아** 세부 사항으로 빈칸에 들어갈 내용을 도출해야 한다. 본문 내용을 전반적으로 이해한 후 그것이 내포하고 있는 것을 이끌어 내야 한다.

☆ **정답률을 높여주는 TIP**
역시 **요약문을 먼저 읽고 선택지를 살핀 후** 본문을 앞에서부터 읽어 내려간다.

☆ **오답 선택을 막아주는 TIP**
본문에서 쓰인 단어가 나오지 않고 말바꿈된 선택지에 주의하자. 또, **본문에 의거하지 않고 상식에 의존하여 답을 선택하지 않도록** 주의한다. (☞ 아래 오답 ③ 참고. 오답률 22%)

56% 정답률

다음 글의 내용을 한 문장으로 요약하고자 한다. 빈칸 (A)와 (B)에 들어갈 말로 가장 적절한 것은? 모의

If someone were to say "Life is a cup of coffee," it is unlikely that you would have heard this expression before. But its novelty forces you to think about its meaning. The vehicle used, a cup of coffee, is a common object of everyday life and therefore easily perceivable as a source for thinking about that life. The metaphor compels you to start thinking of life in terms of the kinds of physical, social, and other attributes that are associated with a cup of coffee. For this metaphor to gain currency, however, it must capture the fancy of many other people for a period of time. Then and only then will its novelty have become worn out and will it become the basis for a new conceptual metaphor: *life is a drinking substance*. After that, expressions such as "life is a cup of tea, life is a bottle of beer, life is a glass of milk," will become similarly understandable as offering different perspectives on life.

↓

A new metaphor initially makes people _____(A)_____ its meaning; if it loses its novelty later by gaining _____(B)_____, it will give birth to similar types of metaphorical expressions.

	(A)		(B)		(A)		(B)
①	reflect on	----	sincerity	②	reflect on	----	popularity
③	depart from	----	popularity	④	depart from	----	morality
⑤	expand on	----	sincerity				

1 다음 글의 내용을 한 문장으로 요약하고자 한다. 빈칸 (A)와 (B)에 들어갈 말로 가장 적절한 것은?

Stanley Milgram, a psychologist of Harvard University, carried out an exceedingly interesting experiment. In the experiment, subjects were merely asked to state which of two successive sounds lasted longer. The length of the two sounds clearly differed. The volunteer would come into a room where there was a row of five cubicles with their doors shut, and one open cubicle for him. He would sit in it and hear the occupants of the other cubicles tested in turn, and each would give a wrong answer. But the other cubicles were, in fact, empty, and what he heard were tape-recordings manipulated by the experimenter. As expected, his answer was the same as the voices from the tape-recordings. 사관학교

• cubicle: 칸막이 방

Faced with the unanimous opinion of the group that they were in, the subjects tended to feel pressure to _____(A)_____ the group and _____(B)_____ what they actually heard.

	(A)		(B)		(A)		(B)
①	conform with	----	accept	②	excel in	----	analyze
③	rebel against	----	deny	④	conform with	----	deny
⑤	excel in	----	accept				

Case **Review Tests**

[1~10] 다음 글의 내용을 한 문장으로 요약하고자 한다. 빈칸 (A)와 (B)에 들어갈 말로 가장 적절한 것을 고르시오.

1 The stereotypical view of adolescence has long been that it's a time of risk-taking behavior, unstable emotions, and terrible conflict with parents. Pioneering American psychologist G. Stanley Hall applied the label "storm and stress" to the period, and urged teachers and parents to manage and discipline the wild adolescents in their care. But Hall's theories are being challenged. Most teenagers, when questioned by recent researchers, deny that their lives are full of chaos and confusion. Some admit to suffering from stress and disruption in their lives, but rarely to the extremes claimed by Hall and others. On the contrary, 75 percent of adolescents surveyed in an international study said that they were generally happy, felt good about themselves, and valued their families and their school life.

↓

> Unlike the prevailing opinion that adolescents experience _____(A)_____ in emotions and relationships, a recent survey shows that about three-quarters of teenagers state they are _____(B)_____ their lives.

	(A)		(B)
①	conflict	----	uncertain about
②	confusion	----	satisfied with
③	conflict	----	indifferent to
④	confusion	----	uncertain about
⑤	comfort	----	satisfied with

2 If you took a three-year-old child and gave him something to play with, and then you started yelling at the poor kid, telling him how stupid he is and how he never does anything right, you would end up with a frightened little child who sits quietly in the corner of the room, doing nothing. But if you took the same little boy and told him that it's okay to make mistakes — and that you will always be there for him — then what comes out of that child would probably blow your mind! Each one of us has a three-year-old child within us, and we often spend most of our time yelling at that poor little kid inside. Then we wonder why our lives don't work so well, and why we seem stuck in the same old disappointing habits and experiences.

↓

Just as _____(A)_____ is important for the three-year-old child, so it is for you to give it to yourself if you want your _____(B)_____ to emerge.

	(A)		(B)
①	play time	----	unique personality
②	a role model	----	greater creativity
③	praise	----	strong motivation
④	learning	----	natural gifts
⑤	encouragement	----	full potential

3 In the Holy Roman Empire, rulers of the dozens of small independent states issued thin silver coins called *bracteates*, which would be reclaimed at three quarters of their value when the ruler died. Realizing that this was rather a good idea, the rulers soon got the idea of reclaiming and reissuing them more frequently. So, holding on to money was risky, and it was better to use it while you had it, to build houses or other types of buildings with lasting value. This led to a high demand for construction labor, so wages were good, working hours were short (about six hours a day), and religious holidays were frequent (about 90 days a year). This greatly improved the quality of life by stimulating spending which was wonderful for the economy.

↓

> For the Romans, issuing money that was not worth _____(A)_____ resulted in a _____(B)_____ economy and workforce.

	(A)		(B)
①	buying	----	shrunken
②	saving	----	strengthened
③	spending	----	strengthened
④	managing	----	shrunken
⑤	reclaiming	----	stimulated

4 The labor movement in the early twentieth century was instrumental in the creation of government-run education. It wasn't only because union members hoped to improve their children's lives. It was also because unions themselves had a significant stake in the system. Keeping children in school longer is a successful means of keeping them out of the labor pool. The smaller a labor pool, the less competition for jobs and the higher the wages for workers with jobs. Unions not only fought the good fight against child labor but also campaigned to extend the number of years of compulsory education — to keep young people away from their jobs. In addition to parents and labor, the government, too, had cause for supporting the system. When compulsory education works, it keeps teenagers off the streets, which means improved order, less crime, and less spending on prisons and police.

↓

> At the dawn of the industrial era, an _____(A)_____ was formed from a wide range of independent interests to push for _____(B)_____ .

	(A)		(B)
①	unbreakable coalition	----	full unionization
②	accidental consensus	----	full unionization
③	accidental consensus	----	public education
④	unyielding monopoly	----	public education
⑤	unyielding monopoly	----	small businesses

5 Scores of Hollywood horror movies portray full-moon nights as peak times of creepy occurrences such as shootings and psychotic behaviors. With regard to this lunar effect, some researchers have argued that people generally fall prey to a phenomenon called "illusory correlation" — the perception of an association when one does not in fact exist. Such illusory correlations result in part from our mind's inclination to recall most events better than nonevents. When there is a full moon and something decidedly odd happens, we usually notice it, tell others about it, and remember it. We do so because such co-occurrences fit with our expectations. Indeed, one study showed that psychiatric nurses who believed in the lunar effect wrote more notes about patients' peculiar behavior on full moon nights than did nurses who did not believe in this effect. In contrast, when there is a full moon and nothing odd happens, this nonevent quickly fades from our memory.

↓

Many of us have come to believe in a link between mutually _____(A)_____ events due to our _____(B)_____.

	(A)		(B)
①	related	----	biased judgement
②	related	----	selective recall
③	unrelated	----	selective recall
④	unrelated	----	imperfect perception
⑤	dependent	----	imperfect perception

6 Psychological scientist Xiuping Li and his colleagues wanted to prove their theory that abstract psychological states overlap with physical experience. They designed two rather simple experiments. In one, the researchers asked a group of volunteers to write about a recent decision that they regretted. Half of them sealed the written memory inside an envelope before handing it in, while the others simply handed it to the experimenter. Then they all reported their feelings about the event. In a second, similar experiment, volunteers wrote about a dream that had gone unfulfilled. Again, only half sealed away their recollections, and again they all later described how emotionally upset they were. The results were unambiguous, and identical in each study: those who physically sealed away their bad experiences — even though it was just in a common envelope — had far fewer negative emotions afterward.

↓

The physical act of _____ (A) _____ our bad feelings might facilitate psychological _____ (B) _____ regarding a difficult emotional experience.

	(A)		(B)
①	enclosing	----	assessment
②	recalling	----	closure
③	recording	----	treatment
④	enclosing	----	closure
⑤	recalling	----	treatment

7 A few years ago, I was working for a company that had a revolutionary product that was not only best in its class, but also technically far ahead of its competition. Then we made the fatal mistake of asking our customers what features they wanted to see in the product, and we changed it to deliver those requested features. Unfortunately for my company, our major competitor did not ask customers what they wanted, because it had the forethought to reinvent its product and make the product better in a way that customers could never have imagined until they saw the product. Customers can tell you the things that are broken and how they want them to be fixed, but an entrepreneur needs to keep in mind that while fulfilling customers' needs is a part of the job description, there are other goals. Part of the entrepreneur's job is to invent the future.

↓

A successful business doesn't _____(A)_____ its customers, but only shows them its _____(B)_____ .

	(A)		(B)
①	listen to	----	vision
②	satisfy	----	pride
③	benefit	----	features
④	exist for	----	strength
⑤	know	----	product

8 In a University of Chicago study, volunteers were told to imagine they would team up with a partner to compete in a trivia quiz. They were then shown pairs of profiles that included each potential partner's education, IQ, trivia quiz experience, and a photograph of somebody thin or somebody fat. Volunteers selected their preferred partner, and then judged another 23 pairs. Volunteers were willing to sacrifice 12 IQ points in a partner to have one who is thin. In a similar experiment, when comparing job offers, study subjects were willing to take a 22 percent salary cut to have a male boss. We tend to make illogical decisions based on prejudices. Rejecting the fatter person with the higher intelligence as a quiz partner or a female boss in the job with the higher salary is also discriminating against ourselves.

↓

According to some studies, it seems that we are willing to accept a(an) _____(A)_____ to satisfy our _____(B)_____ .

	(A)		(B)
①	disadvantage	----	biases
②	advantage	----	biases
③	disadvantage	----	greed
④	contradiction	----	desires
⑤	advantage	----	desires

9 In an internationally conducted survey, the great majority of respondents claimed that they avoid all contact with harmful chemicals, that they won't drink tap water that contains even the tiniest amount of a toxic substance, and that anyone who is exposed to cancer-causing substances will definitely get cancer sooner or later. It seems obvious that having such chemicals inside your body is life-threatening. However, that's not how toxicologists see it. In the sixteenth century, Paracelsus said that there is no substance that is not a poison, claiming that "Only the right dose differentiates a poison from a cure." This is the first principle of toxicology. Drink too much water, and the body's salt balance is thrown into chaos, which induces seizures, coma, and even death. Nevertheless, even the deadliest toxin — if it is used in a sufficiently minute quantity — causes no harm at all; and rather, it can be used as a useful drug. A trace of Botulinum toxin, 1g alone of which can kill 10 million people, is now extensively used in cosmetic surgery for its wrinkle-preventing properties under the brand name, Botox.

↓

> Contrary to popular belief about human health, toxicology teaches that the mere ____(A)____ of a poison in the human body isn't what matters; what matters is the ____(B)____ of the substance in relation to everything else.

	(A)		(B)
①	quantity	----	toxicity
②	recognition	----	digestibility
③	presence	----	proportion
④	impression	----	difference
⑤	understanding	----	interaction

10 Jennie Pyers and her colleagues studied deaf adults. Some of the participants had learned an early, basic form of sign language, whereas the others were fluent in a more sophisticated form of it that included mental-state terms, such as "know" and "think." Researchers had all signers undergo a test, in which signers looked at a sequence of pictures showing two boys playing in a room and storing a toy underneath a bed. After one of the boys leaves the room, the other moves the toy to a different location. Study participants had to choose between two pictures to complete the series: the first showed the returning boy looking for the toy in its original location on reentering the room, and the second showed him looking in its new location. Those with complex sign language skills were more likely to choose the first picture. Moreover, after a two-year period during which those who had only learned a basic form of sign language improved their sign language knowledge, they performed better at such tasks.

↓

> The findings suggest that _____ (A) _____ language skills are needed to _____ (B) _____ the ability to predict logically how events will happen.

	(A)		(B)
①	advanced	----	evaluate
②	advanced	----	maintain
③	basic	----	develop
④	basic	----	seek
⑤	advanced	----	unlock

Build Your **Vocabulary**

접사 "im-" = not, without, opposite of

→ im-(not) + **mobilize** (움직이게 하다) = **immobilize** 움직이지 못하게 하다, 고정시키다

□ **immortal** 죽지 않는, 불멸의; 신, 영생하는 존재
□ **impartial** (판단이) 치우치지 않은, 편견이 없는; 공평한, 공명정대한 (= unbiased, fair, just)
□ **impair** 손상시키다, 악화시키다
□ **impersonal** 인격을 가지지 않은, 비인간적인; 개인에 관계없는, 객관적인
□ **imprudent** 경솔한, 무모한 (↔ prudent 신중한, 조심성 있는)
So **imprudent** are we that we wander about in times that are not ours and do not think of the one that belongs to us. 수능
(우리는 너무나 경솔해서 우리의 것이 아닌 시간 속에서 방황하고 우리에게 속한 시간에 대해 생각하지 않는다.)

확장어휘 "commit" 맡기다, 위탁하다

---

1. commit a crime[suicide]
교도소에 맡길 만한 죄를 짓다 → 범죄를 저지르다[자살하다]
The study aims to find out what makes people **commit crimes**.
(그 연구는 사람들이 범죄를 저지르는 이유를 알아낼 예정이다.)

2. commit oneself (to A) (= devote[dedicate] oneself to A)
자신을 어떤 일에 맡기다 → 약속하다
                              → 헌신하다, 전념하다
Take a little time to think before **committing yourself**.
(약속하기 전에 생각할 시간을 좀 가져.)
It was the first time in his life that he had **committed himself to** a woman.
(그가 한 여자에게 헌신했던 적은 그의 인생에서 처음이었다.)

cf. **make a commitment** 맹세하다, 다짐하다
We've **made a commitment** to help, and we will.
(우리는 돕기로 다짐했고, 그렇게 할 것이다.)

CHAPTER 03

주어진 문장 넣기

주어진 문장을 글의 흐름상 알맞은 위치에 넣는 유형이다. 거의 매년 수능에서 정답률이 낮은 문항이 나왔으며(2017학년도 수능 38번 - 58%, 2018학년도 수능 39번 - 51%, 2019학년도 수능 39번 - 35%, 2020학년도 수능 39번 - 38%, 2021학년도 수능 38번 - 53%), 최근 5년간 평균 정답률이 51%로 오답률이 높은 유형이다. 하나의 주제가 일관되고 논리적으로 전개되도록 글을 완성하는 능력이 요구된다.

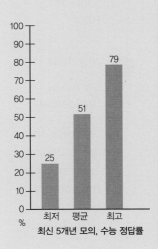

최신 5개년 모의, 수능 정답률

Words & Phrases

p.65 □ **extracurricular**	과외의, 정규 과목 이외의
□ **reform**	개혁, 개선; (제도 등을) 개혁[개선]하다
□ **pave**	(길을) 포장하다
□ **friction**	마찰; 의견 충돌
□ **disregard**	무시하다; 무시
p.66 □ **interact**	((with)) 상호작용하다
cf. **interaction**	상호작용
□ **simultaneously**	동시에
□ **contradict**	모순되다; 부정[반박]하다
p.67 □ **glamorous**	매력적인, 화려한
□ **miserable**	비참한, 불쌍한
p.68 □ **excess**	여분의; 초과량
□ **kin**	동족
□ **evolutionary**	진화의
□ **yield**	산출하다, 낳다
□ **provided**	(만약) ~라면
□ **generosity**	관용, 너그러움
p.71 □ **claim**	(소유권을) 주장[요구]하다
□ **leftovers**	남은 음식
□ **put A to good use**	A를 잘 활용[이용]하다
□ **on a regular basis**	정기적으로 (= regularly)
□ **be inclined to-v**	v하고 싶어 하다; v하는 경향이 있다
□ **precise**	정확한; 《명사 앞에서》 바로 그
□ **drain**	배수[방수]하다; (재물 · 힘 등을) 소모하다; (인재 등을) 국외로 유출하다
p.72 □ **overlook**	간과하다, 못 보고 지나치다; 눈감아주다; 내려다보다
cf. **oversee**	감독[감시]하다
□ **incidental**	우연한, 우연히 일어나는; ((to)) 부수적인
□ **estimation**	추정, 추산; 평가
□ **persistence**	끈기, 고집
□ **phenomenon**	현상
□ **on account of**	~ 때문에, ~의 이유로
□ **spectacular**	구경거리의, 장관의
□ **refer to A as B**	A를 B라고 부르다[일컫다]

□ **navigate**	항해하다; (비행기 등을) 조종[운전]하다
□ **collide**	충돌하다, 부딪치다; ((with)) (의견이) 상충하다
p.73 □ **sustained**	지속적인, 한결같은, 일관된
□ **reconstruct**	재건[복원]하다; 재구성하다
□ **sequence**	연속적인 사건들; 순서, 차례; 결과
□ **scrap**	조각, 파편; 오려낸 것, 스크랩
□ **scatter**	뿔뿔이 흩트리다; 흩어지다
□ **trace**	자취, 발자국; 자취를 더듬어 가다, 추적하다
□ **edge**	가장자리; 조금씩 나아가다
p.74 □ **tolerance**	관용; 참음; 내성
□ **manifest**	나타내다, 명시하다
□ **be attributed to A**	A에 기인하다, A의 덕분으로 여겨지다
□ **composition**	구성 (요소); 작곡; 작성
□ **edible**	식용의
p.75 □ **extraordinary**	놀라운, 기이한; 비범한
□ **improbably**	있을 법하지 않게, 가능할 것 같지 않게
□ **voluminous**	(부피가) 큰, (양이) 방대한
□ **utterly**	완전히, 순전히 (= totally)
□ **bizarre**	기이한, 특이한
□ **radiate**	내뿜다, 방출하다
□ **nurture**	양육하다
□ **taboo**	금기 (사항), 터부
□ **play down**	경시하다
□ **self-deception**	자기기만
p.76 □ **finely**	미세하게; 훌륭하게
□ **grind-ground-ground**	갈다, 빻다
□ **authentic**	진정한, 진짜의
□ **variation**	변형; 변화
p.77 □ **limestone**	석회암
□ **transaction**	거래, 매매
□ **inheritance**	유산, 상속
□ **ownership**	소유권
□ **remains**	잔해, 남은 것; 유해

□ stock	보유고, 재고; 《주로 pl.》 주식	□ legitimate	합법적인; 이치에 맞는
□ carnivore	육식 동물	cf. illegitimate	불법의; 비논리적인
	(↔ herbivore 초식 동물)	□ fabric	직물, 천; 구조, 조직
		□ stamp out	(불 등을) 밟아 끄다; 근절하다
□ ambiguous	모호한, 확실치 않은	□ choke off	(~의 성장을) 막다, 억제하다
□ in accordance with	~에 따라서	□ abundant	풍부한, 풍족한
□ precisely	정확히, 바로	□ efficiently	효율적으로
□ revise	수정하다, 변경하다	□ assign	할당하다, 배정하다; 임명하다
□ improvise	(연주·연설 등을) 즉흥적으로 하다		
□ cross one's mind	생각나다, 문득 떠오르다		
□ irrigation	관개, 물을 끌어들임		
cf. irrigate	관개하다, 물을 대다		
□ respectable	존경할 만한; 상당한, 꽤 많은		
□ silt	유사, 토사 (물에 쓸려 와서 강어귀 등에 쌓이는 가는 모래)		
□ evaporate	(물이) 증발하다		
□ leave behind	~을 남겨두다		
□ a load of	담뿍, 가득		
□ agricultural	농업의, 농사의		
□ dwindle to A	A의 상태로 점점 줄어들다		

p.78 (appears next to ambiguous)

p.79

□ draw attention to A	A에 관심을 돌리게 하다, A에 집중시키다
□ inevitably	필연적으로, 불가피하게
□ cease	중단하다, 그치다
□ aura	(독특한) 기운, 분위기
□ roam	돌아다니다, 배회하다
□ take A for granted	A를 당연하게 생각하다
□ application	신청, 지원; 적용
□ confine	《종종 pl.》 범위, 영역; 한정하다; 가두다
□ be subject to A	A의 영향을 받다; A의 지배를 받다
□ distraction	정신이 흐트러짐, 주의 산만; 기분 전환
□ alert	기민한; 경계하는; 경계, 경보; (위험 등을) 알리다
□ restless	제대로 잠들지 못하는, 뒤척이는
□ pilot	시험적인; 예비의
□ proliferation	확산, 급증; 《생물》 분열 증식

p.80

□ artfully	교묘하게, 솜씨 있게
cf. artfulness	기교, 솜씨
□ knot	매듭을 짓다, 얽히게 하다; 매듭

Words & Phrases **63**

Check! Check!

글의 흐름을 파악하는 신호어 – 연결어

문장 넣기가 출제되는 지문은 하나의 주제와 이를 뒷받침하는 세부사항 간의 순서나 논리관계가 명확한 것을 대상으로 한다. 그래서 주어진 문장이 없는 상태의 글을 보면, 흐름이 끊기거나 논리적 비약이 심한 곳이 있다. 특히 연결사에 의한 논리적 선후관계가 명확한 부분이 출제 대상이 되는 경우가 많으므로 연결어 앞뒤 문장의 논리적 관계를 잘 정리해두는 것이 필수적이다.

기능	종류	주 의!
역접 Changing Viewpoint	• but, however, still, yet, unfortunately • nevertheless, nonetheless • while, whereas, on the other hand, in[by] contrast (대조) • on the contrary, conversely, contrary to, instead, rather (상반)	앞과 반대, 대조되는 내용을 연결한다.
강조 Emphasis	• in fact, in effect, as a matter of fact, actually, indeed, clearly, obviously, certainly, surely, above all, in particular, (it is) needless to say (that), it goes without saying that, definitely	앞과 반대되는 내용을 강조할 때 사용된다. (앞 내용에 대한 설명을 덧붙일 때도 사용되는데 문맥을 통해 쉽게 알 수 있다.)
인과관계 Cause & Effect	• therefore, thus, hence, accordingly • as a result, consequently, in consequence, for this[these] reason(s) • so[such] ~ that, so (that), too ~ to-v • 원인 + that[this] is why + 결과 결과 + that[this] is because + 원인	결과를 나타내는 연결어인 경우, 앞선 내용에 의거하여 내릴 수 있는 '결론'을 이끄는 경우도 있다.
요약, 결론 Summary & Conclusion	• in short, in brief, in sum(mary), to sum up, to put it simply, put simply • on the whole, in general • in conclusion, in this way, in this view	글의 요지를 이끄는 것이 일반적이나, 단지 앞서 언급된 세부사항에 대한 요약 또는 부분적인 결론을 이끌 수도 있다.
비교, 비유 Comparison & Analogy	• likewise, similarly, in the same way, by the same token • just as A, (so) B • no more ~ than[not ~ any more than] • A is to B what C is to D	둘 이상의 사물이나 개념의 유사성 (similarity)을 제시할 때 쓰인다.
첨가 Adding Another Idea	• besides, in addition, additionally, furthermore, moreover, what is more • meanwhile, in the meantime (한편: 장면 전환)	앞 내용과는 다른 것으로서 글쓴이가 중요하다고 생각하는 사항을 강조하여 덧붙일 때 사용한다.
환언 Paraphrasing	• that is (to say), in other words, to put it another way, put another way • colon(:), semi-colon(;), 대시(—)	'첨가'와는 달리, 같은 내용을 말만 달리하여 덧붙인 것이다. 강조하는 역할도 있어, 요지를 이끄는 경우가 자주 있다.

빈칸 (A), (B)에 들어갈 연결어로 가장 적절한 것을 골라 각각 그 번호를 쓰시오.

1

Overcrowded schools often have more problems with aggressive student behavior — students fight with each other and sometimes even with their teachers. In contrast, students in smaller schools have greater feelings of responsibility and confidence. _____(A)_____, children in smaller schools are more likely to be involved in extracurricular activities such as clubs and sports. _____(B)_____, smaller schools are often an aim of educational reform policies.

모의 응용

① In fact   ② For these reasons   ③ In addition   ④ Similarly

2

There are many different types of bicycles for different types of riding. _____(A)_____, you must match your bike with the primary type of riding you will do. _____(B)_____, if you will always ride on paved surfaces, you want a road bike with narrow, smooth tires that decrease drag and ground friction as well as a light frame that will decrease weight and make going up hills easier.

모의 응용

① In fact   ② Therefore   ③ Similarly   ④ For example

3

Soccer has been played, in one form or another, since ancient times. _____(A)_____, the Romans seem to have had several games that were quite like today's soccer. During the Middle Ages, a game resembling soccer was very popular. The play was so rough that many were injured during the game. For this reason, seven different English kings made laws against the game. _____(B)_____, people disregarded the laws and never stopped playing the game. 모의 응용

① On the other hand   ② For example   ③ However   ④ Similarly

다음 글의 빈칸 (A), (B)에 들어갈 말로 가장 적절한 것을 고르시오.

1

While interacting with others, people are also simultaneously interacting with themselves. In this internal interaction, they create within themselves images of the other people and then interact with these images rather than with the other people. _____(A)_____, when people are interacting outwardly with others, they are, in reality, interacting inwardly with their own images of those people. This process contradicts the popular belief that the world "out there" is, by itself, real. If the world out there is real without being defined as real by us, we will all interact in the same way with the other person, who, after all, is exactly the same person. _____(B)_____, we do not all interact in the same way because we are not really interacting with the same person but instead with our own different images of that person. 모의 응용

	(A)	(B)		(A)	(B)
①	Thus	---- Similarly	②	Thus	---- However
③	For example	---- However	④	For example	---- Similarly
⑤	Nevertheless	---- Besides			

2

Sheets of paper exist almost entirely for the purpose of carrying information, so we tend to think of them as neutral objects. We rarely interpret marks on paper as references to the paper itself. _____(A)_____, when we see the text, characters, and images on artifacts that serve other purposes, we generally interpret these marks as labels that do refer to their carriers. Natural objects do not come with labels, of course, but these days, most physical artifacts do. _____(B)_____, their designers have chosen to shift part of the burden of communication from the form and materials of the artifact itself to lightweight surface symbols. So, for example, a designer of door handles might not worry about communicating their functions through their shapes, but might simply mark them 'push' and 'pull.' 수능

• artifact: 인공물

	(A)		(B)		(A)		(B)
①	However	----	Otherwise	②	Likewise	----	In contrast
③	However	----	That is	④	Besides	----	In contrast
⑤	Besides	----	That is				

3

We're always seeking the next opportunity for something big. If you talk to a cab driver in Manhattan, you're likely to find that he's going to school to get a better job.   (A)   , if you meet a waitress in Southern California, she's likely to tell you that she has an audition for a movie next week. The cab driver might never get out of his cab and the waitress might be serving food for the next twenty years, but the sense that they're moving toward something more glamorous is very important to them personally.   (B)   , those who fail to act, who accept the limitations of their work without complaining, are likely to feel miserable about their lives. The hopelessness of their jobs has done critical damage to their identities. `모의`

	(A)		(B)
①	Likewise	----	On the other hand
②	Likewise	----	To begin with
③	On the contrary	----	At the same time
④	On the contrary	----	Therefore
⑤	As a result	----	In other words

Brush Up
Your **Reading** Skills!

정답률이 비교적 높은 문항들을 살펴보면, 글의 흐름을 알려주는 신호어, 즉 연결어, 지시사, 대명사, 관사 등의 연결이 매우 긴밀함을 알 수 있다.

78% 정답률 ▶ 내용 흐름이 끊어지는 부분을 쉽게 알 수 있고, 앞뒤 문장의 인과관계가 분명하다.

A 글의 흐름으로 보아, 주어진 문장이 들어가기에 가장 적절한 곳은? 모의

> The smartest of our deep ancestors would have stored their excess meat in the bodies and minds of others (not just their own kin).

Evolutionary psychologists have suggested that the absence of any effective form of refrigeration was critical to our early moral development. Let's say that you're an early humanoid hunting and gathering on the African savannah and you strike it lucky. (①) You come across a huge beast and you manage to kill it. (②) It yields far more meat than anyone involved in the hunt or their families can possibly consume. (③) How do you get the most benefit of your excess meat without a fridge, or anywhere to store it? (④) Provided those benefiting from your gift could possibly repay your generosity in the future, that was the best thing you could do with excess meat. (⑤) Groups of early humans who developed stable relationships and practiced this sort of mutual altruism were in a better position to prosper and multiply.

B 글의 흐름으로 보아, 주어진 문장이 들어가기에 가장 적절한 곳은? 모의

> But the most powerful computer on the planet can't drive a truck.

You can appreciate the power of your visual system by comparing human abilities to those of computers. (①) When it comes to math, science, and other traditional "thinking" tasks, machines beat people — no contest. (②) Five dollars will get you a calculator that can perform simple calculations faster and more accurately than any human can. (③) With fifty dollars you can buy chess software that can defeat more than 99 percent of the world's population. (④) That's because computers can't see, especially not in complex, ever-changing environments like the one you face every time you drive. (⑤) Tasks that you take for granted — for example, walking on a rocky shore where footing is uncertain — are much more difficult than playing top-level chess.

Case Study 1

☆ 왜 오답률이 높은가?

문맥의 흐름을 잘 파악하지 못하고 **단서를 어설프게 적용**해버리기 때문이다.

즉, 연결어에 맞게 앞뒤 문장을 정확히 판단하지 못하거나, 같은 어구가 포함된 문장들을 무조건 앞뒤로 연결해버린다든지, A, B를 비교·설명하는 글에서 A를 지칭하는 대명사를 B를 지칭하는 것으로 혼동하여 이를 노린 함정에 빠진다.

☆ 정답률을 높여주는 TIP

우선 각 **연결어의 의미를 확실히 정리**해둔다. (☞ p.64 참고)

논리적으로 흐름이 연결되지 않는 곳이 맞는지, 그렇다면 주어진 문장을 넣었을 때 **문장의 선후 관계가 논리적으로 타당한지**를 정확히 파악해야 한다.

☆ 오답 선택을 막아주는 TIP

공통된 어구나 대명사가 앞뒤에 있다고 해서 섣불리 단정하지 않는다. (☞ 아래 오답 ②, ③ 참고. 오답률 각각 20%, 21%) 대명사 부분은, 그것이 가리킨다고 생각되는 어구를 대입하여 전체 문맥이 자연스러운지 항상 확인하고, 연결어는 문장 위치 파악에 중요한 단서임을 항상 기억한다.

39% 정답률

글의 흐름으로 보아, 주어진 문장이 들어가기에 가장 적절한 곳은? 모의

> But the strong pig can race to the dispenser and push the weak pig aside to claim the leftovers.

Consider the following experiment with a strong and a weak pig. Two pigs are kept in a box with a lever at one end and a food dispenser at the other. When the lever is pushed, food appears at the dispenser. (①) If the weak pig pushes the lever, the strong pig waits by the dispenser and eats all the food. (②) Even if the weak pig races to the dispenser before the food is gone, the strong pig pushes the weak pig away. (③) The weak pig realizes this, so it never pushes the lever first. (④) On the other hand, if the strong pig pushes the lever, the weak pig waits by the dispenser and eats most of the food. (⑤) This makes it worthwhile for the strong pig to push the lever. The outcome is that the strong pig does all the work and the weak pig does most of the eating.

• **dispenser:** 일정량을 배분해 주는 장치

[1–4] 글의 흐름으로 보아, 주어진 문장이 들어가기에 가장 적절한 곳을 고르시오.

1

> Older workers, in contrast, more often have skills that are quite specific to the industry or firm in which they are currently employed.

Younger workers tend to have more general skills and are less certain about where their skills might be put to their best uses. (①) Hence, they tend to move between jobs on a regular basis. (②) But when they leave their old job, they have little trouble finding a new one. (③) They already know their best employment option and are not inclined to move around between jobs. (④) When they do leave work, however, finding a position that matches well with their precise skills is often difficult and time-consuming. (⑤) Thus, unemployment that is a nuisance for a younger worker can be a damaging and financially draining experience for a mature worker. 모의 정답률 45%

• **nuisance:** 성가신 일

2

One grandmother hires her grandchildren to help with gardening chores.

Whether their grandchildren have special needs or not, grandparents shouldn't overlook the value of incidental learning experiences. (①) Every day, opportunities exist in the form of errands, meal preparation, and chores. (②) At the farmers' market, for example, a child might discover a new meaning for the word 'ears' when choosing corn. (③) Similarly, when filling the tank at the gas station, older children can compare prices and practice estimation, asking questions such as "How much do you think it will cost to fill the tank?" (④) As a result, they can learn the names of flowers and understand the tools and processes involved in growing vegetables. (⑤) Activities like these also enhance the value of hard work and persistence. 수능 정답률 54%

3

Such a phenomenon happens on account of the methane gas that the marshlands produce.

One of the most spectacular shows on earth fills the sky with lightning for ten hours at a time, 150 times a year. (①) It's a natural phenomenon that occurs only over the marshlands where the Catatumbo River meets Lake Maracaibo in Venezuela. (②) You can see the lightning from hundreds of miles away over the lake, which is why it is also referred to as "The Lighthouse of Lake Maracaibo." (③) Even on moonless nights, boats that sail that area safely navigate by the light of as many as 280 lightning flashes per hour. (④) It rises quickly into the sky, where it collides with heavy winds and clouds blowing down from the Andes Mountains. (⑤) This generates powerful static electricity in the clouds and then ... *KRRACK! BOOM!*

• **marshland:** 습지대

4

Fortunately, one of the most sustained research programs in postwar musicology has succeeded in reconstructing their original sequence.

Beethoven took scraps of paper with him on his frequent walks, writing down his musical ideas as they came to him. (①) At home, he kept large sketchbooks into which he might copy the results or enter new ideas, fashioning and refashioning the music, crossing it out and starting again. (②) After Beethoven's death these sketchbooks were scattered and in many cases broken up. (③) As a result, you can work through them and trace the painful process by which Beethoven edged toward the music that we know. (④) For instance, while the first section of the 'Ode to Joy' seems to have come to him with little difficulty, the middle section gave him enormous trouble; there is sketch upon sketch in which Beethoven tries one idea, then another. (⑤) And you find that the most characteristic and expressive features of the music come together only during the final stages of the compositional process. 모의 정답률 62%

56% 정답률

글의 흐름으로 보아, 주어진 문장이 들어가기에 가장 적절한 곳은? 모의

> People themselves also differ in their ability to taste and in their tolerance of certain plants.

We know that the taste of a particular plant from one place may differ slightly from that of the same plant at another place. (①) This is due to genetic variation usually manifested in differing characteristics. (②) Thus, the degree of bitterness or mildness in many members of the mustard and daisy families can be attributed to natural genetic variations. (③) Chemical composition of the soil along with other substances added by man or animals can affect the taste of some plants, especially smaller herbs. (④) While some people enjoy dandelion leaves, others may hate them. (⑤) You might acquire a taste for certain edible plants only after experimenting with harvest and preparation techniques.

[1-2] 글의 흐름으로 보아, 주어진 문장이 들어가기에 가장 적절한 곳을 고르시오.

1

> If water lacked its extraordinary qualities, ice would sink, and lakes and oceans would freeze from the bottom up.

Most liquids when chilled contract by about 10 percent, and water does too, but only down to a point. Once it is within whispering distance of freezing, it begins extremely improbably to expand. (①) By the time it is solid, it is almost a tenth more voluminous than it was before. (②) Because it expands, ice floats on water — "an utterly bizarre property," according to John Gribbin. (③) Without surface ice to hold heat in, the water's warmth would radiate away, which would leave it even chillier and create yet more ice. (④) Soon even the oceans would freeze and almost certainly stay that way for a very long time, probably forever — hardly the conditions to nurture life. (⑤) Thankfully for us, water seems unaware of the rules of chemistry or laws of physics.

2

> Simultaneously, even within an organization there are usually some truths that remain unspoken and taboo.

By their very nature, groups have a strong interest in presenting the most favorable picture of themselves to those outside. (①) Typically, a rosier picture than is actually the case is created for external consumption. (②) Being an "insider" does not mean you can say anything you want to other insiders. (③) Some doctors are aware of more medical malpractice than they are willing to publicly discuss. (④) Lawyers sometimes play down the fact that some lawyers routinely bill clients for more time than they spend on their clients' cases and that judges sometimes decide a case based on personal beliefs rather than the law. (⑤) This phenomenon is studied under the categories of "in-group" and "out-group" behavior, or the category of social self-deception.

Case **Review Tests**

[1~10] 글의 흐름으로 보아, 주어진 문장이 들어가기에 가장 적절한 곳을 고르시오.

1

> Of course, the "naughty" puppet, who had been on the left, had it taken away.

Consider how a four-year-old boy takes justice into his own hands. The boy has just seen a puppet show in which one puppet played with a ball while interacting with two other puppets. (①) The center puppet would slide the ball to the puppet on the right, who would always pass it back. (②) And the center puppet would slide the ball to the puppet on the left, who would always run away with it. (③) After the play the two puppets on the ends were brought down from the stage and set before the boy. (④) Each was placed next to a pile of treats, and the boy was asked to take one away from one puppet. (⑤) But this wasn't enough — he then leaned over and hit the puppet!

2

> The precise proportions of the ingredients and the way in which the drink is served depend on the person who makes it.

Espresso is strong coffee made by forcing high-pressure steam through finely ground coffee beans; it is served in a tiny cup. (①) When steamed milk is added to espresso, it becomes caffe latte — Italian for "milk coffee." (②) But when an espresso is mixed with steamed milk and foamed milk, it's called a cappuccino. (③) For instance, some people think that an authentic Italian cappuccino should be about one part espresso, one part steamed milk, and two parts foamed milk. (④) However, others say it should be made with equal parts espresso, steamed milk, and foamed milk. (⑤) There are many non-traditional variations of these drinks, including mocha latte and cappuccino sprinkled with chocolate powder.

• **foamed milk:** 우유 거품

3

As it is far more convenient to carry and to use, modern money has largely replaced the *rai* as everyday currency.

Instead of metal coinage or paper money, the natives of the Pacific island of Yap traditionally traded huge, doughnut-shaped, limestone discs. (①) These are called *rai*, and their value is based on size and weight. (②) *Rai* stones may be used for social transactions such as marriages, inheritances, and political deals, or just in exchange for food. (③) Of course, carrying a large stone around instead of money is not always possible. (④) Instead, many of them are placed in front of meeting houses or specific pathways, so though the ownership of a particular stone changes, the stone itself is rarely moved. (⑤) It is true, though, that it is still a unit of exchange for the islanders, according to their tradition.

4

It's not true, however, in the case of the more than 700 million tons of Atlantic salmon farmed annually.

People sometimes think of fish farming as being good for the environment because it relieves some of the huge pressure on the world's population of wild fish. This is certainly true in the case of some types of fish farming. (①) Carp raised in flooded rice fields in China, for instance, feed on plant remains and so add to the world's fish stocks and reduce demand for wild fish. (②) These fish are carnivores, so they cannot be fed on plant matter. (③) Instead, they are fed on fishmeal prepared from ocean-caught fish. (④) It takes two kilograms of fishmeal protein to produce each kilogram of farmed fish protein. (⑤) So salmon fish farms actually increase the pressure on wild-fish stocks.

● **carp:** 잉어

5

In real life, however, our scripts are far more general and ambiguous.

When we interact, we behave like actors by following scripts that we have learned from others. These scripts essentially tell us how to behave in accordance with our statuses and roles. But this stage analogy has limitations. (①) On stage, the actors have a detailed script that allows them to rehearse exactly what they will say and do. (②) They cannot tell us precisely how we are going to act or how the other person is going to act. (③) In fact, as we gain new experiences every day, we constantly revise our scripts. (④) It is therefore much more difficult to be well rehearsed. (⑤) This means that we have to improvise a great deal, saying and doing many things that have not crossed our minds before that very moment.

모의 정답률 42%

• **analogy:** 비유, 비교

6

However, the very act of irrigation poisoned the soil — there was no way to drain away the water since the fields were lower than the river.

In 2400 BC, irrigated fields in Sumeria produced a respectable harvest even by modern standards thanks to a unique irrigation system. (①) It was constructed by removing earth to make channels for the river water to go through. (②) That's because, unlike many other places where water had to be lifted from a river to a field, in ancient Sumeria the rivers were actually higher than the surrounding fields. (③) As silt built up along the banks, it was simply a matter of cutting an opening in the silt banks and allowing water to flow over the fields. (④) Due to this, as the water evaporated, it left a load of salt behind and also drew salt upward from deeper layers of soil. (⑤) By about 2300 BC, agricultural production in Sumeria had dwindled to almost nothing — most of the region's fields now containing too much salt were abandoned as worthless.

7

> To prevent this you need to starve the other person of your nearness.

A strong presence will draw power and attention to you — you will shine more brightly than those around you. But a point is inevitably reached where too much presence creates the opposite effect. (①) Napoleon recognized this law when he said, "If I am often seen at the theater, people will cease to notice me." (②) This can most easily be appreciated in matters of love, where a lover's absence stimulates your imagination and forms a sort of aura. (③) But this aura fades when you know too much, when your imagination no longer has room to roam. (④) The loved one becomes a person like anyone else, a person whose presence is taken for granted. (⑤) Fortunately, you may not have to disappear completely, as it is often enough to simply let them know there is the possibility that they can lose you if they don't appreciate you.

8

> The potential applications for such artificial intelligence systems extend well beyond the high-security confines of U.S. state penitentiaries.

In the yard of a Tennessee prison, every movement of the inmates is tracked by six hidden cameras whose software recognizes facial expressions, physical gestures, and group behavior patterns. (①) Unlike prison guards, who are subject to distractions and fatigue, the computer-vision system is continuously alert to potentially dangerous incidents and instantly warns prison officers when danger is detected. (②) Computer-vision systems in hospitals can remind staff to wash their hands before and after touching patients, or send alerts when a restless patient is at the risk of falling out of bed. (③) They can analyze the faces of people watching pilot TV shows or movie trailers, and studios can tailor their offerings according to the data. (④) Computers are definitely getting better at observing and understanding human behavior and emotions. (⑤) Where the proliferation of such watchful artificial intelligence will lead us remains to be seen.

• penitentiary: 《미국식》 교도소

9

Yet everything that's "good and honored" is, as Nietzsche stressed, artfully related, knotted, and laced to that which seems its opposite.

As human beings, most of us fail to recognize the debt we owe to the darker emotions. (①) We're inclined to believe that anxiety and envy have nothing legitimate to teach us, and we try to get rid of them as if they were weeds in a garden of emotions. (②) As Nietzsche put it, we think that our highest self is *not allowed* to grow out of our lowest self, which is *not allowed* to grow at all, and that everything first-rate can only come from a first-rate cause. (③) The emotions of hatred, envy, greed, and fear are life-conditioning ones, fundamental and essential to the total fabric of humanity and society. (④) To stamp out these negative roots would mean simultaneously choking off the possibility of anything positive later growing out of them, further up the stem of the plant. (⑤) We should not feel embarrassed by our difficulties, only by our failure to bear abundant fruit from them.

10

With destination control, the destination keypads are located in the hallway outside the elevators and there are no keypads inside the elevators.

In the traditional elevator, passengers stand in the elevator hallway and indicate whether they wish to travel up or down. When an elevator arrives going in the appropriate direction, they get in and indicate their destination floor by pushing the marked button inside the elevator. (①) As a result, five people might get into the same elevator each wanting a different floor. (②) People going to the same floor are grouped together and directed to whichever elevator will most efficiently reach their floor. (③) If there were five people desiring elevators, they might be assigned to five different elevators. (④) The result is faster trips for everyone, with a minimum of stops. (⑤) Even if people are assigned to elevators that are not the next to arrive, they will get to their destinations faster than if they took earlier elevators.

CHAPTER 04

글의 순서

주어진 문장 뒤에 이어질 글의 순서를 알맞게 배치하는 유형이다. 1회당 각 1~2문항씩 출제된다. 최근 5년간 평균 정답률이 58%로 높은 편이지만, 2020학년도 수능 37번에서는 51%의 정답률을 보였으며, 2021학년도 수능 37번에서는 48%의 정답률을 보였다. 연결어의 논리관계 및 대명사 등이 지칭하는 의미관계를 명확히 판단할 수 있어야 하며, 이외에도 글의 전체 흐름이 자연스러운지를 반드시 확인해야 한다.

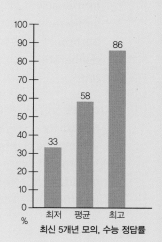

최신 5개년 모의, 수능 정답률

Words & Phrases

p.84
- disrupt · 파괴하다
- portray · 묘사하다, 그리다
- bond · 유대, 결속
- legitimate · 정당한, 합법적인
- overestimate · 과대평가하다
- vulnerable · 취약한, 공격받기 쉬운
- isolation · 고립(감), 격리

p.85
- in disagreement with · ~와 의견이 맞지 않는
- protest · 항의[반대]하다
- wind up · (어떤 상황·장소에) 처하게 되다
- punctual · 시간을 지키는
- outcome · 결과

p.86
- filter · 필터, 여과장치
- mechanism · 기계 장치; 메커니즘, 방법
- screen out · 거르다, 차단하다
- assign · 할당[배당]하다; 임명하다; 지정하다
- verbal · 언어의; 구두의
- perceptual · 지각(력)의
- in nature · 본질적으로

p.87
- isolation · 고립(감), 격리
- invisible · 보이지 않는, 볼 수 없는
- imprison · 가두다, 수감하다

p.88
- extraordinary · 놀라운; 비범한
- eliminate · 제거하다
- immensely · 엄청나게, 대단히
- settlement · 합의; 해결; 거주지
- portion · 부분, 일부
- deliberately · 고의로, 의도[계획]적으로
- drift · (확실한 목적 없이) 표류하다; (서서히 일어나는) 이동[추이]
- offset · 상쇄[벌충]하다
- negativity · 부정적[비관적] 성향; 소극성
- affirmative · 긍정하는, 동의하는
- minimal · 아주 적은, 최소의
- detrimental · 해로운
- insufficient · 불충분한 (↔ sufficient 충분한)

- application · 지원; 적용, 응용
- sustained · 지속된, 한결같은, 일관된
- aimlessly · 목적 없이

p.89
- boast · 뽐내다, 자랑하다
- turnover · (기업의) 매출량[액]

p.90
- segment · 부분; 구분
- register · 등록하다; 기억하다; 인식하다
- aptly · 적절히
- illustrate · (책 등에) 삽화를 쓰다; 분명히 보여주다; 실증하다
- distinction · (뚜렷한) 차이[대조]; 구분

p.91
- attuned · 익숙한; 적절히 대응하는
- excel · 탁월하다, 남을 능가하다
- ingenuity · 독창력; 정교함
- authorship · 원작자; 저술 (작업)
  - cf. author · 작가, 저자
- contemporary · 동시대인; 동시대의
- extract · 뽑아내다; 추출물
- statistics · 통계; 《단수 취급》 통계학
- manuscript · 원고; 필사본

p.92
- botanist · 식물학자
- initially · 처음에는, 초기에는
- reproductive · 생식의, 번식의
- cannot but v · v하지 않을 수 없다 (= cannot help v-ing)
- collapse · 쓰러지다, 무너지다
- see for oneself · 자신이 직접 보다, 스스로 확인하다

p.93
- creditor · 채권자 (↔ debtor 채무자)
- implement · 실행[이행]하다
- spiritual · 정신의
- postpone · 미루다, 연기하다
- somehow · 어떻게 해서든지; 아무래도

p.94
- estate · 사유지[토지]; 단지, 지구; 재산
- ownership · 소유(권)
- agricultural · 농업의
- anchor · 닻; 닻을 내리다; 고정시키다

□ **liken**	((to)) (~에) 비유하다, 비기다	□ **interaction**	상호 작용
□ **overlap**	겹치다; 겹치게 하다	□ **disturbance**	방해; 소란[소동]
□ **dominate**	지배하다	□ **unpredictable**	예측 불가능한
□ **inscribe**	(이름 등을) 쓰다[새기다]		(= unforeseeable)
□ **consolidation**	강화; 통합, 합병	□ **equivalent**	동등한
□ **simultaneous**	동시의	□ **ignorance**	무지
□ **neural**	신경의	□ **hint**	암시를 주다; 암시; 전조

p.97 항목은 오른쪽 열 interaction 옆에 위치.

왼쪽 열 p.95:

□ **parting**	이별, 작별	□ **complexity**	복잡성
□ **give way**	((to)) 양보하다; ((to)) 바뀌다, 대체되다	□ **predator**	포식자, 포식 동물
□ **guilt**	죄책감; 유죄	□ **parasite**	기생충, 기생 동물[식물]
□ **depression**	우울; 불경기	□ **intricate**	복잡한, 정교한
□ **be accompanied by A**	A를 동반하다	□ **organism**	유기체, (미세한) 생물체
□ **adjustment**	조정; 적응, 순응		
□ **grief**	큰 슬픔, 비통	**make headlines**	화제가 되다
cf. **grieve**	몹시 슬퍼하다	□ **skeptical**	회의적인, 의심하는
□ **go through**	경험하다, 겪다; 조사하다	□ **uncover**	뚜껑을 벗기다; 알아내다[적발하다]
□ **phase**	양상; 단계	□ **dissolve**	녹다; 녹이다; 사라지다, 흩어지다
□ **denial**	부정, 부인		
□ **bereaved**	사별을 당한	□ **anthropologist**	인류학자

p.96 (왼쪽 열) / p.98, p.99 (오른쪽 열):

□ **chronically**	만성적으로	□ **primate**	영장류
□ **intriguing**	매우 흥미로운	□ **virtually**	사실상, 거의
□ **molecular**	분자의	□ **get A right**	A를 바르게 이해하다
□ **deteriorate**	악화되다		
□ **deprivation**	(필수적인 것의) 결핍[부족]		
□ **conserve**	아끼다; 보존하다		
□ **back (A) up**	(A를) 뒷받침하다; (A를) 지지하다		
□ **life span**	수명		
□ **cautious**	조심스러운, 신중한		
□ **innovative**	혁신적인, 획기적인		
□ **immunize**	면역력을 갖게 하다		
□ **infection**	감염; 전염병		
□ **exploit**	착취하다; (충분히) 활용하다		
□ **acquaintance**	지인		
□ **epidemic**	유행병, 전염병; (급속한) 확산, 유행		
□ **alternative**	대안; 선택 가능한 것		
□ **hub**	중심지; 중추		
□ **namely**	다시 말해		
□ **discern**	파악하다; 분별하다		

Brush Up
Your **Reading** Skills!

정답률이 높은 문제들은 별다른 함정이 없고 연결어, 대명사, 관사, 지시사 등의 연결관계가 명확해서 선후 관계를 비교적 쉽게 알 수 있다.

▶ 흐름을 알기 쉽게 하는 연결어나 지시사 등이 제시되어 있고, 혼동을 주는 요소가 없다.

A 주어진 글 다음에 이어질 글의 순서로 가장 적절한 것은? 수능

Do you worry about losing your good health? Do you fear that crime, war, or terrorist attacks will disrupt the economy and your security?

(A) It's because television focuses on news that makes the world seem like a more dangerous place than it actually is. Afraid of the world that is portrayed on TV, people stay in their homes with close family and do not build bonds with their neighbors.

(B) These are legitimate concerns that many people share. We live in difficult and uncertain times. But are these fears real? Research shows that people who watch a lot of news on television overestimate the threats to their well-being. Why?

(C) Thus they become more vulnerable. Surrounding ourselves with a wall of fear, however, is not the answer. The only way to overcome this problem is to be more connected to others, and this connection will reduce fear and isolation.

① (A) – (C) – (B)   ② (B) – (A) – (C)   ③ (B) – (C) – (A)

④ (C) – (A) – (B)   ⑤ (C) – (B) – (A)

▶ 전반적으로 지문이 익숙한 단어와 소재로 구성되어 있으며, 핵심 단서가 충분히 제시되어 있다.

B 주어진 글 다음에 이어질 글의 순서로 가장 적절한 것은? 모의

> Gabe Gabrielson has a nine-year-old son named Colin. Like many nine-year-olds, Colin frequently finds himself in disagreement with parental policies.

(A) After a few debates that left both of them feeling frustrated, Gabe decided to change strategy, and announced, "Okay, Colin, we'll try it your way for three days. But if you're late for school any of those days, then we go back to the old system."

(B) For example, he protested Gabe's policy that he get fully dressed before coming down to breakfast. Gabe didn't particularly care what Colin wore at the breakfast table, but he worried that if Colin didn't dress first, he'd wind up late for school. "But I'm more comfortable in my pajamas!" Colin argued.

(C) Colin, amazed by the change in response, aced the trial run. He wore his pajamas and stayed punctual. As a result, the new practice stuck, and both sides are happier with the outcome.

① (A) – (C) – (B)　　　② (B) – (A) – (C)　　　③ (B) – (C) – (A)
④ (C) – (A) – (B)　　　⑤ (C) – (B) – (A)

☆ **왜 오답률이 높은가?**
문맥의 흐름을 잘 파악하지 못하고 **단서를 어설프게 적용**한 경우이다.

☆ **정답률을 높여주는 TIP**
대명사, 관사, 연결사 등을 총체적으로 잘 파악해야 한다. 즉, 일부 단서에 단편적으로 의존하지 말고 여러 단서의 의미를 파악하여 전체적인 내용이 논리적으로 진행되고 있는지 놓치지 않는 것이 중요하다.

☆ **오답 선택을 막아주는 TIP**
대명사가 가리키는 바를 잘못 파악하지 않도록 한다. 특히, 단서가 되는 대명사의 수와 일치하는 명사를 오답 단락에 두기도 하므로 대명사 수일치만으로 글의 순서를 파악하지 않도록 한다. (☞ 아래 오답 ③ 참고. 오답률 25%)

 52% 정답률

주어진 글 다음에 이어질 글의 순서로 가장 적절한 것은? 모의

> When we look at the world and ourselves, we do it through a set of filters. Think about what a filter is. A filter is a mechanism that lets some things flow in but screens other things out.

(A) Through them, we process and assign a weight and meaning to every event in our lives. Some things flow in, others are screened out, but everything is affected: not just what we 'see,' but what we 'hear' and 'believe.'

(B) Depending on what the filter is made up of, it can also alter whatever is looked at or passes through it. Sunglasses are a good example of a visual filter.

(C) But, obviously, I am not talking here about some physical apparatus that we can put on and take off, like a pair of glasses. In fact, the filters I am mentioning are internal, mental, emotional, verbal, and perceptual in nature.

① (A) – (B) – (C)　　　② (A) – (C) – (B)　　　③ (B) – (A) – (C)

④ (B) – (C) – (A)　　　⑤ (C) – (B) – (A)

[1-4] 주어진 글 다음에 이어질 글의 순서로 가장 적절한 것을 고르시오.

1

One of the toughest parts of isolation is a lack of an expressive exit. With anger, you can get mad at someone and yell. With sadness, you can cry. But isolation feels like being in a room with no way out.

(A) For people who cannot push themselves, however, support groups are a good cure for isolation. They offer the opportunity for connection in a safe and controlled way.

(B) And the longer you get stuck there, the harder it becomes to share the pain and sorrow. In isolation, hope disappears, despair rules, and you can no longer see a life beyond the invisible walls that imprison you.

(C) Some people find it helpful to work gently at driving themselves back into the world. In one case, a woman reported that after four miserable forced lunches with friends, she suddenly enjoyed the fifth one as she found herself laughing at a joke.

수능 정답률 49%

① (A) – (B) – (C)　　　② (A) – (C) – (B)　　　③ (B) – (C) – (A)

④ (C) – (A) – (B)　　　⑤ (C) – (B) – (A)

2

An extraordinary successful and economical example of weed control can be found in Australia. Around 1787, a man brought the prickly pear, a kind of cactus, into Australia.

(A) To eliminate them, Australian scientists were sent to North and South America to study enemies of the prickly pears. After trials of several species, three billion eggs of an Argentine moth were spread in Australia.

(B) Some of the prickly pears escaped from his garden. Having no natural controls in this new territory, they spread immensely, eventually occupying about sixty million acres.

(C) Seven years later, the dense growth of the prickly pear had been destroyed and the once uninhabitable areas reopened to settlement and grazing. The whole operation had cost less than a penny per acre. 모의 정답률 49%

① (A) – (C) – (B)   ② (B) – (A) – (C)   ③ (B) – (C) – (A)
④ (C) – (A) – (B)   ⑤ (C) – (B) – (A)

3

One of the dangers of not choosing to spend a portion of your time deliberately pursuing pleasure is that you may allow yourself to simply drift through the day, unwittingly contenting yourself with offsetting any negativity with periods of time that are just ordinary.

(A) Taking affirmative action is the best solution to create a positive lifestyle structure, one that creates pockets of time to spend doing whatever makes you happy. The moment you stop doing everything else and focus on doing whatever makes you happy you will feel yourself start to relax.

(B) The short-term effects of this are minimal, but long term it can have a significant detrimental impact, since ordinary routines are in themselves insufficient to properly counter any negativity you may experience.

(C) Continued application will result in a sustained increase in happiness, and that will grow over time. So make sure that you don't simply wander aimlessly without ever giving sufficient pause to actively engage in making yourself happy.

① (A) – (B) – (C)　　　② (A) – (C) – (B)　　　③ (B) – (A) – (C)
④ (B) – (C) – (A)　　　⑤ (C) – (A) – (B)

4

> When the technology firm Apple, having lost its way and struggling in the computer marketplace, rehired Steve Jobs, he realized its major problem at once.

(A) It was simply trying to be successful in too many areas, all at once. Despite employing great people, they were stretched too thinly to be able to focus on getting anything through to completion quickly, and brilliantly.

(B) As a result, the company soon boasted a turnover amounting to billions of dollars, with its brand becoming one of the most important in the world. The lesson is that by focusing on fewer projects, a company doesn't need to decide between having either quality or quantity, but is instead able to produce quality, in quantity.

(C) And so he cut back the number of projects — from several hundred, to just four. It was a courageous decision, but very quickly it proved to be a masterstroke. The company was producing just a few things, but each of them was a "must-have" item for millions of people.

① (A) – (C) – (B)　　　② (B) – (A) – (C)　　　③ (B) – (C) – (A)
④ (C) – (A) – (B)　　　⑤ (C) – (B) – (A)

Case Study 2

☆ 왜 오답률이 높은가?
주어진 글 다음에 이어지는 내용에서 앞에서 언급되지 않은 새로운 어구나 내용이 나올 때, 이를 주어진 글과 밀접한 관련이 없다고 생각하여 글의 흐름을 파악하지 못하는 경우이다.

☆ 정답률을 높여주는 TIP
주어진 글에서 언급된 어구와 비슷한 어구나 연관되는 내용을 바로 고르기보다는, **각 단락 간의 내용을 파악하여 논리적인 흐름을 맞추어 보는 것이 필요**하다.

☆ 오답 선택을 막아주는 TIP
Case Study 1과 마찬가지로 **대명사나 어구에 단편적으로 의존해서는 안 된다.** 논리를 파악하지 않고 주어진 글에서 나온 어구가 있는지 없는지에 따라 순서를 고르지 않도록 하자. (☞ 아래 오답 ④, ⑤ 참고. 오답률 각각 10, 11%)

55% 정답률

주어진 글 다음에 이어질 글의 순서로 가장 적절한 것은? 모의

> Surely since we all have the same visual equipment, we all see something as basic as color in the same way? Wrong. It turns out that color vision isn't a black-and-white issue. It's not nearly that simple.

(A) However, the number of differently labeled segments we use varies. Some languages only distinguish between two basic colors, black and white. Others add green, yellow, blue, and brown.

(B) Language has a significant effect on how we "see" colors — more precisely, on how we divide up and label different parts of the visible spectrum. Our eyes register roughly the same range of light between the aptly named infrared and ultraviolet.

(C) This sort of different color categorization is nicely illustrated by the word "grue." Psychologists use it to describe languages that make no distinction between green and blue.

① (A) – (C) – (B)　　　　② (B) – (A) – (C)　　　　③ (B) – (C) – (A)

④ (C) – (A) – (B)　　　　⑤ (C) – (B) – (A)

1 주어진 글 다음에 이어질 글의 순서로 가장 적절한 것은?

A neural network is a form of artificial intelligence that is just as highly attuned as the human brain when it comes to spotting patterns hidden among random details. This is one of the reasons why artificial intelligence has been found to be so useful.

(A) Once trained, this neural network excelled brilliantly at identifying the authors of texts it had not seen before. Thanks to the ingenuity of this method, many doubts about the true authorship of Shakespeare's plays have been settled once and for all.

(B) The network was developed to recognize the writing style of Shakespeare and his contemporaries. It analyzes large samples of text and extracts features, such as the relative frequencies of certain words, and classifies them according to author.

(C) Stylometrics is a statistics-based method of analyzing handwriting in important manuscripts and other historical documents to determine their authorship. A neural network for stylometrics was invented in the 1990s by Thomas Merriam, a historian and scholar.

① (A) – (B) – (C)　　　　② (B) – (A) – (C)　　　　③ (B) – (C) – (A)

④ (C) – (A) – (B)　　　　⑤ (C) – (B) – (A)

Case Review Tests

[1~10] 주어진 글 다음에 이어질 글의 순서로 가장 적절한 것을 고르시오.

1

> In Madagascar, botanists have discovered a species of tree so big that it can be identified in satellite images. The species is unique to Madagascar; nothing like this tree has ever been seen before.

(A) Those who witnessed the flowering were amazed. They reported that initially one very long shoot emerged alone from the treetop. Then, a few weeks later, this single shoot began to change and spread. They said that in the end the thing resembled a Christmas tree.

(B) Hundreds of tiny flowers then blossomed on the branches. After pollination, the tiny flowers turn into fruit, but since a massive amount of energy is spent on this reproductive cycle, the tree cannot but collapse and die after flowering.

(C) Madagascar islanders knew of its existence, but none had seen it flower until last year, when it flowered in an extraordinary way. Botanists from England's Kew Gardens, hearing of the event, traveled to the island to see it for themselves.

① (A) – (C) – (B)   ② (B) – (A) – (C)   ③ (B) – (C) – (A)

④ (C) – (A) – (B)   ⑤ (C) – (B) – (A)

2

In the field of financial planning there is a universally accepted principle that it's critical to pay yourself first before you pay your other bills — to think of yourself as a creditor.

(A) The identical principle is also critical to implement any program of spiritual practice. If you don't start implementing your program right away, but instead you wait till you finish all your other chores, then you will probably never start.

(B) The reason for this financial wisdom is that if you wait to put money into savings until after everybody else is paid, there will be nothing left for you to save!

(C) The result is that you'll keep postponing your savings plan until it's too late to do anything about it. But if you pay yourself first, somehow there will be just enough to pay everyone else as well.

① (A) – (B) – (C)   ② (A) – (C) – (B)   ③ (B) – (A) – (C)

④ (B) – (C) – (A)   ⑤ (C) – (B) – (A)

3

The settlement of the Latin American countryside took a different course from that of North America. The Latin Americans did not settle on individual family farms.

(A) The poorer people worked on these estates for low wages. They had little hope of ever owning their own land. The landowners also forced the native Indians to work on the haciendas and later imported millions of African slaves for the same purpose.

(B) That's because the government did not promote private ownership of land. Wealthy men owned most of the land, from which they made huge estates, called haciendas.

(C) Many of the owners, however, cared little for developing their land or using it wisely. Their attitude kept the workers in poverty and the land undeveloped, and led many Latin American nations to remain agricultural. 모의 정답률 54%

① (A) – (C) – (B)   ② (B) – (A) – (C)   ③ (B) – (C) – (A)
④ (C) – (A) – (B)   ⑤ (C) – (B) – (A)

4

Most researchers agree that short-term memory is anchored and translated into long-term memory when we sleep.

(A) Neuroscientist Mayank Mehta likened it to erasing the chalkboard so new messages do not overlap and get confused with old ones. Giulio Tononi and his colleague propose that the large, slow brain waves that dominate deep sleep wash the board clean by reducing the number of active connections, while the brief bursts of faster activity inscribe new learning.

(B) The process, called memory consolidation, appears to involve two simultaneous procedures: weakening rarely used neural connections and strengthening the patterns of newly formed memories by replaying them.

(C) The wonderful result of this brain-wave activity is that new memories are allowed to stand out clearly. It seems that we forget in order to remember, and we do this best when we are deeply asleep, all is quiet, our breathing is slow, and the slate is clean.

① (A) – (B) – (C)   ② (A) – (C) – (B)   ③ (B) – (A) – (C)
④ (B) – (C) – (A)   ⑤ (C) – (B) – (A)

5

Good night, good night! Parting is such sweet sorrow, that I shall say good night till it be morrow. So said Shakespeare's Juliet, but how can there be pleasure in the pain of separation?

(A) In this case, it isn't hard to see that the sweetness is in knowing that Romeo will return the next day. Real life, however, doesn't always offer such certainty, and the joy of being with the one you love comes with the understanding that nothing lasts forever.

(B) This later gives way to anger, fear, guilt, then depression, which may be accompanied by physical pains such as headaches, before the final adjustment to life without the loved one. Parting affects our emotions strongly, mixing sorrow with hope, and grief with sweetness.

(C) Let's imagine a man loses someone dear to him. He then goes through a normal process called grieving. The first phase of grief is denial: the bereaved one believes that the one who has died cannot really be dead.

① (A) – (B) – (C)   ② (A) – (C) – (B)   ③ (B) – (C) – (A)
④ (C) – (A) – (B)   ⑤ (C) – (B) – (A)

6 When an animal is having a chronically difficult time filling its belly, something intriguing happens in its body at a molecular level.

(A) Aging slows down, and cells don't die as quickly as they do when food is available. Contrary to what you might think, a cell's health in this situation doesn't deteriorate. The body, sensing deprivation, seems to call all hands on deck to conserve energy and prepare for the worst.

(B) Numerous studies back this up. Reducing the normal diets of creatures as different as fruit flies, mice, rats, and dogs by 35 to 40 percent will increase life span as much as 30 percent.

(C) In other words, each cell grows tougher and more cautious. This is thanks largely to a class of proteins called sirtuins, which some scientists suspect reduce the rate of cell growth.

① (A) – (C) – (B)   ② (B) – (A) – (C)   ③ (B) – (C) – (A)

④ (C) – (A) – (B)   ⑤ (C) – (B) – (A)

7 Understanding networks can lead to innovative, non-obvious strategies. Randomly immunizing a population to prevent the spread of infection typically requires that 80 to 100 percent of the population be immunized.

(A) This strategy allows us to exploit a property of networks even if we cannot see the whole structure. Acquaintances have more links and are more central to the network than are the randomly chosen people who named them.

(B) To prevent measles epidemics, for example, 95 percent of the population must be immunized. A more efficient alternative is to target the hubs of the network, namely, those people at the center of the network or those with the most contacts.

(C) However, it is often not possible to discern network ties in advance in a population when trying to figure out how best to immunize it. A creative alternative is to immunize the acquaintances of randomly selected individuals.

모의 정답률 55%

① (A) – (C) – (B)   ② (B) – (A) – (C)   ③ (B) – (C) – (A)
④ (C) – (A) – (B)   ⑤ (C) – (B) – (A)

8

There are many non-linear interactions in ecology and, as in the weather and the stock market, a small disturbance can lead to a sudden and unpredictable change in state.

(A) Each of those habitats is filled with a chance group of ecologically equivalent creatures, each of which arrived by accident. Not only do such examples reveal our ignorance of the laws behind ecosystems, but they hint that chaos and complexity may be the rule rather than the exception.

(B) An attempt to shoot foxes to increase the number of red grouse prey, for instance, might have an undesirable effect, for the predators normally catch only the birds most filled with parasites, and once they are removed, disease will spread and kill many more birds than before.

(C) Such unforeseeable consequences emphasize that many of the connections among species within a community are far from simple. In the intricate world beneath the soil, as a case in point, organisms differ wildly from place to place but somehow generate roughly the same mix of nutrients.

• **red grouse:** 《조류》 붉은 뇌조

① (A) – (B) – (C)   ② (A) – (C) – (B)   ③ (B) – (A) – (C)
④ (B) – (C) – (A)   ⑤ (C) – (A) – (B)

9

A woman from New Mexico found the face of Jesus in her toast one morning, and thousands of believers journeyed to see the sight. A spacecraft photographed a rock formation that looked like a human face, and the "face on Mars" instantly made headlines.

(A) When it comes to pattern recognition, we are oversensitive. So remain skeptical. If the crispy parts of your pancake start to look like Jesus's face, ask yourself: if he really wants to reveal himself, why doesn't he do it on TV?

(B) It is especially able to do so when the image is unclear. Twenty-five years after uncovering the "face on Mars" from an unclear picture, the Mars Global Surveyor sent us clear images of the rock formations: the human face had dissolved into a pile of ordinary rocks.

(C) What about you? Have you ever seen faces in anything? Of course. The human brain seeks patterns. In fact, if it finds no familiar patterns, it simply invents some.

① (A) – (B) – (C) ② (A) – (C) – (B) ③ (B) – (C) – (A)

④ (C) – (A) – (B) ⑤ (C) – (B) – (A)

10

Anthropologist Brian Hare has done experiments with dogs, where he puts a piece of food under one of two cups, placed several feet apart. The dog knows that there is food to be had, but has no idea which of the cups holds the prize.

(A) This difference is in their cooperations with humans. Hare explains that primates are very good at using the cues of the same species. But they are not good at using human cues when you are trying to cooperate with them.

(B) In contrast, dogs pay attention to humans, when humans are doing something very human. Dogs aren't smarter than chimps, but they just have a different attitude toward people, and they are really interested in humans.

(C) Then, Hare points at the right cup, taps on it, and looks directly at it. What happens? The dog goes to the right cup virtually every time. Yet when Hare did the same experiment with chimpanzees, the chimps couldn't get it right. A dog will look at you for help, and a chimp won't. 모의 정답률 53%

① (A) – (C) – (B)　　　② (B) – (A) – (C)　　　③ (B) – (C) – (A)

④ (C) – (A) – (B)　　　⑤ (C) – (B) – (A)

Build Your **Vocabulary**

어근 "spir(e)-" = breathe

→ in-(in, into) + spire(breathe) = **inspire** 고무[격려]하다; (감정을) 고취하다; 영감을 주다

→ **inspiration** 영감; 고무, 고취

Whenever an Olympic swimmer sets a new world record, it inspires others to bring out the best within them and go beyond that achievement to set new records of human performance. 수능
(한 명의 올림픽 수영 선수가 세계 신기록을 세울 때마다, 그것은 다른 사람들 안에 있는 최고의 것을 끌어내어 인간의 성취에 있어 새로운 기록을 세우기 위해 그 업적을 뛰어넘도록 고취한다.)

☐ **per**spire (통하여 호흡하다) 땀을 흘리다; 발산시키다, 증발하다

→ **perspiration** 발한 (작용); 땀

☐ **a**spire ((to+v[명사])) 열망하다, 포부를 가지다

☐ **re**spire 호흡하다, 숨 쉬다

☐ **con**spire 공모하다, 음모를 꾸미다; 협력하다

→ **conspiracy** 음모, 공모 (= plot, intrigue)

혼동어휘 "induce vs. deduce"

1. induce 유도하다; 권유하다; 귀납추론하다

→ **induction** 유도, 권유; 귀납추론

2. deduce 연역추론하다

→ **deduction** 연역추론; 차감, 공제

cf. deduct 빼다, 공제하다

−s에 주의할 어휘 "premise"

a premise 《논리》 전제

→ The conclusions in the report were based on **a false premise**. (그 보고서의 결론은 잘못된 전제에 근거했다.)

premises 《pl.》 건물, 구내, 점포

→ **on[off] the premises**

While **on the premises**, all visitors must carry some form of identification.
(건물 내에서는 모든 방문객이 어떤 양식의 신분증명서를 소지해야 합니다.)

CHAPTER 05

무관 문장 찾기

글의 흐름과 어울리지 않는 문장을 찾는 유형이다. 1회당 1~2 문항씩 출제되며, 평균 정답률은 그다지 낮지 않으나 2019학년 대비 9월 모의고사에서 45%의 정답률을 기록하였다. 주제와 글의 일관된 흐름을 파악하는 능력이 요구되는 만큼 고난도 문항에 대한 꾸준한 대비가 필요하다.

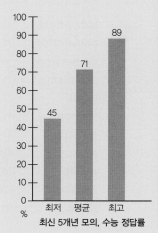

최신 5개년 모의, 수능 정답률

Words & Phrases

p.104	striking	눈에 띄는, 두드러진; 빼어난
	individuality	개성, 특성
	era	시대
	contemporary	동시대인; 동시대의
	speculate	사색[숙고]하다; 추측[짐작]하다
	categorize	분류하다
	sufficiently	충분히
	precise	정확한, 정밀한; 엄밀한
	systematic	체계적인, 조직적인
	description	서술, 묘사
	rational	합리적인, 이성적인

p.105	be eager to-v	v하고 싶어 하다
	consistently	일관하여, 지속적으로
	athletic	운동(경기)의
	scholarship	장학생; 장학금

p.106	strive to-v	v하기 위해 노력하다
	reproduce	복사하다; 재현하다
	simulate	~인 척하다, 흉내 내다; 모의 실험하다
	numerous	많은
	complication	(상황을 더 복잡하게 만드는) 문제; 합병증
	ensure	보장하다
	constantly	끊임없이; 거듭
	migrate	이주[이동]하다
	utterly	완전히; 전혀
	incompatible	((with)) (~와) 양립할 수 없는, 맞지 않는
	instinct	본능; 직감

p.107	side effect	부작용
	conventional	관습적인; 전통적인, 종래의
	derive from	~에서 나오다[유래하다]; 파생하다
	promising	유망한, 촉망되는; 조짐이 좋은
	legal	법률의, 법률과 관련된; 합법적인
	monopoly	독점, 전매
	patent	특허(권); 특허를 얻다
	replicate	복제하다
	expire	(기한이) 만료되다, 끝나다
	exclusive	독점적인; 배타적인; 고가의
	grant	(공식적·법적으로) 승인[허락]하다; 인정하다

	advancement	발전, 진보
	medieval	중세의
	craftsman	장인, 수공예가
	standstill	정지, 멈춤

p.108	endeavor	노력, 시도
	dictate	좌우하다; 명령하다
	triumph	(큰) 업적[승리]
	catastrophe	참사; 실패; 곤란
	humiliate	굴욕감을 주다
	cf. humiliation	굴욕; 창피
	cease	중단되다; 중단시키다
	embrace	포용하다; 받아들이다, 수용하다
	prominent	저명한; 두드러진; 중요한
	set out to-v	(목표한 바를 이루기 위해) v하기 시작하다
	consciousness	의식; 자각
	cf. conscious	의식적인; 자각하는
	splendid	멋진, 눈부신, 뛰어난
	evolution	진화(론); 발전
	cf. evolutionary	진화(론)의
	adaptation	적응, 순응
	apprehend	체포하다; 파악하다, 이해하다
	peculiar	이상한, 기이한; 고유한, 독특한
	bias	편견, 선입견
	destructive	파괴적인
	stereotype	고정 관념
	fabric	직물, 천; (사회·조직 등의) 구조

p.109	atomic	원자의; 핵무기의
	anticipate	예상하다; 기대하다
	usage	사용; (단어의) 용법[어법]
	kin	친족, 친척
	owe it to A to-v	v하는 것이 A에 대한 의무이다
	insight	통찰(력)
	evaluate	평가[감정]하다

p.110	implication	(행동이 초래할 수 있는) 영향[결과]; 함축, 암시
	bond	결속력, 유대감
	affection	애착, 보살핌; 애정
	cf. affective	정서적인
	dissent	반대 (의견)

□ impair	손상[악화]시키다	□ cast a vote[ballot]	투표하다
□ primarily	주로	□ conflicting	상충[상반]되는, 모순되는
□ unanimously	만장일치로	□ situate	(어떤 위치에) 두다, 위치시키다
□ cohesion	화합, 결합; 응집력	□ optimal	최선의, 최적의

p.111

□ attribute A to B	A를 B의 탓[덕분]으로 돌리다	□ adversely	반대로; 불리하게
□ insufficient	불충분한	□ parasitic	기생하는; 기생충에 의한
□ confirm	확실히 하다; 사실임을 보여주다		
□ reinforce	강화[보강]하다, 힘을 북돋다		
□ give way to	~에 못 이기다; ~로 대체되다		

p.115

		□ contend	주장하다 (= argue)
□ irritation	짜증(나는 것); 자극	□ impermanence	비영구성; 일시성
□ sensation	느낌, 감각; 선풍적 반응	□ persistence	끈기, 고집; 지속됨
□ perception	지각, 인식	□ impulse	충동; 《생물》 자극
□ enhance	높이다, 향상하다 (= improve)	□ deliberate	의도[계획]적인, 고의의
□ astronomy	천문학	□ linear	(직)선의
cf. astronomical	천문학의, 천문학적인	□ conception	개념; 구상, 고안; (난소의) 수정, 임신
□ observation	관찰; 관측; 감시	□ spiral	나선(형), 소용돌이
□ interval	(두 사건 사이의) 간격	□ intersect	교차하다
□ mythical	신화 속의; 가공의	□ objectively	객관적으로
□ definitive	최종적인, 확정적인; 최고의	□ coexist	공존하다
□ span	(어떤 일이 지속되는) 기간[시간]	□ displace	대체하다; 옮겨 놓다; 쫓아내다
□ notation	표기법, 기호		

p.112

p.116

		□ compel	억지로 시키다, 강요하다
□ deliberately	고의로, 의도[계획]적으로	□ submit	((to)) (~에) 복종[굴복, 항복]하다
□ simultaneously	동시에; 일제히	□ unavoidable	피하기 어려운, 불가피한
□ degradation	비하; 저해[악화]		(= inevitable)
□ utilize	활용[이용]하다	□ voluntary	자발적인; 자원봉사로 하는
□ deterioration	악화; 하락; 퇴보	□ distinctive	특유의, 구별되는
□ forbid A from B	A가 B하지 못하게 (금지)하다	□ monument	기념비(적인 것)
□ phase	단계, 시기, 국면	cf. monumental	기념비적인; 엄청난
□ stimulus	(pl. stimuli) 자극제, 자극이 되는 것	□ domination	지배, 통치
□ in turn	차례차례; 결국	□ mobilize	동원되다; 동원하다
□ dose	(복용)량	□ involuntary	자기도 모르게 하는; 원치 않는
□ consumption	소비(량), 섭취(량)	□ monopolize	독점하다

p.113

		□ accuracy	정확(도)
□ indicator	지표, 척도; 계기[장치]	□ precision	정확; 정밀; 신중함
□ preference	선호(도)	□ innovation	혁신, 쇄신
□ supportive	지원하는, 지지하는	□ consolidate	강화하다; 통합하다
cf. in support of	~을 지지하여	□ subsidize	보조금을 주다
□ racial	인종(간)의		

p.114

Brush Up
Your **Reading** Skills!

정답률이 높은 문항들은 지문을 구성하는 문장들의 난이도가 평이하며, 지문의 첫 부분에서 주제가 명확히 드러나 글의 흐름을 파악하기 쉽고 그 흐름이 끊기는 부분 또한 찾기 쉽다.

 89% 정답률 ▶ 흐름과 관계 없는 문장에 글의 내용과 어울리지 않는 어구가 나와 비교적 쉽게 정답을 찾을 수 있다.

A 다음 글에서 전체 흐름과 관계 <u>없는</u> 문장은? 모의

As striking as the Greeks' freedom and individuality is their sense of curiosity about the world. Aristotle thought that curiosity was the uniquely defining property of human beings. ① St. Luke said of the Athenians of a later era: "They spend their time in nothing else but to tell or to hear some new thing." ② The Greeks, far more than their contemporaries, speculated about the nature of the world they found themselves in and created models of it. ③ Slaves played an important role in Greek society and their status was dependent on how much labor they contributed to the society. ④ They constructed these models by categorizing objects and events and generating rules about them that were sufficiently precise for systematic description and explanation. ⑤ This characterized their advances in the fields of physics, astronomy, geometry, rational philosophy, and natural history.

B 다음 글에서 전체 흐름과 관계 <u>없는</u> 문장은? 모의

If you want to be a professional, look like a professional. I learned this in my first year of high school from my baseball coach. ① On our very first day of practice, we were all eager to begin hitting and throwing the baseball. ② But on that day, we spent the entire time learning the finer points of wearing the baseball uniform. ③ At the time, I thought it was a waste of time, but over the years, our dress set the tone for who we were and we took pride in our appearance. ④ Material of the uniform is yet another important deciding factor to help you purchase the right uniform. ⑤ That pride carried over to the baseball field and we consistently won championships and sent many players to college on athletic scholarships.

Case Study 1

☆ **왜 오답률이 높은가?**
흐름 무관 문장에 앞에서 등장한 어구를 그대로 사용하여 무관한 문장이 마치 전체 내용과 관련이 있는 것처럼 착각하게 하는 경우이다. 여기에 연결어까지 등장시키면 더 그럴듯하게 느껴지므로 오답률이 높아진다.

☆ **정답률을 높여주는 TIP**
글의 주제, 즉 글이 말하고자 하는 바를 뒷받침하는지 아닌지, 논리적으로 앞뒤가 잘 연결되는지 등을 기준으로 무관한 문장을 판단하도록 한다.

☆ **오답 선택을 막아주는 TIP**
글의 핵심어나 앞에서 언급된 어구가 나오지 않는다고 해서 흐름과 무관한 문장이 아님을 주의하자. (☞ 아래 오답 ③, ④ 참고. 각각 오답률 26%, 20%) 오히려 핵심 어구를 사용하여 무관한 문장을 만드는 경우가 많으므로, 단순히 어구만으로 판단하면 출제진이 의도한 함정에 빠지기 쉽다.

41% 정답률

다음 글에서 전체 흐름과 관계 없는 문장은? 모의

Since the 1980's, zoos have strived to reproduce the natural habitats of their animals, replacing concrete floors and steel bars with grass, rocks, trees, and pools of water. These environments may simulate the wild, but the animals do not have to worry about finding food, shelter, or safety from predators. ① While this may not seem like such a bad deal at first glance, the animals experience numerous complications. ② And yet, most of the complications were settled with no delay in order to ensure the animals' health and safety. ③ The zebras live constantly in fear, smelling the lions in the nearby Great Cats exhibit every day and finding themselves unable to escape. ④ There is no possibility of migrating or of storing food for the winter, which must seem to promise equally certain doom to a bird or bear. ⑤ In short, zoo life is utterly incompatible with an animal's most deeply-rooted survival instincts.

• **doom:** 파멸, 종말

1

Scientists are looking into the seas in search of medicines that may work better, with fewer side effects, than conventional drugs. ① The ocean has already given us wonderful drugs derived from salmon, omega-3 fish oils for heart disease and bone replacements from coral. ② Another marine medicine in the works is a promising new cancer drug derived from bacteria that live inside a moss-like sea creature. ③ Some fish farms tend to use several antibiotic drugs known to cause cancer to increase their production. ④ Unlike conventional drugs that kill cancer cells, the drug makes them go back to normal cells. ⑤ And some antibiotics being made from cells in fish may even be effective against antibiotic-resistant bacteria. 모의 정답률 61%

• **antibiotic-resistant:** 항생제에 내성이 있는

2

In return for the legal monopoly that a patent provides them, patent owners must explain exactly how they made their invention so that anyone can replicate it once the patent expires. ① Thus, patent law works not only for inventors but also for society by ensuring that technologies are not hidden from the public. ② The exclusive right granted to inventors has led them to focus on making money rather than on advancement through creative research and development. ③ Extreme secrecy, which is a real danger, was used by guilds of medieval craftsmen to protect their commercial advantage, and this slowed social progress to a near standstill. ④ We still don't know how they made Stradivarius violins sound so good, for instance. ⑤ In contrast, patents keep specialized knowledge public, at least in theory.

• **guild:** 길드 (중세의 상인단체)

3 William James, an American psychologist, argued that one's ability to feel satisfied with oneself does not rely on experiencing success in every area of endeavor. ① He said that our goals dictate what we will interpret as a triumph and what must count as a catastrophe. ② We are humiliated only if we invest our sense of worth in a given goal and then we fail to reach that goal. ③ The solution, therefore, is to cease comparing oneself to others, which is a source of humiliation, and embrace oneself. ④ He himself was very proud of being a Harvard professor and prominent psychologist, and he admitted that he would feel ashamed if he found that someone else was more of an expert psychologist than he was. ⑤ On the other hand, because he had never set out to learn Latin, he knew that he would not feel bad at all to hear that someone could appreciate the entire works of great Latin writers.

4 The brain-consciousness mechanism is without a doubt one of the most splendid achievements of evolution. ① Unfortunately, despite its many amazing features, it has also developed a number of not-so-desirable aspects. ② Impressive evolutionary adaptations end up placing some serious obstacles in the way of one's ability to apprehend reality accurately. ③ The more we learn about how the mind works, the more we realize that the filter through which we experience the world has some peculiar built-in biases. ④ These biases toward others take the form of destructive stereotypes that harm the fabric of society. ⑤ If we do not understand how these biases work, our thoughts and actions are never truly going to be under conscious control.

5   H. G. Wells' *The World Set Free* outlined the possibility of atomic weapons almost 100 years before they were invented and then dropped. Though the power of radioactivity was no secret at the time, Wells was the one to anticipate its destructive usage. ① I think writers do have a few special talents to offer as they look sharply into our human future, and more importantly, they have a similar role to play to that of scientists. ② Indeed, scientists and artists are kin, for the process of art itself is a kind of experiment. ③ Their artistic imagination enables them to look beyond the current moment, and even beyond the human experience, to the wide web of life which contains us. ④ Writers owe it to all of us to communicate this insight carefully, for if they don't, we may lose everything. ⑤ If they do their jobs well, writers will help us both to appreciate and evaluate the complex human society that scientists are trying to develop.

Case Study 2

☆ **왜 오답률이 높은가?**

지문의 내용을 통해 흐름을 파악하지 않고, **평소 본인이 가진 상식에 의거하여 그에 반하는 내용을 흐름 무관 문장으로 판단하는 것으로 추정되는 경우**이다. 지문 내용이 잘 이해되지 못할 때 본인의 상식에 기대어 그것과 일치하는 내용은 오답으로, 상식에 맞지 않는 문장은 정답으로 판단하게 되는 것이다.

☆ **정답률을 높여주는 TIP**

평소 상식에 반하는 주제를 담고 있거나 생소한 내용의 지문은 수능에 얼마든지 출제될 수 있다. 특히 내용이 생소하거나 어려울 경우 자신도 모르게 상식이나 배경지식에 의존하게 되는데, 어디까지나 **글쓴이가 글을 통해 말하고자 하는 바를 명확히 파악하도록 해야 한다.**

☆ **오답 선택을 막아주는 TIP**

지문의 내용에 근거하지 않고 **주관적인 생각에 따라 답을 고르지 않도록** 한다. (☞ 아래 오답 ②, ③ 참고. 오답률 각각 19%, 29%)

 41% 정답률

다음 글에서 전체 흐름과 관계 없는 문장은? 수능

Consider the following implication involving the role of social bonds and affection among group members. If strong bonds make even a single dissent less likely, the performance of groups and institutions will be impaired. ① A study of investment clubs showed that the worst-performing clubs were built on affective ties and were primarily social, while the best-performing clubs limited social connections and focused on making money. ② Dissent was far more frequent in the high-performing clubs. ③ The low performers usually voted unanimously, with little open debate. ④ As illustrated in the study, the high performers placed more importance on social bonds than the low performers, resulting in their high rate of success. ⑤ The central problem is that the voters in low-performing groups were trying to build social cohesion rather than to produce the highest returns.

1 다음 글에서 전체 흐름과 관계 없는 문장은?

Praise, self-confidence, and academic performance, it is commonly believed, rise and fall together, but current research suggests otherwise. In one study, psychologists asked 128 children to solve math problems and then gave each child just one sentence of praise. ① Some children were praised for their intellect and others for their hard work. ② The students who were praised for their effort showed a greater willingness to work out new approaches and tended to attribute their failures to insufficient effort, rather than a lack of intelligence. ③ In contrast, the children who had been praised for their cleverness tended to choose tasks that confirmed what they already knew, and displayed less persistence when the problems got harder. ④ Put simply, the study revealed that praise reinforces desired behavior and has positive emotional effects strengthening interpersonal relationships. ⑤ Ultimately, the thrill created by being told "You're so clever" gave way to an increase in anxiety and a drop in performance.

Case **Review Tests**

[1~10] 다음 글에서 전체 흐름과 관계 <u>없는</u> 문장을 고르시오.

1 How does temperature affect the taste of food and drink? What we normally refer to as "taste" is more correctly termed flavor, which is made up of taste, irritation, and aroma. ① Taste itself consists only of the five sensations that can be detected by the tongue: salty, sweet, sour, bitter, and umami. ② These are not affected by temperature, and neither is irritation from, for instance, chili peppers. ③ With its strong influence on the brain's perception of a meal, aroma is essential for enhancing taste and quality. ④ But aroma, which is sensed in the nose, is much more sensitive to temperature change because it depends on the release of volatile oils. ⑤ The higher the temperature, the more oils are released, and the stronger the aroma and thus the total flavor sensation.

* umami: 감칠맛

2 Unlike the Mesopotamian cultures, the early Greeks paid less attention to astronomy and more to cosmology. They were interested in studying where the Earth and other cosmic bodies stand in relation to the universe. ① Because of this, their astronomical observations were not accurate, creating time recording problems. ② In fact, during the Greek times, most dates were given in terms of the Olympiads, the four-year intervals between Olympic Games. ③ The Olympic Games have existed since mythical times, but the definitive time of their origin is still veiled in mystery and legend. ④ If something happened during the 10th Olympiad, it meant the event occurred within a four-year span. ⑤ Such notations created headaches for historians, who ended up making educated guesses as to the actual dates of Greek events and other significant historical occurrences.

3 Multitasking, whereby we deliberately do several tasks simultaneously, erroneously appears to be an efficient way of getting a lot done. ① It is much beloved by teenagers and busy workers, but in fact, all the evidence points to severe degradation of performance. ② Doing two tasks at once takes longer than the sum of the times it would take to do each alone. ③ The point is that, through the efficiency gained by working on a large scale and utilizing the time between tasks, anyone can get more done in less time. ④ Even as simple and common a task as talking on a hands-free cell phone while driving leads to serious deterioration in driving skills. ⑤ For this reason, the US Federal Aviation Authority forbids pilots from making any unnecessary announcements during the critical phases of takeoff and landing.

4 A researcher at a sleep clinic in Boston wondered whether using coffee may not, in the long run, make people sleepier. He did a survey and found that people who drank coffee generally described themselves as sleepy in the mornings. ① Ordinarily, people who give up coffee say that the clear stimulus they used to feel is no longer there, but that the average productivity of their day improves. ② Some people drinking coffee to "reset" their body clocks each morning end up making going to bed on time harder, which in turn makes the need for coffee greater. ③ Accordingly, when you need to keep yourself awake, low doses of caffeine throughout the day are more effective than the traditional method of having a large dose in the morning. ④ Continual consumption of caffeine causes a biochemical imbalance in the body by boosting production of counter-caffeine chemicals. ⑤ Ultimately, coffee drinkers can't win the battle with sleepiness and may suffer from side effects such as headaches.

5 Many political scientists used to assume that people vote selfishly, choosing the candidate that will benefit them the most. But research on public opinion has led to the conclusion that self-interest is a weak indicator of policy preferences. ① Parents of children in public school are not more supportive of government aid to schools than other citizens; people who lack health insurance are not more likely to support government-issued health insurance than people covered by insurance. ② Rather, people care about their *groups*, whether those be racial, regional, religious, or political. ③ In matters of public opinion, citizens seem to be asking themselves not "What's in it for me?" but rather "What's in it for my group?" ④ But more than that, when we cast our votes, each one of us must keep a balance between our own self-interest and the public interest. ⑤ Political opinions function as "badges of social membership," much like bumper stickers in support of a favorite university or sports team.

6 A plant can be pulled in many directions at once. ① Sunlight hitting a plant at an angle causes it to bend towards the rays, while the starches within the plant's bending branches tell it to straighten up. ② These often conflicting signals enable a plant to situate itself in a position that is optimal for its environment. ③ For example, the leaves of Mimosa may respond adversely when they are being touched or rapidly cooled by some forms of external stimuli and fold themselves inward. ④ The smell of a tomato will pull Cuscuta, a parasitic plant, to the side, while the force of gravity will tell it to keep growing upward at the same time. ⑤ Just like classical physics, the position of any part of a plant can be described as a sum of the force vectors acting upon it that allow a plant to know both where it is and in which direction it should grow.

• **starch:** (녹색식물의) 전분

7 Stephen Bertman, in *Hyperculture: The Human Cost of Speed*, contends that America's addiction to speed has transformed its values. More and more information is presented in shorter and shorter statements, which are broadcast on radio or TV. ① A typical hour of prime-time television has as many as thirty-six commercials, and individual images seldom remain on screen long. ② At prime-time hours, viewers face the dilemma of whether they should wait for the commercials to end or start flipping the channels. ③ Such short-lived impressions lead people to expect impermanence in all aspects of their lives, even important principles and beliefs. ④ The "power of now" has caused persistence to be replaced by the temporary, memory by sensation, and intellect by impulse. ⑤ It's important for us to counter this trend by making a deliberate choice to slow down.

• **hyperculture:** 하이퍼문화 (빠른 것을 최고로 여기는 미래의 속도경쟁 문화)

8 Attitudes toward time can tell you a lot about a society. We are so used to our own linear conception of time that it scarcely occurs to us that not everyone in the world experiences time in the same terms. ① In some cultures such as those in Latin America and Southeast Asia, time is not a straight line at all, but more like a circle, a spiral, or a series of elegant intersecting curves. ② Time is a ruler by which events can be ordered from the past through the present into the future, and is recognized objectively by everyone. ③ In a way, the past and present coexist alongside each other rather than displacing each other. ④ For the Piraha Tribe, deep in the Amazonian rain forest, the past doesn't exist at all, because there is no past tense in the language and, unusually, no creation myth. ⑤ Again, in many cultures, time doesn't follow the constant beat of a metronome but can be stretched and flexed as required.

9 When a dog is tied to a cart and it wants to follow, it follows as well as being pulled. If it doesn't want to follow, it will be compelled in any case. ① Similarly, when events do not match with our desires, we should reflect that we, too, are never without a leash around our necks. ② But, whatever the comparisons between us and the dog, we have a critical advantage: reason. ③ It allows us to determine when our desires conflict with reality and then forces us to submit willingly to the unavoidable; therefore, it offers a degree of freedom as we adjust the tension in the leash between us and the inevitable. ④ In light of that, reason permits us to be aware of the cart and to understand that following the cart is not the only choice or necessarily the best choice. ⑤ We may be powerless to alter the course of destiny but it is in our voluntary acceptance of necessity that we find our distinctive freedom.

10 Should astronomically oriented ancient structures such as the Great Pyramid and the Mayan temple of Chichén Itzá be thought of as monuments to common people's science? In fact, they represent the earliest examples of the domination of nature-knowledge by social elites and, as a consequence, the creation of the first scientific elites. ① First of all, those at the top of the earliest class-divided societies mobilized slaves and other forms of involuntary labor to construct the monumental architecture. ② And when the work was finished, they used the structures to monopolize astronomical knowledge as a primary component of political power. ③ Thanks to the astronomical structures, the accuracy of observations and the precision of calendars were increased and important innovations such as eclipse prediction were accomplished. ④ The rulers consolidated the power of the state with the help of an astronomical bureaucracy made up of specialists in secret knowledge of the sky whom they subsidized. ⑤ Astronomy thus became "the privilege of trained experts."

왜 어휘끝인가!
어휘끝 수능

여러 권을 여러 번 볼 필요 없다!

튼튼한 양장본으로 제작되어
오래 볼 수 있는 어휘끝.

책갈피로 진도를
표시할 수 있는 어휘끝.

특수 코팅으로 긁힘에 강하고
고급스러운 어휘끝.

천일문 저자진이 집필하여
좋은 예문이 수록된 어휘끝.

방대한 기출 데이터를
분석해 엄선한
3,300여개 수능 대비 단어

반복이 필요 없는 가장 효율적이고
효과적인 학습 방법론 제시 ⇒
필수 접사, 어근 등의 원리로 **이해를 통한 암기**

문맥 속에서 어휘 뜻을
추론할 수 있는 **실전 추론 훈련**

절대불변의 유형별 해법은 존재한다!

수능영어 절대유형

2024 ## 3142

주제문 파악이 핵심!
2024 유형 →

주제문 응용이 핵심!
3142 유형

2024
유형을 정복하면,

3142
유형이 보입니다.

- **주장(20):** 주장 표현에 주목!
  ~하라 / ~하지마라
- **함의추론(21):** 주제문과 밑줄의
  연결고리 파악이 핵심!
- **요지, 주제, 제목(22~24):**
  Paraphrasing(바꿔 쓰기)이 핵심!

- **빈칸추론(31~34):** 문장(주제문)에 빈칸 생성
- **문장제거(35):** 어긋나는 내용 제거가 핵심
- **문장순서(36~37):** 글의 흐름 추적이 핵심
- **문장삽입(38~39):** 글의 선후 관계 파악이 핵심
- **요약문(40):** 주제문 바꿔쓰기가 핵심
- **장문(41-42):** 주제문 파악이 핵심

EBS비연계 만점 공략 시리즈

NEW
최신개정판

오답

최신 기출 영어영역 최고오답률 문항 분석 보고서
ALL YOU MUST KNOW ABOUT ANSWER CHOICES

백서

정답 및 해설

CEDU BOOK
쎄듀

최신 기출 영어영역 최고오답률 문항 분석 보고서
ALL YOU MUST KNOW ABOUT ANSWER CHOICES

오답
백서

정답 및 해설

CHAPTER 01 주제, 제목, 요지 추론

Check! Check! A

A
p.10

[1]

1　모든 여행객은 출발 전 적절한 여행자 보험에 가입되어 있음을 확실히 해야 한다.

　•**ensure** 확실히 하다　•**adequate** 충분한, 적절한

2　보아 하니, 온도가 높을수록 맛은 더 강렬한 것 같다.

　•**apparently** 듣자[보아] 하니; 분명히, 명백히　•**intense** 강렬한, 극심한

3　종종 해로운 결과를 가져오는, 미숙한 판단을 할 기회를 제한하기 위해서는 더 엄격한 법이 제정되어야 한다고 강력히 주장하는 바입니다.

　•**immature** 미숙한 (↔ mature 성숙한)　•**consequence** 결과; 중요성

p.11

[2]

1　오늘날 많은 작가는 여주인공들이 더 적극적인 동화들을 짓고 있다. 예를 들어, 엘렌 B. 잭슨의 현대판 신데렐라, 『Cinder Edna』에서는 여주인공이 편안한 신발을 신고 버스를 타고 파티에 간다.

2　알래스카 원주민 문화의 상당 부분이 1950년대 이전에 퍼진 대역병(大疫病)으로 사라졌다. 교육 시스템 또한 원주민의 예술과 문화를 저해했다. 그러나 최근 수십 년간, 원주민 문화에 대한 관심이 상당히 부활하고 있다.

　•**plague** 역병, 전염병　•**prior to A** A 이전에, 먼저　•**discourage** 낙담시키다; 방해하다　•**significant** 상당한; 중요한; 의미 있는　•**revival** 부활, 재생

[3]

심리사회 발달 이론으로 잘 알려진 에릭 에릭슨은 출생 직후 유아가 직면하는 최초의 문제가 신뢰라고 말한다. 그는 신뢰가 아

이의 인격형성에 있어 가장 중요한 요인이며, 그리고 양이 아닌 질적인 사랑이 그 열쇠라고 강조한다.

cf. 더 느려 보이는 것이 실제로는 더 빠르다. 정체된 터널에서 시행된 한 연구는, 차들을 제한 없이 평소대로 터널에 진입하게 했을 때 그 2차선 터널이 시간당 1,176대의 차량을 처리할 수 있었음을 보여주었다. 그러나 실험에서는, 그 터널 관리 당국이 터널에 진입할 수 있는 차량의 수를 2분마다 44대로 제한했다. 그 결과는? 그 터널은 이때 시간당 1,320대의 차량을 처리했다.

- **conduct** 수행하다; (오케스트라를) 지휘하다; (열 등을) 전도하다 • **jammed** 꽉 막힌, 정체된 • **restriction** 제한; 구속 • **trial** 재판; 시도, 실험

[4] 1 기업은 자신들의 이익을 위해, 더 낮은 가격을 제시하는 다양한 방법을 가지고 있다.

2 새로운 조사는 남성과 여성이 스트레스에 대해 상당히 다른 생물학적 그리고 행동학적 반응을 한다는 것을 보여준다.

- **biological** 생물학적인 • **behavioral** 행동의, 행동에 관한

[5] 당신의 정원을 가장 생태학적으로 사용하는 방법은 무엇일까? 가장 우선은 자신의 음식을 위해 정원을 가꾸는 것이다.

- **ecological** 생태학적인

cf. 회사가 제품이 위험하다는 걸 알면서 그것을 판매하는 것이 옳은가?
  (= 회사가 제품이 위험하다는 걸 알면서 그것을 판매하는 것은 옳지 않다.)

p.12

[6] 미국에서 어떤 이들은 텔레비전 매체가 재판에 대해 왜곡된 모습을 만들어내는 동시에 일부 판사들로 하여금 다른 경우라면 내렸을지 모르는 것보다 더 가혹한 판결을 내리게 할 거라고 주장한다. 그러나 재판을 텔레비전으로 방영하는 것과 관련하여 몇 가지 이점이 있다. 그것은 공판 과정에 대해 대중을 교육하는 데 도움이 될 것이다. 그것은 또한 어떤 사건에서건 정확히 무슨 일이 일어나는지에 대한 충분하고 정확한 보도를 제공해 줄 것이다.

- **maintain** 유지하다; 주장하다 • **distorted** 왜곡된 • **harsh** 가혹한; 거친 • **sentence** 문장; 《법》 판결, 처벌; 선고하다, 판결하다 • **televise** (텔레비전으로) 방영하다 • **coverage** 적용 범위; 보도 (범위); 《보험》 보상 범위 • **any given** 어떤 ~에서든

B

[1] 여러분 모두가 거실에 둘러앉아 있고 누군가가 농담을 하고 있다고 가정해 보자.

[2] 1 패소한 소송 중 3분의 1이 두 명 이상의 잘못된 목격자 증언을 근거로 했다.

- **rest** 쉬다; ((on)) (~을) 근거로 하다, 기초를 두다 • **testimony** 증언 • **eyewitness** 목격자

2 브리슬콘 소나무는 미국 서부의 산악지대에서, 때로 해발 2마일 이상 높이로 자라는 보기 드문 나무이다.

[3] 인간의 기억력이 비디오 녹화장치같이 작동한다고 믿는 사람이 많다. 마음이 사건들을 기록하면, 그다음에는 적절한 때에 그 사건을 정확히 복사하여 재생한다. 반면, 심리학자들은 생각이, 우리가 그것을 회상할 때마다 재생된다기보다 재구성된다는 것을 발견했다. 기억하는 행위는 퍼즐 조각을 맞추는 것에 더 유사하다.

- **on cue** 때맞춰, 시기적절하게 • **reconstruct** 재구성하다; 재건[복구]하다 • **recall** 생각해 내다, 상기하다

[4] 고대 그리스인들은 우리가 알고 있는 현대적 샤워 시설과 비슷한 것을 짓고 사용한 세계 최초의 사람들이었다. 납 파이프를 갖춘 진보적인 하수도와 양수 시설은 공동샤워장과 목욕탕의 광범위한 보급을 가능케 했다.

- **sewer** 하수도 • **lead** 《광물》 납 • **widespread** 널리 확산된, 광범위한

해석 옷이 아이의 행동에 미치는 영향력에 관해 신빙성 없는 말들이 있어 왔다. 옷을 더 잘 차려입은 아이들이 더 얌전히 행동하며, 카우보이처럼 옷을 차려입은 아이는 평상복을 입었을 때보다 더 소란스럽다고 알려져 왔다. 그러나 옷이 아이의 행동에 일시적인 영향을 미칠지 모르지만 지속적인 영향은 미치지 않는다. 자신의 가장 좋은 옷을 차려입었고 엄마가 그 옷이 '최고'라고 강조한 아이는 잠시 더 얌전히 행동하리라는 것을 추측할 수 있지만, 그런 시간이 끝나면 그 아이는 옷에 대해 잊어버리고 예전 옷을 입었을 때처럼 행동하고 있을 것이다.

해설 주제문 Clothing, however, might have a temporary effect on the behavior of the child, but not a lasting effect.

전형적인 'Myth-Truth' 구조의 글. 첫 문장에서 Myth(통념) 소개 후 두 번째 문장에 Myth에 대해 부연설명하고, 세 번째 문장에서 역접의 접속사 however를 동반하여 Truth가 나온다. 그 뒤에 이어지는 마지막 문장은 Truth인 주제문에 대한 부연 설명이다.

어휘 •**sweeping** (정확하지 않지만) 널리 퍼져 있는 *cf.* **sweep** 휩쓸다; 널리 퍼지다 •**temporary** 일시적인 •**lasting** 지속적인

구문 [5~7행] We would predict that *a child* [who was dressed in his best clothes / and whose mother stressed that they were 'best'] would be better behaved for a short period, ~.
（S'）（V'）

해석 깨끗한 종이 한 장이 당신 앞에 놓여 있고, 당신은 그것을 채워야 한다. 갑자기, 당신의 머리가 그 종이처럼 텅 빈 것 같다. 펜이 움직이도록 하기 위해 당신은 무엇을 할 수 있는가? 당신은 지금 막 쓰려고 하는 것이 완성품이어야만 한다는 걱정을 할 필요가 없다. 초고가 얼마나 훌륭한지에 대해 상관하지 않음으로써 쓰는 일을 가능한 한 수월하게 하라. 초고는 당신이 가장 잘 쓴 글이 아니며 생각을 추가하고 어느 정도 수정을 하면 좀 더 효과적으로 만들 수 있을 거라고 자신을 납득시킬 수 있다면, 시작하기가 더 쉬워질 것이다.

해설 주제문 Make writing as easy for you as you can by not being concerned with how good the first draft is.

주제문은 Make로 시작되는 명령문이다. 이는 앞서 제기한 물음 (What can you do to set your pen in motion?)에 대한 답에 해당한다.

어휘 •**be concerned with** ~에 관련되다, 영향을 받다 *cf.* **be concerned about** ~을 걱정하다 •**draft** (아직 완성본이 아닌) 원고, 초안 *cf.* **first draft** 초고 •**convince A that** A에게 ~을 납득시키다, 확신시키다 *cf.* **convince A to-v** A를 설득하여 v하게 하다 •**additional** 추가의 •**revision** 수정, 정정

해석 시는 어떻게 읽히느냐에 따라 살기도 하고 죽기도 한다. 시를 읽는 것에 관한 몇 가지 조언이 있다. 무언가를 쓰거나 표시하지 말고 시를 한 번 천천히 소리 내어 읽어라. 단어의 의미나 발음을 모르더라도 시를 다 읽을 때까지 멈추지 마라. 다 읽었으면, 주의를 끌었던 어떤 단어, 이미지, 등장인물에 대해서라도 잠시 동안 깊이 생각해 보라. 이러한 것들을 공책에 적고, 그 시를 다시 묵독하라.

해설 주제문 There are a few pointers about the oral recitation of poetry.

글의 대부분의 내용은 시를 읽을 때의 조언들이므로 이를 포괄적으로 표현(a few pointers)한 두 번째 문장이 주제문이다. 첫 문장은 주제문을 말하기 위한 도입에 해당한다.

어휘 •**pointer** 충고, 조언 •**oral** 구두의, 말의 •**recitation** 낭송 *cf.* **recite** (시·산문 등을) 낭송하다 •**reflect** 반사하다; 반영하다; ((on)) (~에 대해) 깊이 생각하다, 심사숙고하다

Check! Check! B

1. ②   p.15

해석 일본과 알제리 대학에 의해 제안된 협력 프로젝트인 Sahara Solar Breeder Project는 사막의 풍부한 햇빛과 모래를 태양열 발전소와 태양열 전지판 공장을 "육성하는 데" 이용하려고 한다.

① 태양열 패널, 청정에너지를 위한 훌륭한 수단
② 사막을 에너지 농장으로 바꾸려는 계획

해설 사막의 자원을 이용한 태양열 발전소와 전지판 공장, 즉 에너지 생산 관련 프로젝트에 대한 내용이므로 이를 제목으로 가장 잘 표현한 것은 ②.

어휘 • **joint** 공동의, 합동의; 관절 • **immense** 엄청난, 어마어마한 • **breed** 키우다; 육성하다 • **solar panel** 태양 전지판

2. ①   p.15

해석 자신의 약점에 대해 더 잘 알고 있으면 있을수록, 더 잘 준비가 되어 있을 것이다. 뛰어난 성취자들은 언제나 낮은 자신감과 자존감을 느끼지만, 열심히 훈련하고 지속적으로 연습하여 마침내 받아들일 만한 수준의 역량에 도달하게 된다.

① 자신감이 없을수록 더 성공할 수 있다
② 높은 자존감이 더 나은 성취를 가져 온다

해설 약점을 잘 인지하고 있어 자신감과 자존감은 낮지만 그것으로 인해 더 정진한다는 내용이므로 이를 제목으로 표현한 것은 ①. 오답 ②는 그럴듯한 내용이지만 지문 내용과 반대이다.

어휘 • **exceptional** 이례적일 정도로 우수한, 특출한; 극히 예외적인 • **continually** 계속해서, 끊임없이; 빈번히 • **competence** 역량, 능력; 《법률》 권한

3. ②   p.15

해석 이는 반어적으로 들릴 수도 있지만, 만약 당신이 실패를 많이 경험했다면, 당신은 사실 그렇지 않은 사람보다 성공을 성취할 수 있는 더 나은 위치에 있는 것이다.

① 행복을 향한 지름길
② 좌절이 모두 나쁜 것은 아니다

해설 실패에 대한 경험은 '좌절'과 연결되지만 이로 인해 더 유리한 위치에 있게 된다고 했으므로 이를 제목으로 잘 표현한 것은 ②.

어휘 • **ironic** 반어적인; 비꼬는; 역설적인 [선택지 어휘] • **shortcut** 지름길; 손쉬운 방법 • **setback** 차질, 좌절

Brush Up Your Reading Skills!

A ③

p.16

해석 몇몇 종들은 생태계에 다른 종들보다 더 강한 영향을 미치는 것 같다. 가령, 미국 북서 해안에서 불가사리를 제거하면, 생태계는 극적으로 변화한다. 이 불가사리들이 존재하지 않으면 그것들이 좋아하는 먹이인 홍합이 더 우세해져서, 그곳에 살던 다른 종들을 살기 어렵게 만든다. 불가사리들은 핵심종(種)으로 알려져 있는데, 왜냐하면 최상위 포식자로서 그것들은 자신들의 식습관으로 생태계 구조를 결정하기 때문이다. 만일 비버가 사는 연못가의 사시나무 한 그루를 베어낸다 해도 별일은 일어나지 않을 것이다. 그러나 비버 한 마리를 없앤다면 습지는 메마를 수도 있고, 그곳에 사는 식물과 그 식물을 필요로 하는 동물의 종류를 변화시키게 된다. 비버들은 풍경을 물리적으로 바꿈으로써 자신들의 영향력을 행사하기 때문에 생태계의 엔지니어로 알려져 있다.

해설 for instance가 포함된 두 번째 문장을 기점으로 지문 끝까지 예시(불가사리와 비버)가 설명되고 있으므로 첫 번째 문장이 주제문이다. 이를 주제로 잘 압축한 것은 ③.

① 생태계의 엔지니어들을 길러 내는 방법   ② 미국 해안을 따라 생태계 변화시키기
③ 생태계에서 중요한 역할을 하는 종들   ④ 몇몇 종의 개체 수 감소의 원인들
⑤ 습지 멸종위기 종들을 보호할 필요성

어휘 •**ecosystem** 생태계 •**sea star** 불가사리 (= starfish) •**mussel** 홍합 •**take over** 더 커지다, 꿰차다 •**keystone species** 핵심종 (비교적 적은 개체수가 존재하면서도 생태계에 큰 영향을 미치는 생물종) *cf.* **keystone** 요지, 핵심 •**predator** 포식자 •**chop down** (나무 같은 것을) 베어[찍어] 넘기다 •**aspen** 사시나무 •**wetland** 습지 •**exert** (권력이나 영향력을) 행사하다, 가하다 •**alter** 바꾸다 [선택지 어휘] •**reduction** 감소, 축소

B ②

p.17

해석 어떤 사람들이 그들의 개와 똑 닮았다는 것은 우연한 일치가 아니다. 영국 바스의 연구자들이 개 소유주 천 명을 대상으로 온라인 설문 조사를 시행하여 어떤 성격 특성이 특정 개의 종류와 연관이 있다는 사실을 발견했다. 그 연구는 만약 독일산 셰퍼드를 가지고 있다면, 활동적일 가능성이 가장 크다고 주장한다. 골든 리트리버를 가지고 있는가? 성실할 가능성이 있다. 치와와를 기르는 사람은 어떨까? 연구에 따르면 상냥하다. "성격 유형마다 잠재의식적으로 특정 종에게 끌리게 될 가능성이 높아 보인다."라고 영국심리학회 소식지에서 연구 저자인 랜스 워크맨이 보고했다. 그 연구는 어떤 사람이 자신의 개를 선택한 것에 근거해서 그 사람의 성격을 예측할 수도 있다고 말한다. 물론 생활 방식도 어떤 역할을 한다. 예를 들어서, 워크맨에 따르면 더 활동적인 사람은 보더 콜리와 같은 활동적인 목축견에 더 잘 어울린다. 반면에 정서적으로 안정적인 사람들은 비글이나 그레이하운드와 같은 사냥개에 어울릴 것이다.

해설 첫 번째 문장이 가장 포괄적인 내용을 담은 주제문이고, 뒤 문장부터는 이를 뒷받침하는 관련 연구 결과들이 나오고 있다. 첫 번째 문장을 제목으로 잘 표현한 것은 ②.

① 그저 당신의 믿음을 고수하라!   ② 당신의 개가 당신에 대해 말해주는 것
③ 개에 대한 일반적인 오해들   ④ 개, 다친 마음을 위한 치료제
⑤ 어떤 동물이 좋은 애완동물이 될까?

어휘 •**coincidence** 우연의 일치 •**trait** (성격상의) 특성 •**canine** 갯과의 동물; 개의 •**odds** (어떤 일이 있을) 공산[가능성] •**conscientious** 성실한 •**agreeable** 상냥한; 쾌활한; 선뜻 동의하는 •**subconsciously** 잠재의식적으로 •**breed** 품종; 새끼를 낳다; 사육하다, 재배하다 •**pastoral** 목가적인; 목축의 •**hound dog** 사냥개 [선택지 어휘] •**stick to** (어려움을 참고) 계속하다; (바꾸지 않고) 고수하다[지키다] •**misconception** 오해

⑤   p.18

해석 조각품을 만드는 동안, 예술가는 형상을 만들기 위하여 적절한 조명에 의존하게 되는데, 그 이유는 최종 작품의 우수성이 빛과 음영 간의 상호작용에 달려있기 때문이다. 그래서 완성된 작품이 전시될 때에는 조명에 매우 유의해야 한다. 광원으로부터의 빛이 작품이 제작되었을 때보다 약하거나 강하면, 조각가가 의도했던 효과가 상실될 수도 있다. 그림의 경우는, 명암이 그 작품이 전시되는 외부의 빛에 의해 바뀌지 않는 형상과 입체성을 그 이미지에 제공한다. 그러나 조각품이 전시될 때 예술가의 작품은 빛에 의해서 활기를 띠게 되며, 그 특성은 광원을 통제함으로써 바뀔 수 있다.

① 미술 작품에 대한 평가는 시대에 따라 바뀐다. → 오답률 2%
② 조명을 이용한 설치 예술 작품이 증가하고 있다. → 오답률 5%
③ 미술 작품을 제작할 때는 빛이 큰 영향을 미친다. → 오답률 39%
④ 조각품의 손상을 방지하기 위해 촬영을 삼가야 한다. → 오답률 2%
⑤ 조각품은 제작 당시와 동일한 조명 아래에서 전시해야 한다.

해설 맨 마지막 문장에 however가 포함되어 있지만, 이를 포함하여 다른 모든 문장들은 결론을 이끄는 연결사인 So로 시작하는 두 번째 문장을 뒷받침한다. 그러므로 두 번째 문장이 주제문이다. 주제문에 표현된 the finished work는 '조각품'을, great attention should be paid는 '작품이 만들어졌을 때와 똑같은 조명 아래에서 전시되어야 함'을 의미한다.

오답분석 → ③은 지문에 'While creating a statue, when the work was created, lighting, light'가 반복 사용됨에 따라 이를 그럴듯하게 조합하여 오답률이 가장 높아졌다. 주제문을 뒷받침하기 위해 등장한 보충설명문장을 주제문으로 오판해서는 안 된다.

어휘 • **interplay** 상호 작용 • **sculptor** 조각가 *cf.* **sculpture** 조각품 • **light and shade** 명암; 두드러진 대비 • **solidity** 견고함; 입체성 • **external** 외부의, 밖의; 외부에서 작용하는 • **light source** 광원

구문 [5~6행] In painting, the light and shade give the image *shape and solidity* [that cannot be altered by *an external light* [in which **it** is displayed]].
(S / V / IO / DO)

it은 the image를 가리킨다.

---

1. ②   p.19

해석 타인과 공감하는 능력은 인간의 복합적 본성, 즉 어느 한 인간이 표현할 수 있는 것보다 더 많은 인간상과 각종 경험에 대한 잠재력을 반영한다. 이는 우리가 문학을 통해 경험의 확대를 추구하는 것을 가능하게 하는 것들 중 하나가 될 수 있다. 우리가 몇몇 등장인물들을 우리 자신의 외부에 있는 존재로 바라볼 수도 있지만, 즉 그들과 완전히 동화될 수 없을지도 모르지만, 그럼에도 우리는 그들의 행동과 감정에 몰입할 수 있다. 그리하여 젊은이는 노인과, 하나의 성(性)은 다른 성(性)과, 그리고 개의 한정된 사회적 배경을 지닌 독자는 다른 계층이나 다른 시대의 구성원과 동질감을 가질 수 있을 것이다.

① 작가의 능력은 독자와 작품 속의 등장인물을 연결시키는 데 있다. → 오답률 7%
② 타인과 공감할 수 있는 능력은 문학을 통한 경험 확장을 가능케 한다.
③ 독자는 문학 작품을 통해 성현들의 다양한 지혜를 배울 수 있다. → 오답률 4%
④ 문학 작품을 이해하기 위해서는 그 작품의 시대적 배경 지식이 필요하다. → 오답률 17%
⑤ 작가의 성장 배경은 문학 작품에 무의식적으로 반영된다. → 오답률 7%

해설 주제문 The ability to sympathize with others reflects ~ an enlargement of our experience.

단락 첫 두 문장이 합쳐져서 주제문을 이루고 있다. 세 번째 문장부터는 주제문을 뒷받침하는 좀 더 구체적인 내용에 해당한다. 즉, 문학의 등장인물에 몰입하여 다른 계층이나 구성원과 동질감을 가질 수 있다는 구체적인 예시가 제시되고 있다.

오답분석 → 결론을 나타내는 연결사인 Thus가 이끌고 있지만 마지막 문장은 보충설명문장이다. 오답 ④는 마지막 문장의 background, period 등의 단어로 조합된 것이며 주제와 무관하다.

어휘 • **sympathize** ((with)) (~에) 공감하다; 동정하다 • **potentiality** 잠재력 • **identify** ((with)) (~와) 동일시하다, 동질감을 갖다 • **gender** 성(性), 성별

[1~3행] *The ability* [to sympathize with others] reflects *the multiple nature* [of the human being], *his*
               S   V   O   =

potentialities [for many more selves and kinds of experience / than any one being could express].

the multiple nature of the human being과 his potentialities ~ could express는 동격.

[6~8행] ~, ┌ the youth may identify with the aged,
              │   S₁   V₁
              ├ one gender ∧ with the other,
              │   S₂   (may identify)
             ├ [and]
             └ *a reader* [of a particular limited social background] ∧ with *members*
                             S₃   (may identify)
          [of a different class or a different period].

3개의 절이 and로 대등하게 연결된 병렬구조.

2. ③

p.20

해석 문화 발전에 따라 생활의 폭이 넓어지고 사람들이 더 다양한 형태의 예술을 이해하고 수집할 수 있게 되면서, 예술가 자신은 더 강력한 힘을 얻고 예술가의 천재성은 대중이 이룬 문화의 발전과 그들이 예술가를 이해하는 능력에 정비례하여 증가한다. 예술가가 새로운 예술 작품을 발표하면, 새롭고도 난해한 아이디어가 항상 등장하고 이에 대한 이해는 지성의 발전에 의해서만 이루어질 수 있다. 예술가는 난해한 질문을 던짐으로써 대중보다 한 발자국 앞서 가며 대중의 지성을 자극한다. 대중이 일단 한 작품을 이해하면 예술가는 아니나 다를까 (그보다) 훨씬 더 어려운 질문을 제기하는 또 다른 작품을 창조하게 되므로, 예술가가 균형을 원한다고 해도 예술가와 대중의 관계에는 결코 평등이 있을 수 없다.

① 예술가들이 제기하는 난해한 질문들
② 예술가를 이해하는 대중의 능력
③ 예술가와 대중 사이의 불균형
④ 균형 있는 관계를 향한 예술가의 욕구
⑤ 문화 이해에서의 지성의 발달

해설 주제문 there can never be equality in his relationship with the public

첫 문장은 도입문에 해당하며 이어지는 문장들을 종합하여 포괄적으로 표현한 것이 마지막 문장의 there can ~이다.

오답분석 → 오답은 모두 지문에 등장한 단어들로 만들어 낸 것으로 주제문의 내용과 거리가 멀다. 지문의 초점은 예술가들의 천재성에 있으며 대중의 능력에 있지 않으므로 ②는 오답이다.

어휘 •**broaden** 넓어지다, 퍼지다 •**attain** 얻다, 획득하다 •**direct ratio** 정비례 *cf.* **ratio** 비(比), 비율 •**unveil** 덮개를 벗기다; 발표하다 •**invariably** 항상, 언제나 •**effect** 영향; 결과; (목적을) 이루게 하다 •**stimulate** 자극하다, 격려[고무]하다 •**pose** 자세를 취하다; (질문 등을) 제기하다 •**inevitably** 아니나 다를까, 필연적으로 •**equality** 평등 [선택지 어휘] •**comprehend** 이해하다 •**imbalance** 불균형

구문 [1~4행] As life broadens ~ and people are able to comprehend and collect ~, // *the artist himself* attains
                                                                                        S₁   V₁

greater power / [and] *his genius* increases in direct ratio / with *the progress in culture* [made by the people]
                                    S₂   V₂

[and] *their ability* [to understand him].

[4~6행] ~, new and difficult ideas are invariably presented, **the understanding of which** can only be effected by ~. which는 new and difficult ideas를 가리키며, the understanding of which를 한 덩어리로 생각한다. which의 자리에 선행사를 넣어 해석하면 쉽게 이해할 수 있다. (= ~, and the understanding of new and difficult ideas can only ~.)

[7~10행] **As (once** the public has comprehended a work) <u>the artist</u> will inevitably <u>create</u> *another piece* [that poses

<u>an even more difficult question</u>], // there can never <u>be</u> <u>equality</u> in his relationship with the public / **even though**

the artist desires balance.

크게 보면, 〈As가 이끄는 절+주절+even though가 이끄는 절〉의 구조. As가 이끄는 절 내에 once(일단 ~하면)가 이끄는 절이 삽입되어 있다.

---

3. ②
p.20

해석 위험분담 관행은 전 세계 인간 사회에서 가장 널리 확산되어 있고 잘 확립된 활동 중 하나이다. 그리고 그것이 얼마나 중요한 관행인가에 대한 증거는, 고도로 조직화된 보험 산업만 보아도 알 수 있다. 사람들은 보험이 없다면 대비할 수 없을, 갑작스럽고 드문 일들을 막기 위한 수단을 보험이 제공해주기 때문에 보험료를 지불한다. 이 개념은 고대 그리스까지 거슬러 올라가는데, 그 당시 사람들은 무리를 지어 '장례 협회'를 만들어 어떤 구성원이라도 혹시 죽게 되면 장례식 비용을 지불하기 위해 매년 조금씩 보험료를 냈다. 때 이른 죽음으로 인한 금전적 위험에서 개인들을 지켜주는 수단으로, 진보적인 생각의 소유자였던 아테네 사람들은 협력적 보호 개념을 받아들였다. 오늘날 악천후와 질병, 물가 변화를 포함한 다양한 위험으로부터 투자자들을 보호하기 위해 위험분담의 개념이 이용된다.

① 조직화된 '장례 협회'의 중요성
② 위험을 분담하는 것의 보편성과 중요성
③ 고대 그리스와 현대에서의 위험분담
④ 보험에 관해 진보적인 생각을 했던 아테네 사람들
⑤ 다양한 위험에 대비해 보험을 드는 것의 중요성

해설 주제문 <u>The practice of risk-sharing is one of ~ our highly institutionalized insurance industry.</u>

주제문은 첫 문장으로 다소 긴데, 핵심 내용은 위험분담 관행이 널리 확산되어 있고 중요한 관행이라는 포괄적인 내용이다. 이어지는 문장들은 이를 구체적으로 뒷받침하기 위해 보험 산업이 고대 그리스와 오늘날에도 이용되는 개념임을 예시로 들고 있다.

오답분석 → 보충설명의 일부 내용과 단어를 포함한 선택지 ①, ③, ④에 현혹되지 말아야 한다.

어휘 • **institutionalized** 확립된, 제도화된 • **date back** ((to)) (~까지) 거슬러 올라가다 • **team up** 팀이 되다; 협력하다 • **insure (A) against B** B에 대비해 (A를) 지키다; B에 대비해 (A의) 보험을 들다 • **untimely** 불시의; 때 아닌 • **forward-thinking** 장래를 대비하는; 진보적인 • **embrace** 껴안다; (제안 등을) 기꺼이 받아들이다 • **diversity** 다양성, 변화 • **commodity** 필수품; 원자재 [선택지 어휘] • **universality** 보편성, 일반성

구문 [2~3행] ~, and for *evidence* [**of** just <u>how important a practice it is</u>], ~.
(의문사+형+명+S′+V′)
전치사 of의 목적어로 의문사 how가 이끄는 명사절이 쓰였다. 어순에 주의한다.

---

4. ③
p.21

해석 아마도 서구의 가장 근본적인 인식은 개인이 사회에 대해 계속해서 반대되는 입장에 있다는 것이다. 당신은 이것을 일상 대화에서 들을 수 있는데, 사람들은 사회의 기대에 저항함으로써 자기 자신에게 충실하게 됨을 배운다고 말한다. 미국의 한 유명한 토크쇼에서 한 초대 손님은 여성들이 "사회나 다른 사람들의 말에 상관없이 스스로 결정하는" 것을 배웠으면 좋겠다는 희망을 표현했다. 그러나 이러한 개념은 아시아인들은 물론 아프리카 인들과 같은 다른 많은 문화권의 사람들에게는 낯선 것인데, 이들에게 개인은 가족 구성원, 씨족 구성원, 같은 마을 사람들 등 다른 사람들과의 관계 속에서만 존재하기 때문이다. 한편에는 사회를 개인의 적으로 보는 서양인들이 있는가 하면, 다른 반대편에는 특별히 아시아와 아프리카에 속한 또 다른 사회들이 있다. 그 사회 속에서는 개인이 사회적 관계에서의 자신의 위치에 따라 정의된다.

해설 주제문 <u>At one end we have Westerners who view ~ particularly in Asia and Africa,</u>

서구의 근본적인 인식과 아시아인/아프리카인들의 인식을 대조하고 있는 글로서, 이 두 가지 인식을 소개하고 마지막 문장(주제문)에서 이를 종합적으로 포괄하여 정리하고 있으므로 ③이 정답. 첫 문장 뒤에 예시가 뒤따라서 자칫 첫 문장을 주제문으로 판단할 수 있으나 지문은 얼마든지 다양하게 전개될 수 있으므로 반드시 지문 전체에서 가장 포괄적인 문장인지를 확인해야 한다.

① 스스로 결정을 내리는 것의 중요성
② 사회적 관계를 통해 정체성 확립하기
③ 사회와 개인에 관한 대조적인 관점
④ 사회와 개인 간의 갈등 막기
⑤ 참된 자아를 발견하여 사회적 압력에 맞서는 방법들

오답분석 → 어느 한 가지 인식에만 해당하는 내용의 선택지는 모두 오답이다.

어휘 •**in opposition to A** A에 반대하여 •**ongoing** 계속 진행 중인 •**without regard to A** A에 상관없이, A를 고려하지 않고 •**foreign to A** A에 이질적인 •**clan** 씨족; 집단 [선택지 어휘] •**confront** 닥치다; 맞서다; 직면하다

구문 [3~5행] A guest [on a famous American talk show] expressed the hope that women would learn to "make ~."
S / V / O | = |
the hope와 that절은 동격.

[5~7행] This concept is, however, foreign to most Asians as well as members of many other cultures, such as Africans, for **whom** the self exists only in relation ~.
관계대명사 whom은 앞의 most Asians ~ as Africans를 가리킨다.

[8~11행] At one end / we have Westerners [who view society as the individual's enemy], // | and | at the opposite end / we have other societies, particularly in Asia and Africa, within **which** the individual is defined by ~.
관계대명사 which는 앞의 other societies, particularly in Asia and Africa를 가리킨다.

최고 오답률 **Case** Study **2**

⑤ p.22

해석 펭귄은 얼음장 같은 물에서 몸을 방수하고 체온을 보존하는 천연 기름으로 덮인 반짝이는 깃털을 가지고 있다. 유출로 인한 원유는 이러한 천연 기름을 손상하고, 펭귄은 추위로부터 자신을 보호하지 못하게 된다. 또한, 펭귄은 부리로 깃털을 다듬기 때문에 독으로 오염된 기름을 삼켜 죽음에 이르기 쉽다. 펭귄이 유막에서 바로 구조되면 펭귄을 따뜻하게 하려고 종종 스웨터가 사용된다. 펭귄을 일단 구조하면 펭귄을 씻기고, 스웨터로 덮고 난 후 재활을 위해 염수 풀장에 펭귄을 넣는다. 펭귄이 수영하고 힘을 되찾으면서 소금물은 서서히 (오염된) 털을 없앤다. 펭귄이 바다로 돌아갈 준비가 될 무렵 펭귄의 천연 기름이 다시 생길 것이고, 펭귄은 자신들의 깃털만을 입고 집으로 돌아갈 수 있다.

① 펭귄의 천연 기름이 가진 기능들 → 오답률 39%
② 펭귄 서식지를 보호하는 것의 가치 → 오답률 4%
③ 오염된 물에서 펭귄이 직면하는 위험들 → 오답률 9%
④ 기름 유출이 환경에 미치는 영향 → 오답률 7%
⑤ 구조된 펭귄을 재활하는 과정

해설 기름 유출로 인해 펭귄이 피해를 보았을 때 펭귄 구조 후 다시 바다로 돌려보낼 때까지의 과정을 단계별로 설명하고 있으므로 ⑤가 정답이다.

오답분석 → 오답률이 가장 높은 ①은 지문 첫 번째 문장의 핵심내용으로서, 펭귄의 재활 과정에서 천연 기름 재생성을 언급하기 위한 도입에 불과하며 지문 전체 내용을 포괄하지 못한다. 지문 전반에 걸쳐 펭귄의 천연 기름이 반복적으로 언급되고 있어 이것이 주제에 포함이 되어야 한다고 판단했을 수 있다.

어휘 •**crude oil** 원유 •**spill** 유출; 유출물 •**be liable to A** A하기 쉽다 •**beak** (새의) 부리 •**oil slick** (바다 · 호수 등에 있는 석유의) 유막 •**rehabilitation** 사회 복귀, 재활; 복직; 재건

구문 [7~9행] By the time the penguins are ready to return to the ocean, their natural oils will have come back,
S' / V' / S₁ / V₁
| and | they can go home dressed only in their feathers.
S₂ V₂
〈By the time S'+V', S+will have p.p.〉의 미래완료 시제가 사용되었다.

1. ③

해석 책에 열광하거나 수집하는 사람들은 숫자 1에 매료된다. 즉 그들은 책의 초판을 구하는 데 관심이 있다. 책의 판본이란 한 세트의 인쇄판에서 제작된 책의 인쇄물이다. 비록 인쇄된 책 간의 간격이 몇 달 혹은 몇 년씩 차이 나더라도 인쇄의 횟수가 얼마나 많이 이루어졌는가는 중요하지 않다. 인쇄할 때마다 책의 내용이나 디자인이 전혀 바뀌지 않는다면, 비록 일곱 번째 인쇄되어 만들어진 책일지라도, 모든 책은 초판으로 간주된다. 그러나 만약 책의 내용, 글씨, 삽화나 책 표지의 그림이 다음 인쇄에서 바뀐다면, 이렇게 새롭게 인쇄된 책은 일반적으로 그 책의 새 판본으로 여겨진다.

① 가치 있는 책들을 수집하는 이유 → 오답률 14%
② 책의 새로운 판본의 필요성 → 오답률 32%
③ 서로 다른 판본 구별하기
④ 책을 출판하는 과정 → 오답률 3%
⑤ 다른 용도로 인쇄판 재활용하기 → 오답률 2%

해설 인쇄 횟수가 아니라 내용이 바뀌었느냐에 따라 초판과 새로운 판본이 구별됨을 설명하고 있으므로 이를 잘 요약한 ③이 정답이다.

오답분석 → ①은 지문의 첫 번째 문장으로 연상될 수 있으나, 초판의 판본 개념을 설명하기 위해 도입된 내용으로서 주제와는 거리가 멀다. 가장 오답률이 높은 ②는 However가 이끄는 마지막 문장에서 언급된 new edition을 이용하여 그럴듯하게 만든 것으로, 역시 주제와 관련이 없다.

어휘 •enthusiast 열광적인 팬; 열렬한 지지자 •be fascinated with A A에 매료되다 •edition (출간된 책의 형태로 본) 판; (시리즈 간행물 등의) 호[회] •printing plate 인쇄용 판 •print run 1회 인쇄부수 •illustration (책 등에 실린 각각의) 삽화 •dust jacket 책 표지 •subsequent 그 다음의, 차후의

구문 [5~6행] ~, <u>all the books</u> <u>are</u> still <u>considered</u> ∧ <u>first editions</u> ~.
A　　　 V　 (to be)　 B
5문형인 consider A (to be) B의 수동태로, A be considered (to be) B로 바뀌었다.

최고 오답률 Case Study 3

⑤

해석 리처드 도킨스와 존 크렙스는 동물의 신호를 정보를 전달하는 것으로서 설명하는 것이 어떤 상황에서는 적절할지 모르지만 다른 많은, 아마도 대부분의 경우에는, 신호를 보내는 동물과 받는 동물 사이의 이해관계에서 충돌이 클 수 있어서 신호를 보내는 동물이 신호를 받는 동물에게 단순히 (정보를) 알려준다기보다는 그 동물을 '교묘히 조정하려'는 것으로 설명하는 게 더 정확하다고 주장했다. 예를 들어, 작은 물고기에게 벌레처럼 생긴 껍질 한 조각을 달랑거려 보이면 그 작은 물고기가 그 '벌레'를 덥석 무는 것을 이용해 그것을 잡는 아귀는 분명히 자신의 먹잇감을 성공적으로 조정해냈다고 할 수 있다. 이 경우, 정보는 전달되었지만, 그 정보는 완전한 거짓이다.

① 더 작은 물고기가 더 똑똑한가? → 오답률 3%
② 말하는 동물들, 사실인가 근거 없는 믿음인가? → 오답률 7%
③ 동물 세계에서의 협력 → 오답률 5%
④ 조작, 신호전달자 속이기 → 오답률 53%
⑤ 동물들의 메시지, 보기와는 다르다

해설 주제문인 첫 번째 문장이 매우 길다. 핵심 내용은 동물의 신호는 정보 전달을 위한 것처럼 보여도 사실은 신호를 받는 동물을 조종하기 위한 것이 더 많다는 것으로, 이를 잘 표현한 ⑤가 정답이다.

오답분석 → 학생들이 정답보다 오답인 ④를 훨씬 더 많이 선택했다. 지문에서 'manipulate'란 단어에 따옴표가 매겨진 데다, signaller, receiver의 단어가 반복되고 있으니 제목에 반드시 포함되어야 할 중요한 핵심어로 생각해버렸을 수 있다. 게다가 ④의 Signaller를 Receiver로 바꾸면 정답이 될 수도 있으므로 이를 미처 간파하지 못하고 답으로 확신했을 수도 있을 것이다.

어휘 •circumstance 《주로 pl.》 상황, 환경 •transfer 전달하다, 옮기다 •interest 관심; 이자; 이해관계 •manipulate (교묘하게) 조종[조작]하다 cf. manipulation 조작, 속임수 •inform (정보 등을) 알리다, 알려 주다 •angler fish 《어류》 아귀 •snap ((at)) (동

물이) 덥석 물다; (말을) 가로채다 •**carry out** 이행[수행]하다 •**definitely** 분명히, 틀림없이

구문 [1~5행] Richard Dawkins and John Krebs **argued that although** in some circumstances it might be appropriate
   (가주어)
to describe animal signals as transferring information, / in many other, perhaps most, cases there would be
              (진주어)   (V')
such a conflict of interest [between signaller and receiver] **that** it is more accurate to describe the signaller as
              (S')   (가주어)
attempting to 'manipulate' the receiver / rather than just inform it.
                                          (진주어)

동사 argued의 목적어로 쓰인 that절은 〈although 부사절+주절〉의 구조. 〈such+a/an+(형)+명+that〉은 '매우 ~하여 …하다'라는 뜻.

[5~7행] For example, *an angler fish* [that dangles a worm-like bit of skin in front of a small fish | and | catches it /
                        (S)
because the smaller fish snaps at the 'worm'] **can** certainly **be said to have carried out** *a successful manipulation*
                                          (V')
[of its prey].

(= **It can** certainly **be said that** *an angler fish* [that dangles ~ the 'worm'] has carried out *a successful manipulation*
                                          (S')   (V')   (O')
[of its prey].)

[8행] ~, **if** information has been transferred, it is most definitely false.
이때 if는 '~하더라도'의 의미로 '양보'를 나타낸다.

---

1. ③   p.25

해석 우리가 아름다운 것을 느끼는 데 있어 갈등과 진화는 고통스럽고 대가가 클지 모르지만, 그것들로부터 우리 자신을 완전히 '보호할' 가능성은 거의 없다. 예를 들어, 우리는 아름다운 것에 대한 우리의 인식을 영원히 만족시켜줄 의자를 아마도 절대 소유하지 못할 것이다. 취향의 갈등은, 물질주의와 자본주의의 역동적인 힘이 새로운 방식으로 우리를 끊임없이 깨뜨리고 지치게 하는 세상에 살면서 생기는 불가피한 부산물이다. 인간이 역사, 즉 고투와 야망의 변화에 대한 기록을 가지고 있는 한, 미적인 특질도 역시 역사를 가지게 될 것이다. 그 역사 속에는 한때 사랑받았던 소파와 이제는 볼품없어 보이는 개보수(改補修) 같은 희생물이 항상 있을 것이다. 그리고 우리가 우리의 인식을 발전시키고 변경하는 것처럼, (그렇게) 우리의 취향은 바뀌어 새로운 스타일에 끌릴 것이다.

① 아름다움을 음미하는 인간의 고유한 능력
② 불가피한 갈등으로부터 우리 자신을 보호하기
③ 한 가지 취향에 충실하기? 아마도 불가능할 것이다
④ 취향이 더 많이 바뀔수록, 덜 괴롭다
⑤ 당신의 삶을 가꾸고 향상시키는 다양한 새 방법들

해설 첫 문장은 미(美)에 대한 인식, 즉 우리의 취향이 계속 변화를 한다는 내용으로서, 뒤에 이어지는 문장들은 모두 이를 자세히 설명하여 뒷받침하고 있으므로 주제문이다. 정답은 주제문을 말바꿈하여 표현한 것이다.

오답분석 → 오답들은 지문에서 핵심어처럼 보이는 insulating, taste, beautiful, conflicts 등으로 연상할 수 있는 것들로서 모두 주제에는 부합하지 않는다.

어휘 •**evolution** 진화(론); 발달 •**costly** 값비싼, 비용이 많이 드는; 대개[손실]가 큰 •**prospect** 전망, 조망; 가망, 가능성 •**insulate** (열·소리 등을) 단열[방음]하다; (불쾌한 것으로부터) 보호[격리]하다 •**perception** 인지, 지각 •**inevitable** 피할 수 없는, 불가피한 •**by-product** 부산물, 부차적 결과 •**dynamic** 역동적인; 《pl.》 역학 •**materialism** 물질주의 •**capitalism** 자본주의(체제) •**fragment** 조각, 파편; 산산이 부수다 •**wear out** 낡게[닳게] 하다; 지치게 하다 •**aesthetic** 미적인 특질; 《pl.》 미학 •**casualty** 《보통 pl.》 사상자, 희생자 •**unsightly** 보기 흉한, 볼품없는 [선택지 어휘] •**true to A** A에 충실한 •**diverse** 다양한

구문 [1행] *The conflicts and evolution* [in our sense of what is beautifulº] may be painful and ~.

S — (what is beautiful 밑줄, V = may be)

[6~7행] As long as people have a history, that is, a record of changing struggles and ambitions, // then aesthetics,

S

too, will also have a history — where(= in the history) there will ~.

V

[8~9행] And, [as] we evolve and alter our perceptions, [so] our tastes will alter and attract us to new styles.

⟨as ~, so ...⟩는 '~하는 것과 마찬가지로 …하다, ~하듯이 …하다'의 의미이다.

---

2. ①   p.26

해석 최근까지 최초의 인류는 아프리카 대륙을 떠나기 위해 북쪽으로 가는 길을 택했고, 중동으로 걸어 들어가 거기서 뻗어 나갔다고 일반적으로 추정되었다. 하지만 현재 미토콘드리아 DNA 분석은 그 이동이 더 남쪽으로 가는 길을 통해 진행되었을지도 모른다는 것을 시사한다. 2005년에 한 국제 연구팀은 말레이시아에 사는 한 고립된 부족이 약 65,000년 전에 아프리카를 떠났던 인간들의 후손인 것처럼 보인다고 발표했다. 그 연구원들에 의하면, 그 당시 진행 중이던 기후 변화가 남쪽으로 가는 길을 더 쉽게 만들었을 것이라고 한다. 그 유전학적 증거는 아마도 겨우 몇백 명 정도가 처음에 인도로, 그러고 나서 동남아시아로, 그리고 호주로 갔으리라는 것을 시사한다. 만약 이것이 옳다면, 이는 유럽에 있는 가장 오래된 인간의 유적지인 루마니아에서 발견된 턱뼈가 약 35,000년밖에 되지 않는 데 반해, 왜 인간이 약 50,000년 전에 호주에 도착했던 것처럼 보이는지를 설명해 줄 것이다.

① 아프리카를 떠나서: 어느 쪽 길인가?
② 아시아인이 최초의 인류인가? → 오답률 22%
③ 미토콘드리아 DNA 분석은 얼마나 믿을 만한가? → 오답률 12%
④ 고대 아프리카에서의 기후 변화 → 오답률 5%
⑤ 인간의 유전적 진화 → 오답률 12%

해설 최초의 인류가 아프리카 대륙을 떠나 북쪽으로 갔다는 것이 일반적인 추정이었는데, 지금은 그들이 남쪽으로 갔을지도 모른다는 연구 결과가 나왔다는 내용이다. 뒤에 이어지는 내용은 연구 결과에 대한 자세한 내용에 해당한다. 정답에는 '남쪽'이 '어느 쪽'으로 말 바꿈되었다.

오답분석 → 첫 번째 문장에서 first humans(최초의 인류)가 언급되었고, 글 후반부에서도 몇백 명이 처음에 인도로 갔다는 내용이 나오므로 ②를 정답으로 오판한 학생이 많은 것으로 생각된다. ③~⑤ 역시 지문에서 언급된 어구를 사용해 오답을 유도했다.

어휘 •**assume** 추정하다 •**spread out** 몸을 뻗다; 멀리 퍼지다 •**exodus** 이주, 이동 •**via** (어떤 장소를) 경유하여, 거쳐 •**isolated** 동 떨어진, 외딴; 고립된 •**descendant** 후손, 자손 •**underway** 진행 중인 •**jawbone** 턱뼈

구문 [1~3행] ~, it was generally assumed that the first humans took a northerly route to leave the African continent, **walking** into the Middle East [and] then **spreading out** from there.

walking 이하는 부대상황을 나타내는 분사구문. (= and they(the first humans) walked into ~ and then spread out from there.)

해석 한 집단의 구성원들은 생각의 일치라는 안전한 구역을 벗어난 의견을 전개해 나가는 것을 회피하려는 경향이 있다. 이것은 의견을 비판적으로 시험, 분석, 평가하지 않고 갈등을 최소화하여 의견 일치에 도달하고자 하는 집단 구성원들에 의해 나타나는 사고의 한 형태이다. 이것은 집단이 성급하고 비이성적인 결정을 내리게 할지도 모르며, 이 과정에서 개인적인 의혹은 집단의 균형을 해친다는 두려움 때문에 뒷전으로 밀린다. 집단을 이러한 집단 사고로부터 보호하려면 리더들은 각 구성원에게 비판적 평가자 또는 선의의 비판자 역할을 할당해 주어야 한다. 이는 구성원들이 반대와 의문을 자유롭게 표현하게 한다. 또 다른 방법은 증거를 가지고 자신의 의견을 뒷받침하는 것의 중요성을 구성원들에게 강조하는 것이다. 또한, 단순히 집단에 대한 헌신보다는, 과제에 대한 헌신을 강조하는 것이 구성원들이 다른 의견을 (말하지 않고) 억누르는 경향을 극복하도록 도와줄 수 있다.

① 집단 사고를 왜, 어떻게 그만해야 할까
② 비판적인 평가자의 역할 → 오답률 19%
③ 누가 집단의 리더가 되어야 하는가? → 오답률 9%
④ 의견을 일치하기 위한 세 가지 방법 → 오답률 14%
⑤ 서로 다른 관점은 집단 균형에 방해가 된다 → 오답률 13%

해설 주제문이 명시되지 않은 지문으로, 생각을 일치시키려는 집단 구성원들의 경향 때문에 일어나는 부정적 영향과, 이를 방지하기 위해 리더가 해야 할 일들을 서술하고 있다. 따라서 이를 모두 포괄한 ①이 정답이다.

오답분석 → ②는 지문의 the role of critical evaluator를 그대로 사용하였고, ④는 지문의 중·후반부에 제시된 '(집단 사고를 하지 않는) 세 가지 방법'을 이용하여 만든 오답이다. ⑤는 지문이 주장하는 바와 반대이다.

어휘 •**viewpoint** (어떤 주제에 대한) 관점, 시각 •**consensus** 의견 일치, 합의 •**minimize** 최소화하다 •**evaluate** 평가하다 *cf.* **evaluator** 평가하는 사람 •**hasty** 서두른, 성급한 •**irrational** 비이성[비논리]적인 •**set aside** 한쪽으로 치워 놓다, 고려하지 않다 •**devil's advocate** (열띤 논의가 이루어지도록) 일부러 반대 입장을 취하는 사람, 선의의 비판자 •**air** (의견을) 발표하다 •**objection** 이의, 반대 •**commitment** 약속, 전념; 헌신 •**hold back** 저지하다, 방해하다 [선택지 어휘] •**hindrance** 방해, 저해(요인), 장애(물)

해석 우리는 행복하기 때문에 웃고 슬프기 때문에 얼굴을 찡그린다. 그러나 만약 사람이 자신의 얼굴에 부정적 감정이 나타나지 못하게 하면 어떤 일이 생길까? 심리학자 주디스 그롭은 바로 이 물음에 답하려고 했다. 일련의 연구에서 그녀는 세 집단의 피실험자들에게 역겨운 이미지를 보여주었다. 한 집단의 피실험자들은 그들의 감정을 일부러 숨기라고 들은 반면, 또 다른 집단은 얼굴을 찡그리는 것을 막기 위해 입에 펜을 물고 있음으로써 그들의 감정을 숨기는 데 도움을 받았다. 세 번째 집단의 사람들은 자신이 원하는 대로 반응할 수 있었다. 그 후에 그녀는 그 피실험자들에게 빈칸 채우기 연습문제를 포함한 일련의 인지 과제를 내주었다. 놀랍게도, 감정을 억눌렀던 피실험자들은 더 부정적인 단어를 사용하여 단어 과제를 완성했다. 예를 들어, 그들은 'grass(잔디)' 대신 'gross(역겨운)'로 'gr_ss'를 채움으로써 자신의 부정적 감정을 표현했다.

① 안정을 위해 억압된 감정을 솔직하게 표현하라!
② 부정적인 감정을 완전히 숨기는 것이 가능할까?
③ 무엇이 부정적인 감정들을 억누르기 어렵게 만드는가?
④ 왜 감정은 자신을 표현할 다양한 수단을 찾을까
⑤ 인지 능력, 억눌린 감정을 표현하기 위한 결정적인 요인

해설 실험 결과를 통해 부정적인 감정은 어떤 방식으로든 표출된다는 것을 알 수 있다. 따라서 부정적인 감정을 숨기는 것은 불가능하다는 것이 글의 요지이므로, 글의 제목은 이를 의문문으로 표현한 ②가 적절하다.

오답분석 → 지문은 ③, ④가 말하고 있는 'What(무엇이)'과 'Why(왜)'에 대한 답을 제시하고 있지 않다.

어휘 •**frown** 얼굴을 찡그리다 •**disgusting** 역겨운 (= gross) •**purposely** 일부러, 고의로 •**aid** ((in)) 돕다, 원조하다 •**cognitive** 인지[인식]의 •**repress** (감정을) 억누르다[참다] (= suppress) [선택지 어휘] •**oppressed** 억압당하는 •**channel** 《보통 pl.》 (전달) 경로; 수로, 물길

Case **Review Tests**

1. ③

해석 우리는 종종 아주 사소한 비판에도 마비된다. 우리는 그러한 비판을 위급 상황으로 여기고 마치 전쟁을 하는 것처럼 자신을 방어한다. 사실, 비판은 우리에 대한 타인의 의견일 뿐이다. 비판에 대해 방어적 반응으로 대응하면, 마음에 상처를 입고 본인이나 비판을 하는 사람에 대한 분노 또는 고통스러운 생각으로 가득 찰지 모른다. 이러한 방어적 대응은 상당한 양의 정신적 에너지를 소모시키고, 모든 것이 부정적으로 보이므로 우리의 자존감을 훼손한다. 비판에 동의하는 것만으로도 그 상황의 긴장감이 줄어들고, 견해를 표현하고자 하는 사람의 욕구가 충족되며, 우리 자신에 대해 알고 더 침착해질 기회를 얻게 되는 경우가 많다.

① 비판할 때는 정당한 이유가 필요하다.
② 타인보다 자기 자신에게 엄격하도록 노력해야 한다.
③ 자신에 대한 비판을 인정하는 자세가 필요하다.
④ 약간의 비판은 대화의 활력소가 될 수 있다.
⑤ 비판에 대해 방어적인 것은 자연스러운 일이다.

해설 비판에 방어적인 우리의 태도로 인한 부정적 영향을 나열한 데 이어, 마지막 문장은 이와 대조적으로 비판에 동의함으로써 얻을 수 있는 긍정적 영향이 서술되어 있다. 주장을 강하게 표현하는 어구는 없지만 마지막 문장은 제기된 문제의 solution에 해당한다고 볼 수 있으므로, 이를 잘 표현한 ③이 정답이다.

오답분석 → 반복해서 나온 defend, defensive, defensive reaction으로 인해 이를 이용한 오답 ⑤의 함정에 빠질 수 있다.

어휘 •**immobilize** 움직이지 못하게 하다, 마비시키다 •**nothing more than** 단지 ~에 지나지 않는 (= only) •**observation** 관찰; (관찰에 따른) 의견 •**critical** 비판적인; 대단히 중요한; 위태로운 •**self-esteem** 자존감

구문 [7~10행] There are *many times* [when <u>simply agreeing with criticism</u> <u>reduces</u> the tension of the situation,
_{S´} _{V´₁}
<u>satisfies</u> a *person's need* [to express a point of view], and <u>offers</u> us a chance [to learn something about
_{V´₂} _{V´₃}
ourselves and to be more calm]].
many times는 when이 이끄는 관계부사절의 수식을 받고 있다. 이 관계부사절은 동명사구를 주어로 하며, 3개의 동사구가 and로 대등하게 연결된 구조이다.

2. ④

해석 누구나 가족과 친구들의 애정과 보살핌을 필요로 한다. 우리는 그들이 우리를 받아들이고, 이해하고, 지지해주길 바란다. 때때로 우리는 그들의 비판이 필요하기도 하고, 만약 우리가 그들에게 잘못하면 그들의 용서가 필요하기도 하다. 그러나 우리가 사랑하는 사람들이나 다른 사람들이 우리의 마음을 읽고 우리가 무엇을 원하는지 정확히 알아서, 얘기하지 않았는데도 우리가 원하는 것을 줄 것이라고 기대한다면 자주 실망하게 될 것이다. 우리는 다른 사람의 감정과 요구에 대해 세심하고 사려 깊어야 하는 동시에, 우리의 감정과 요구에 대해서도 정직하고 열린 마음을 가지고 솔직해야 하는 것이 매우 중요하다. 우리는 모두 단지 원하는 바를 요구하는 것만 배우면 된다. 물론, 거절당할 가능성도 항상 있지만. 타당한 요구를 하기만 한다면 자신감을 얻어서 좀 더 만족스러운 삶을 살 수 있을 것이다.

① 대화를 통해 문제를 해결할 수 있다.
② 사람들은 가족과 친구들의 관심을 원한다.
③ 사람들의 비판을 받아들일 줄 알아야 한다.
④ 자신이 원하는 것을 솔직하게 표현해야 한다.
⑤ 타인에게 기대하는 것이 많으면 실망도 크다.

해설 we need, we will, so important, But ~과 같이 주제문처럼 보이는 문장들이 곳곳에 보이고, 해당 문장과 비슷한 내용이 선지에 제시되어 있어서 혼동을 준다. 그러나 첫 세 문장은 도입, But 이하는 문제제기, 바로 뒤이어 그에 대한 해결책이 ~ is so important.에서 제시되었다고 할 수 있으므로 그 문장이 주제문이고 답은 ④이다.

오답분석 → 오답들은 모두 도입이나 문제제기 내용에서 표현된 일부 어구로 만들어낸 것으로서 답과는 무관하다.

구문 [3~5행] But **if** we **expect** our loved ones and others / **to be** able to read our minds and ∧ **know** exactly what
_(to)
we want and ∧ **give** it to us without being told, // we will often be disappointed.
_(to)

if가 이끄는 부사절의 동사 expect가 세 개의 to부정사를 목적격보어로 취한 형태. 〈expect A to-v〉는 'A에게 v할 것을 기대하다'란 뜻.

[5~7행] Being honest, open, and direct about our feelings and needs / while being sensitive and thoughtful about
others' feelings and needs / <u>is</u> so important.
S
V

[8~9행] ~, but **whenever** you make a reasonable request ~.
= at any time when (~할 때는 언제나)

cf. **Whenever** you visit her, you will find her sleeping.
= No matter when (언제 ~할지라도)
언제 그녀를 방문**할지라도** 그녀는 자고 있을 것이다.

---

3. ①
p.29

해석 생각을 언어로 옮긴 다음 그 단어들이 술술 나오도록 그것을 조직하는 것은 뇌에 매우 복잡한 작업이다. 그래서 모든 사람이 말을 더듬지 않는다는 것이 사실은 놀라운 일이다. 말더듬증은 수월하게 말할 수 없도록 만드는 발화 장애이다. 예를 들어, 당신이 "안녕, 제프!"라고 말하고 싶을 때 나오는 말이 "아, 아, 안녕, 제, 제, 제프!"라는 거다. 왜 말더듬증이 생기는지 아무도 모르지만, 이를 알아내기 위한 많은 연구가 진행되고 있다. 말을 더듬는 문제에 관한 연구에서는 언어 처리와 발화 형성을 담당하는, 뇌의 서로 다른 부분을 살펴본다. 그 연구는 발화 형성이 언어 처리를 너무 앞서 갈 때 말더듬증이 일어난다고 말한다. 다른 연구원들은 뇌의 '화학 물질 전달자'인 신경 전달 물질의 역할을 살펴보고 있다.

① 무엇이 말더듬증을 일으키는가?
② 당신의 화술을 개선하는 법
③ 말더듬증을 멈추게 하는 새로운 방법
④ 인간이 발화를 구성하는 방법
⑤ 말더듬증을 일으키는 뇌의 화학 물질

해설 지문 중반 이전의 내용은 말더듬증에 대한 정의인데 이는 중반 이후부터 다뤄지고 있는 말더듬증의 원인을 서술하기 위한 도입에 해당된다. 즉 주제문은 글 중반의 No one understands why ~.이고 이어지는 내용은 그 원인에 대한 구체적인 연구 내용으로서 보충설명 문장에 해당한다. 그러므로 제목으로는 ①이 적절하다.

오답분석 → ⑤는 마지막 문장의 단어들을 조합하여 오답을 유도하고 있다.

구문 [1~2행] <u>Putting your thoughts into language / and then organizing the words so that they flow well</u> / <u>is</u> a very
S
V
complex task for your brain.
주어(Putting ~ well)가 길어진 문장. 이때 〈so that ~〉은 '~하도록'이라는 '목적'의 의미.

4. ②

해석 습관은 의식을 매우 잘 날라주어 애쓰지 않아도 문제없이 우리의 사고(思考)가 서로 따라가는 것 같다. 그러므로 우리는 대부분 자신이 얼마나 정신을 지배하지 못하는지를 전혀 깨닫지 못한다. 당신은 알람 소리 때문에 잠에서 깨어 의식을 되찾고, 욕실로 가 샤워를 하고 옷을 입는다. 그 후 사회문화적 역할들이 사고를 구체화하고 하루가 끝날 때까지 자동 조정 장치에 의해 움직이다가 잠이 듦으로써 다시 의식을 잃는다. 그러나 혼자 있고 할 일이 전혀 없을 때는 머릿속의 기본적인 무질서가 그 모습을 드러낸다. 머리에 요구되는 것이 아무것도 없으면 머리는 임의적인 방식을 따르기 시작하고, 불안하거나 불유쾌한 것들에 집중하느라 잠시 멈출 뿐이다. 사고를 정리하는 법을 알지 못한다면, 사고는 아무렇게나 이리저리 튀다가 어떤 것이든 현재 당신에게 가장 골치 아픈 것 쪽으로 당신을 이끌고 갈 것이다. 그것이 실제나 상상 속의 고통이든, 새로 생긴 분노이든, 오랫동안 간직해온 실망감이든 말이다.

① 정신, 패턴 찾는 기계
② 우리는 우리 정신의 진정한 지배자일까?
③ 어떻게 정돈된 정신을 함양할 수 있는가?
④ 평화로운 마음에 생기는 불쾌한 기억의 원천
⑤ 사회적 역할이 어떻게 삶을 조직적으로 유지하는가

해설 사회적 역할이나 습관에 따라 사고가 자동 조정되고, 혼자 있거나 할 일이 없으면 사고가 무질서하여 이리저리 튀다가 불쾌한 것에 집중하게 된다는 것이 글의 핵심 내용이다. 즉 사람은 자신의 사고를 조정하기 어렵다는 것을 설명하고 있으므로, 이를 의문문으로 흥미롭게 표현한 ②가 글의 적절한 제목이다.

오답분석 → ①은 follow random patterns 부분에서 연상할 수 있는 오답이고 ③~⑤ 모두 지문에서 사용된 어구 order, troublesome, socio-cultural roles 등을 변형하여 사용한 오답이다.

어휘 • channel 수로, 운하; 《보통 pl.》 (전달) 경로; 수로로 나르다 • consciousness 의식, 자각 • hitch 문제, 장애 • restore 회복시키다; 복구[재건]하다 • give shape to A A에 모습을 부여하다; (생각 등을) 구체화하다 • autopilot 《항공》 자동 조종 장치 • random 무작위의, 닥치는 대로의 • disturbing 불안하게 하는 • haphazardly 우연히, 계획성 없이 • imaginary 가상의, 상상의 • resentment 분개, 분노 [선택지 어휘] • serene 고요한, 평화로운, 조용한

5. ⑤

해석 자연광이 학교에서 하는 역할에 대해 더 깊이 이해하기 위해 연구자들은 채플힐에 있는 스미스 중학교로 향했다. 그 학교는 교실에서 전등의 사용을 줄여도 여전히 보통의 실내보다는 더 밝을 수 있도록 천장에 채광창을 많이 내어 에너지 효율을 위해 지어졌다. 그래서 스미스 중학교의 8학년 학생들 일부가 빛의 어떤 특정 파장에 갑자기 노출되지 않았을 때의 그 영향을 테스트할 수 있었다. (아침에) 일어나서 수업이 끝날 때까지 11명의 학생들은 파장이 짧은 '푸른 불빛'을 차단하지만 적절한 시야에 필요한 다른 파장들은 차단하지 않는 주황색의 특수 보안경을 착용했다. 5일 동안 그 빛을 차단하자 학생들의 생체 시계가 엉망이 되어, 수면을 유도하도록 돕는 멜라토닌이라는 호르몬이 저녁에 급증하는 것을 30분 지연시켰다. "창문이 거의 없는 학교에서 낮 시간을 보내는 십 대들은 아마도 똑같은 영향을 받을 것이다."라고 그 연구자들 중 한 명이 말했다.

① 시야 보호의 중요성
② 불규칙한 수면 패턴의 원인들
③ 십 대들의 증가하는 호르몬 변화
④ 에너지 효율을 위한 자연광 사용
⑤ 자연광 부족이 십 대들에게 끼치는 영향

해설 첫 번째 문장에서 연구자들은 '자연광이 학교에서 하는 역할'에 대해 알아보기 위해 실험을 진행했다고 했다. 중반 이후에 실험 결과(자연광 차단이 수면 유도를 지연시킴)와 연구자의 발언을 통해 ⑤가 글의 주제임을 알 수 있다.

오답분석 → ①은 지문의 proper vision, ③은 hormone, ④는 energy efficiency, light를 이용한 오답이다. ② 역시 sleep을 사용하였으나 지문은 일반적인 불규칙한 수면의 원인에 대해 말하고 있지는 않다.

어휘 • skylight 천장에 낸 채광창 • exposure (해로운 환경 등에의) 노출; 폭로 • wavelength 《물리》 파장 • surge 급증[급등]하다; 급증, 급등 • induce 유도하다; 권유하다 [선택지 어휘] • irregular 불규칙적인

6. ②

해석 문화재를 고유한 맥락이 아닌 멀리 떨어져 있지만 소위 '문명화된' 국가의 박물관에 전시하는 것이 더 낫다는, 19세기와 20세기 사람들이 가졌던 태도는 더는 찬성을 얻지 못한다. 수 세기 전 서구 문명은 미개하거나 가난한 나라의 문화재들을 감상하고 보호하려면 그것들을 그 나라에서 가지고 가야 한다고 생각했다. 이러한 생각에서 영국 및 다른 서구 국가들과 같은 제국주의 국가들은 자신들이 그리스와 로마 제국의 계승자라고 여겼다. 런던이나 파리 또는 베를린에 있는 박물관에 서구 문명의 유산을 가져다 놓음으로써 그것을 보호하려고 했던 이들이 바로 그 제국주의 국가들이었다. 이러한 생각에 따라 1801년 파르테논의 대리석 유물들은 엘긴 경에 의해 그리스 밖으로 빼돌려졌으며, 그는 후에 그것들을 대영 박물관에 팔아넘겼다. 이 때문에 파르테논의 대리석 유물들은 그것의 고유한 지리적 문화적 맥락에서가 아닌 건축적 맥락에서만 감상이 되었다. 대영 박물관이나 루브르 박물관과 같은 기관에 제국주의 전리품을 전시하는 것은 많은 이들을 불쾌하게 만들고 있다.

① 파르테논 대리석 유물의 불가사의
② 문화재는 어디에서 보관되어야 하는가?
③ 왜 국보를 보존해야 하는가?
④ 서구 박물관에 있는 국가 유산의 발자취
⑤ 제국주의 국가로부터 문화재를 되찾아라!

해설 첫 번째 문장이 주제문으로서, 문화재가 본국이 아닌 문명화된 다른 국가에서 전시되는 것이 비판을 받고 있음을 말하고 있다. 문화재가 '어디에서' 보관되어야 하는지에 대한 글이므로 이를 제목으로 표현하자면 ②가 가장 적절하다.

오답분석 → 지문에서는 문화재를 원래 있던 곳으로 보내야 한다고 주장하고 있지는 않으므로 ⑤는 답이 될 수 없다. '파르테논 대리석 유물'은 보충설명문에서 예시로 언급된 것이므로 ①을 답으로 고르지 않도록 한다. 나머지는 모두 지문의 요지와 관련이 없다.

어휘 •**cultural treasure** 문화재 •**so-called** 소위, 이른바 •**out of favor** 찬성을 얻지 못하는 •**uncivilized** 미개한; 예의 없는 •**appreciation** 감상; 감사; 진가 •**in this regard** 이 점에서 •**imperialist** 제국주의자 *cf.* **imperial** 제국의 •**successor** 계승자, 후임자 •**heritage** 유산 •**notion** 생각, 개념 •**architectural** 건축적인, 건축학의 •**geographic** 지리적인, 지리학적인 •**trophy** 트로피; 전리품 •**offensive** 모욕적인, 불쾌한; 공격적인 [선택지 어휘] •**preserve** 보호하다; 보존[유지]하다; 저장하다 •**trace** 자취, 발자국; 자취를 더듬어 가다 •**reclaim** 되찾다, 환원[복구]하다

구문 [1~3행] The attitude that [it] is better to display cultural treasures in *museums* [in distant ~ countries], not in their original context, / **which** was held by people in the 19th and 20th century, / is out of favor.

주어 The attitude ~ context와 동사 is 사이에 which가 이끄는 절이 삽입되었다. 관계대명사 which는 The attitude ~ context를 가리킨다.

[7~8행] It was *they* **who** would protect the heritage of Western civilization / **by placing** it in museums in London, Paris, or Berlin.
〈It was[is] ~ who[that]〉 강조구문. they를 강조. 〈by v-ing〉는 'v함으로써'라는 뜻으로 '수단'을 나타낸다.

7. ④

해석 언어에는 서로 밀접한 관계가 있는 이점이 두 가지 있다. 하나는 사교적인 점이고, 다른 하나는 말하지 않는다면 사적인 것으로 남아 있을 생각들을 공공연히 알릴 수 있는 표현들을 제공한다는 점이다. 친구가 보거나 듣고 있지 않은 무언가를 우리가 보거나 들을 때, 우리는 보통 "봐" 또는 "들어봐"라고 말하거나, 심지어 간단한 몸짓으로도 그 친구가 그것을 알아차리게 할 수 있다. 그러나 예를 들어, 우리가 '어제' 여우를 봤다면, 그때 우리와 같이 있지 않았던 누군가에게 이 사실을 언어 없이 전달하는 건 가능하지 않을 것이다. 이것은 '여우'라는 단어가 목격된 여우나 기억되는 여우에 똑같이 적용된다는 사실에 달렸고, 그 결과 우리는 기억이나 생각을 다른 이들에게 알릴 수 있다. 언어가 없다면, 우리는 그저 사람들이 있는 데서 경험한 느낌만을, 그것도 가까이 있는 사람들에게만 전달할 수 있을 것이다.

해설 지문의 대부분의 내용은 첫 번째 문장에서 언급된 언어에서 서로 밀접한 관계인 두 가지 이점 중 두 번째 이점에 대해 보충설명하고 있다. 그 이점은 언어가 '사적인 경험'을 다른 사람에게 전달할 수 있게 한다는 것이므로 정답은 ④.

오답분석 → 다른 오답지 모두 companionship, private, in public 등 지문에서 언급된 어구들을 사용하였지만 지문의 내용과는 관계가 없다.

① 사회적 교우관계에서 언어의 역할
② 사적인 생각을 명확히 전달하는 방법들
③ 언어를 통한 문화적 정체성의 홍보
④ 사적인 경험을 전달하는 매개체로서의 언어
⑤ 공적으로 사용되는 언어와 사적으로 사용되는 언어의 차이

어휘 • **interrelated** 서로 관계가 있는, 밀접한 관계의 • **make A public** A에 대해 공표하다. 일반에 알리다 *cf.* **in public** 사람들 앞에서, 공공연히 • **companion** 동료, 친구 *cf.* **companionship** 동지애, 우정 • **sensation** 감각, 느낌 [선택지 어휘] • **in private** 다른 사람이 없는 데서, 사적으로

구문 [1~3행] ~: one is that it is social, and the other is that it supplies *expressions* [to make *thoughts* public [that would otherwise remain private]].

[7~9행] This depends upon the fact that the word "fox" applies equally to a fox seen or a fox remembered, **so that** we can make a memory or thought known to others.
S′ V′ O′ OC′
여기서 〈so that ~〉은 '그 결과 ~ 하다'라는 뜻의 '결과'의 의미를 나타낸다.

[9~10행] **Without** language, we could communicate only *the sensations* [we experience ● in public], and ∧ only
=If we didn't have language, ~ (we could communicate)
to the people who are close by.
〈Without ~, S + 조동사 과거형 + 동사원형〉의 가정법 과거 구문. '~이 없다면, …할 것이다'의 의미. ●는 the sensations가 experience의 목적어로서 원래 위치하는 자리.

8. ④

해석 우리는 주변 환경이 간접적으로 우리가 소중히 생각하는 분위기와 관념을 반영하고, 우리에게 그것을 일깨워 주리라고 믿는다. 우리는 자신의 진정한 자아가 사라지고 있다는 느낌을 받지 않기 위해 벽지, 벤치, 그림, 거리로 눈을 돌린다. 결과적으로 우리는 그 사고방식이 우리의 사고방식과 가장 잘 어울린다고 여기는 그러한 장소에 '집'이라는 단어의 영예를 안겨준다. '집'으로서의 건물에 관해 이야기하는 것은 그 집이 우리의 마음과 조화를 이룬다는 걸 인식하는 것과 같다. 집에 대한 우리의 사랑은 우리의 정체성이 전적으로 스스로 결정되지는 않는다는 것을 인정하는 것이다. 우리는 모두 정신 상태를 가다듬고 힘을 불어넣을 안식처가 필요하고, 그 이유는 세상의 너무나 많은 것들이 우리 자신이 선호하며, 사랑하며, 충실한 것과 반대되기 때문이다. 우리는 바람직하다고 여기는 자신의 형태를 더 친밀하게 느끼고, 자신에게 중요하면서도 일시적인 면을 계속해서 살아 숨 쉬게 할 방이 필요하다.

① 우리의 잠재력을 발견하는 데에 있어 주거지의 중요성
② 삶에서 만족을 얻는 데 필요한 조건들
③ 자기 자신의 삶에 대한 통제력 부족의 결과
④ 우리의 심리적 욕구에 일치하는 집의 필요성
⑤ 집과 생활 방식 사이에서 조화를 찾는 가장 좋은 방법

해설 글의 중반 이후까지의 내용은, 주변 환경이 우리에게 영향을 미친다고 믿으며, 집은 우리의 사고방식과 가장 잘 어울리는 장소임을 설명하고 있다. 뒤이어, 바깥세상은 우리와 반하는 것이 너무 많아 우리와 조화를 이루는 집에서의 안식이 필요함을 주장하고 있다. 즉, 우리는 심리적인 욕구에 부합하는 집이 필요하다고 서술하고 있으므로 글의 주제로는 ④가 적절하다.

오답분석 → ①은 집이 중요한 이유로서 연상할 수 있는 내용이지만 '잠재력 발견'은 지문의 내용과는 상관이 없다. ③, ⑤는 지문에서 나온 어구를 사용한 함정이다.

어휘 • **depend on A to-v** A가 v해주길 바라다, 원하다 • **surroundings** 주변 환경, 처지 • **turn to A** A 쪽으로 향하다; A에게 도움을 청하다, A에 의지하다; A로 변하다 • **honor A with B** A에게 B라는 영예[명예]를 주다 • **outlook** 전망, 경치; 관점, 견해 • **acknowledgement** 인정, 승인 • **self-determined** 스스로 결정한 • **refuge** 피난처, 은신처 • **back up** 지원하다, 후원하다; (주장을) 뒷받침하다 • **reinforce** 강화[보강]하다, 힘을 북돋다 • **loyalty** 충성, 충의; 성실 [선택지 어휘] • **contentment** 만족(감)

[3~4행] In turn, we **honor with** <u>the word *home* *that place*</u> [whose outlook most matches our own].
       B   A

⟨honor A with B (A에게 B라는 영예[명예]를 주다)⟩에서 A에 해당하는 부분이 관계대명사절의 수식을 받아 길어져 B의 뒤로 간 형태.

[8~10행] We need *our rooms* [<u>to make</u> <u>us</u> feel closer to our desirable versions of ourselves and <u>to keep</u> <u>alive</u> the
                       V′   O′   OC′   V′   OC′
important, short-lived sides of us].
              O′

our rooms를 수식하는 2개의 to부정사구가 and로 연결되어 병렬구조를 이루고 있다.
⟨keep + O + OC (O가 ~하게 유지하다)⟩에서 목적어에 해당하는 부분이 길어 목적격보어 뒤로 간 형태.

9. ③
p.33

해석 20개 이상의 점포를 보유하고 있는 미국의 모든 식당 체인점은 메뉴에 칼로리를 표기해야 한다. 이러한 규정의 요점은 당연히 더 건강한 식사를 장려하기 위한 것이다. 그러나 요식업계의 입장에서 이 규정의 요점은 허리둘레(건강)보다는 손익에 관한 것이다. 메뉴에 칼로리가 표기되면, 가격을 판단하는 데 쓰는 소비자의 인지적 문제해결력은 더 줄어들게 된다. 일부 '체중 감시' 메뉴에는 칼로리뿐 아니라 지방과 섬유질의 양도 음식의 가격과 함께 표기되어 있다. 각 음식 당 네 종류의 숫자가 세트로 표기되는 것이다. 어떤 사람이 이러한 모든 정보를 활용해 건강한 선택을 내리기란 상당히 짜증나는 일이다. 실제로, 대부분의 사람들은 포기하고 자신이 원하는 것을 고른다. 결정의 그 순간, 소비자는 가격을 무시하고 자신이 (원래) 골랐을지도 모르는 메뉴보다 더 비싼 음식을 주문하게 되는 것이다.

① 건강에 더 좋은 음식일수록 가격이 더 비싸다
② 음식 메뉴의 칼로리 표기 필요성
③ 칼로리 표기는 날씬한 몸을 위한 것인가? 아니면 얇은 지갑을 위한 것인가?
④ 짜증나지만 중요한 칼로리 계산
⑤ 메뉴에 칼로리를 표기하는 규정의 목적

해설 세 번째 문장에 however가 나와 글의 흐름이 바뀌었고 이어지는 내용은 이를 구체적으로 보충설명하고 있으므로 주제문은 세 번째 문장이다. 제목은 말바꿈을 심하게 하는 경우가 있으므로 이에 주의해야 하는데, 특히 비유적인 표현인 Slim Wallets 같은 것도 그것이 지문에 언급된 the bottom line, ordering something more expensive와 연관됨을 판단할 수 있어야 한다.

오답분석 → 단락 첫 두 문장을 주제문-부연 설명 관계로 착각하여 ②나 ⑤를 답으로 선택하지 않도록 주의한다.

어휘 • **outlet** 점포, 판매점 • **post** 기둥; 기둥에 붙이다; 게시하다, 공고하다 • **regulation** 규정; 규제 • **bottom line** (수락 가능한) 최종 가격 • **cognitive** 인지의, 인식의 • **resource** 《보통 pl.》 자원, 재원; 자료; 《pl.》 문제해결력, 지략 • **fiber** 섬유질 [선택지 어휘] • **objective** 목적, 목표; 객관적인

10. ⑤
p.34

해석 만약 당신이 아프리카 사파리 여행을 가지만 동물들을 보러 낮 시간 동안에만 돌아다닌다면, 숲 속에서 일어나는 전반적인 많은 활동을 놓칠 것이다. 그러나 나이트 비전(밤이나 어두운 데서 볼 수 있도록 군인이나 조종사 등이 사용하는 장치) 쌍안경이 있다면, 야행성 동물들을 충분히 감상할 수 있을 것이다. 이를 통해 유추할 때, (이와) 유사한 문제를 기업 세계에서도 볼 수 있는데, 관리자들이 홍보가 잘되고 돈을 많이 들여 위험부담이 거의 없는 계획과 같은 가장 강하고 밝은 신호에 대응하기만 하고, 더 미세한 신호, 즉 기업의 관심에서 벗어나 있길 선호하는 개인이나 소규모 팀이 이끄는, 더 과감한 실험들을 인식하지 못할 때가 그렇다. 그러나 이러한 '미세 신호'의 밝기와 가독성을 알아보고 증대시키는 것을 도울 수 있는 관리자들은 기업의 더 작은 계획들을 지지하고 지원하면서 큰 이익을 얻을 것이다.

해설 마지막 문장에서 말하고자 하는 바가 확실히 드러난다. weaker signals, 즉 관심 밖의 더 과감한 실험들을 알아보고 그것을 지원하여 큰 이익을 얻을 것이라는 것은 ⑤의 숨어있는 재능을 발굴하고 그것에 관심을 주어야 한다는 것과 연결된다.

오답분석 → 오답들은 모두, 관리자들이 마땅히 해야 할 일로 언급될 수 있는 것이지만 지문 내용과는 상관이 없다.

① 영향력을 굳건히 하도록 개개인과 팀을 결집하라
② 각 개인이 자신의 약점을 극복하도록 격려하라
③ 개개인의 강점을 발견하여 그것을 강화하라
④ 세세한 것에 더 주의를 기울여 유망한 프로젝트를 담당하라
⑤ 숨겨진 재능을 발견하고 그 재능에 마땅한 관심을 기울여라

어휘 •**safari** 사파리 여행 (아프리카에서 야생 동물들을 구경하거나 사냥하는 여행) •**miss out** ((on)) (기회 등을) 놓치다 •**binoculars** 쌍안경 •**analogy** 유사, 비슷함; 유추(법) •**be attuned to A** A에 (익숙해) 적절히 대응하다 *cf.* **attune** (악기 등을) 조율하다; (마음을) 맞추다, 익숙하게 하다 •**promote** 홍보[판촉]하다; 승진시키다 •**big-ticket** 고가의, 값비싼 •**perceive** 감지하다, 인지하다 •**corporate** 기업[회사]의; 공동의 •**amplify** 확대[증대]하다 •**readability** 가독성, 읽기 쉬움 •**endorse** (공개적으로) 지지하다; (수표에) 이서하다 •**initiative** (특정한 문제 해결을 위한) 계획; 결단력; 주도권 •**reap** (농작물을) 수확하다; (좋은 결과 등을) 거두다 [선택지 어휘] •**mobilize** 동원[결집]하다 •**consolidate** 굳건히 하다, 강화하다; (회사를) 합병하다 •**reinforce** 강화하다; 보강하다; 증강하다 •**promising** 유망한, 촉망되는; 조짐이 좋은 •**uncover** 덮개를 벗기다; (비밀 등을) 알아내다

구문 [1~2행] **If you went** ~ but **traveled** around ~, **you would miss out on** a whole lot of action in the bush.
⟨If + S' + 동사의 과거형 ~, S + 조동사 과거형 + 동사원형 ...⟩은 '~라면, …할 텐데'의 의미. 문맥상 현재나 미래에 실현 가능성이 희박한 일을 가정하거나 상상하고 있다.

[4~8행] By way of analogy, / we can see a similar problem in the business world //
when ┌ managers are only attuned to <u>the strongest, brightest signals</u> — such as *highly-promoted*
          =
      │ *big-ticket projects* [that carry little risk] —
      │ and
      └ they fail to perceive <u>the weaker signals</u>, *the bolder experiments* [led by *individuals or small*
                                                    =
      teams [who prefer to stay out of the corporate spotlight]].

[8~10행] <u>But *a manager* [who can pick up and help amplify / *the brightness and readability* [of these "weaker</u>
                                                                                                    S
<u>signals,"]]</u> **endorsing and supporting** smaller corporate initiatives, <u>will reap</u> big rewards.
                                                                              V

endorsing ~ initiatives는 분사구문으로 부대상황을 나타낸다. (= ~, as a manager endorses and supports ~.)

✕ **Brush Up** Your **Reading** Skills!

①
p.38

해석 때로 차량들 속의 익명성은 몇 가지 흥미로운 부수적 효과를 지닌 강력한 약으로 작용한다. 아무도 지켜보고 있지 않고 우리가 아는 어느 누구도 우리를 보지 못할 것이므로, 자동차 바로 그것의 내부는 자기표현을 위한 유용한 장소가 된다. 이것은 왜 대부분의 사람들이 선택권이 주어지면 적어도 20분의 최소 통근 시간을 원하는지 설명해 줄지도 모른다. 운전자들은 이 혼자 있는 '나만의 시간,' 즉 노래하고, 다시 10대와 같은 기분을 느끼고, 일시적으로 직장과 가정에서의 답답한 역할로부터 자유로워질 수 있는 시간을 원한다. 한 연구에서 자동차는 사람들이 어떤 일에 대해 소리 지르기에 선호하는 장소라는 사실을 발견했다. 또 다른 연구에 따르면, 연구자들은 운전자들에 대해 연구하기 위해 자동차 내부에 카메라를 설치했다. 얼마 되지 않아, 운전자들이 '카메라에 대해 잊어버리고' 콧구멍을 후비는 것을 포함하여 온갖 종류의 일들을 하기 시작하게 될 거라는 사실을 연구자들은 보고한다.

해설 주제문(No one is watching ∼.)을 통해 (A), (B)를 어렵지 않게 추론할 수 있다. 중반 이후에 이어지는 연구 결과도 이를 뒷받침한다.

↓

운전자들은 자신의 차 안에서 (A)혼자 있는 것을 추구하는 경향이 있으며, 그곳에서 자신을 표현하는 데[표현하도록] (B)자유롭다.

	(A)	(B)		(A)	(B)
②	혼자 있는 것	주저한다	③	함께 있는 것	자유롭다
④	함께 있는 것	강요된다	⑤	편안함	주저한다

어휘 • **anonymity** 익명(성)　• **self-expression** 자기표현　• **commute** 통근; 통근하다　• **temporarily** 일시적으로, 임시로　• **constricted** 압박된; 답답한; 좁은　• **install** 설치하다 *cf.* **installation** 설비, 설치 [선택지 어휘]　• **solitude** (편안한) 고독, 혼자 있기　• **reluctant** 꺼리는, 주저하는 (= unwilling)　• **compel** 강요하다, ∼하게 만들다 (= force, constrain)

구문 [3∼4행] ∼ why most people, **given the choice**, desire a minimum commute ∼.
given the choice는 중간에 삽입된 분사구문. (= ∼, when they are given the choice, ∼.)

1. ③

p.39

(A)전쟁을 없애는 가장 효과적인 방법은 국가 간의 (B)합의를 통해 국제 분쟁을 해결하는 것이다.

(A)	(B)		(A)	(B)
① 전쟁	---- 경쟁		② 빈곤	---- 협력
④ 빈곤	---- 합의		⑤ 질병	---- 협력

[주제문] 평화를 유지하기 위해, 우리는 국제 분쟁을 새로운 방식으로, 즉 무력에 의해서가 아니라 법의 원칙에 따른 합의로 해결하도록 인류를 설득할 필요가 있다.

어휘 • **abolish** 폐지하다 • **in accordance with** ~에 일치하여, 따라서 *cf.* **accordance** 일치, 합치

2. ②

p.39

색깔이 변하는 식물은 땅속에 묻힌 지뢰를 (B)탐지하는 데 (A)유용할 것이라고 예상된다.

(A)	(B)		(A)	(B)
① 도움될	---- 분산시키는		③ 효과적일	---- 투자하는
④ 창의적일	---- 폭파하는		⑤ 강력할	---- 발명하는

[주제문] 땅에서 지뢰를 제거하기 위해, 색깔이 변하는 식물은 2년 이내에 정기적으로 사용될 것으로 예상되는데, 현재 이용 가능한 가장 흔한 탐지 방법, 즉 금속탐지기로 사람이 탐지하거나 지뢰탐지견이 냄새를 맡아 찾는 것보다 비용 효율이 높은 대안을 제시한다.

어휘 • **land mine** 지뢰 • **cost-effective** 비용 절감의, 비용 효율이 높은 • **alternative** ((to)) 다른 방도, 대안 • **detection** 탐지, 발견 *cf.* **detector** 탐지기 • **sniff** 냄새를 맡다; 코를 훌쩍이다

최고 오답률 Case Study 1

⑤

p.41

해석 사회과학, 특히 1930년대 이후 인류학의 성장과 더불어 '야만적인' 그리고 '원시적인'과 같은 단어들은, 한때 이러한 꼬리표를 달았던 사람들이 생물학적으로 덜 진화된 형태의 인류를 나타낸다는 개념과 함께, 문화 연구의 어휘 목록에서 사라지기 시작했다. 의학계에서는 이전 원시인들의 두뇌에서 그들의 (우리와) 다른 행동을 설명할 어떤 차이도 발견할 수 없었다. 그리고 식민지 개척자들은 지난날의 '야만인'이 오늘날의 상점주인, 군인, 또는 피고용인이 될 수도 있음을 필연적으로 알게 되었다. 인류가 점점 더 잠재적으로 동등한 하나의 가족인 것처럼 보이기 시작함에 따라 서양인들은 토착 문화에서 발견된 행동이 야만적인 '별개의 것'으로 구별되는 특징이 아니라 좋든 싫든 우리 모두에게 존재할지 모를 능력의 표출이라는 것을 받아들여야 했다.

해설 요약문의 admit((사실임을 어쩔 수 없이) 인정하다, (잘못 등을) 인정하다)이라는 단어를 통해 (B)의 내용이 부정적 의미의 어휘일 것으로 추측해볼 수 있다. 선택지를 보는 과정에서 (B)에 biased가 ⑤에만 언급되었다고 해서 정답 가능성을 배제해버리면 안 된다. 본문 마지막 문장에서, 서양인들은 토착 문화에서 발견된 행동이 야만적인 '별개의 것'으로 구별되는 것이 아님을 받아들여야 했다고 했으므로, 그 이전에는 그것을 야만적인 '별개의 것'으로 생각했음을 유추할 수 있으며 이는 곧 '편견'으로 말바꿈할 수 있다.

↓

서양인들은 토착 문화에서 발견된 (A)구별되는 행동에 대한 그들의 견해가 (B)편견에 치우친 것임을 인정하게 되었다.

오답분석 → 본문에 등장한 accept라는 동사 때문에 ② 를 선택한 비율이 높은 것으로 보인다.

    (A)   (B)

① 종교적인 ---- 옳은 → 오답률 5%
② 구별되는 ---- 받아들일 수 있는 → 오답률 52%
③ 다른   ---- 옳은 → 오답률 9%
④ 종교적인 ---- 받아들일 수 있는 → 오답률 11%

어휘 • **anthropology** 인류학 • **thereafter** 그 후에 • **primitive** 원시의; 미개의; 원시인 • **notion** 개념, 생각 • **bear-born-born(e)** (고통을) 참다, 견디다; 품다, 지니다; (아이를) 낳다 • **evolve** 진화하다, 발달하다 • **account for** ~을 설명하다; (수치를) 차지하다 • **colonist** 식민지 개척자 • **distinctive** 구별되는, 독특한 • **otherness** 별개의 것, 다름 • **for better or for worse** 좋든 싫든 간에 [선택지 어휘] • **righteous** (도덕적으로) 옳은, 바른; 당연한 • **biased** 편견에 치우친, 선입견이 있는

구문 [1~4행] **With** *the rise* [of the social sciences, and ~ thereafter], / *words* [like 'savage' and 'primitive'] began to disappear from the vocabulary of cultural studies, / **along with** the notion that *the people* [who had once borne these labels]^S represented^V a biologically less evolved form of humanity^O.

With와 along with가 이끄는 전명구 때문에 문장이 길어진 형태.

[8~10행] ~, Westerners had to accept that *the behavior* [found in native cultures] was ⃞not⃞ *the distinctive feature* [of savage 'otherness'] ⃞but⃞ *the expression* [of *a capacity* [that may exist, ~, in all of us]].

⟨not A but B⟩: A가 아니라 B인

A 1. ②

p.42

해석 나는 신비함이 삶에서 위대한 일들을 경험하는 데 근본적인 역할을 한다고 믿는다. 만약 당신이 어떤 음식이나 포도주에 들어 있는 화학 물질을 알아낼 수 있다고 하더라도, 당신이 그 맛을 좋아하는 이유를 이해하는 데 그것이 도움이 되는가? 당신이 어떤 사람을 사랑하는 모든 이유를 나열할 수 있다는 것이 당신으로 하여금 그 사람을 더 많이 혹은 다르게 사랑하게 해줄 수 있다고 생각하는가? 만약 어떤 것이 당신에게 있어 아름답다면, 정말로 그 이유를 의미 있게 설명할 수 있는가? 우리가 경험할 수 있지만 충분히 정의할 수 없는 감각과 감정들이 많이 있다. 이런 감정에 대한 정의가 필요하거나 가능하다는 믿음을 일단 버리면, 우리는 실제로 이 감정들을 더 완전하게 경험할 수 있는데, 우리가 정의를 찾아내기 위해 사용하는 분석적 필터를 없애 버리기 때문이다.

해설 요약문을 통해, 사물에 대한 '어떠한' 시도로 인해 우리가 '무엇을 하지 못하게' 된다는 내용임을 우선 파악한다. 선택지를 보는 과정에서 단어의 분포 비율만으로 ①, ②를 배제하지 않도록 한다. 마지막 두 문장이 결론 부분으로서 요약문처럼 말바꿈될 수 있다.

↓

명확한 방식으로 사물을 (A)분석하려는 시도는 우리가 그것에 관해[그것을] 깊이 있고 완전하게 (B)그 진가를 알지 못하게 한다.

      (A)   (B)

① 분석하려는   ---- 실험하지 → 오답률 31%
③ 혼란스럽게 하려는 ---- 발견하지 → 오답률 17%
④ 혼란스럽게 하려는 ---- 조사하지 → 오답률 8%
⑤ 혼란스럽게 하려는 ---- 정당화하지 → 오답률 12%

어휘 •**fundamental** 근본적인, 본질적인 •**sensation** 감각; 느낌; 센세이션 •**analytical** 분석적인 cf. **analyze** 분석하다 •**definite** 분명한, 명확한 [선택지 어휘] •**mystify** 어리둥절하게[혼란스럽게] 하다, 미혹하다 •**investigate** 조사[수사]하다 cf. **investigation** 조사, 수사

구문 [1~3행] **If** you can determine *the chemicals* [that exist in a food or wine], // does **that** help you understand why you like the taste?
여기서 If는 '~하더라도'의 뜻으로 '양보'를 나타낸다. that은 지시대명사로 쓰여 If절의 내용을 가리킨다.

[3~4행] Do you think that being able to list *all the reasons* [you love a person] enables you to love that person
$\underset{S'}{}$ $\underset{V'}{\text{enables}}$ $\underset{O'}{\text{you}}$ $\underset{OC'}{\text{to love that person}}$
more or differently?

[6~8행] **Once** we give up the belief that definition of these emotions is necessary or possible, // we can ~
completely / because we have removed *the analytical filter* [we use to find definitions].
목적의 to부정사
Once는 '한번[일단] ~하면'이라는 뜻의 접속사.

B 1. ⑤ p.43

부모는 자녀를 스포츠 캠프에 보낼 때 주의해야 하고, 스포츠 코치들이 자녀가 바라는 것을 존중해 줄 것인지를 알아보기 위해 그들과 상담해야 한다.

↓

자녀에게 가장 (A)알맞은 스포츠 캠프를 선택하는 데 있어, 부모는 코치가 아이들에 대해 (B)배려하는 태도를 지니고 있는지를 확인해야 한다.

(A)	(B)		(A)	(B)
① 저렴한	경쟁적인		② 도전적인	까다로운
③ 유명한	사교적인		④ 집중적인	관대한

어휘 •**demanding** 요구가 지나친, 까다로운 •**sociable** 사교적인, 붙임성 있는 •**intensive** 집중적인 (= concentrated) •**liberal** 자유주의의, 진보적인; 관대한, 도량이 넓은

---

2. ④ p.43

해설 요약문의 to avoid(피하기 위해)에서 선지 (B)에 긍정적인 단어가 오면 안 된다는 것을 유추할 수 있다. 따라서 ③, ⑤는 일단 정답 후보에서 제외.

한 친구가 실제로 당신을 무시하고 있다고 믿기 전에 (그 사람이) 딴 데 정신이 팔린 상태이거나 시력이 나쁜지 고려해 보는 것이 중요하다.

↓

우리는 어떤 사람의 행동에 대해 (B)성급한 결론에 도달하는 것을 피하기 위해 그 (A)이유에 대해 신중히 생각해야 한다.

(A)	(B)		(A)	(B)
① 빈도	부정적인		② 빈도	성급한
③ 이유	긍정적인		⑤ 중요성	긍정적인

어휘 •**take A into consideration** A를 고려하다 •**absent-mindedness** 딴 데 정신이 팔림, 건망증이 심함 •**disregard** 무시하다; 무시

해설 simple or insignificant(단순하거나 하찮게)가 선지 (A)에, but 이하가 (B)에 대응된다.

가족을 부양하거나 좋은 친구가 되는 것은 단순하거나 하찮게 들릴지 모르지만, 그것들이 어떻게 다른 많은 이들의 인생에 즐거움을 가져오는지를 생각해보라.

↓

아무리 (A)하찮게 보인다 할지라도, 삶의 목적은 다른 이들에게 (B)도움이 되는 것으로 드러날 수도 있다.

	(A)		(B)		(A)		(B)
② 공격적으로	----	유익한		③ 중요하게	----	가치 없는	
④ 의미 있게	----	무관심한		⑤ 복잡하게	----	단순한	

어휘 • insignificant 중요하지 않은, 하찮은 (= trivial) [선택지 어휘] • beneficial 유익한, 도움이 되는 cf. beneficent 자비심이 많은

대부분의 사회에서 가족이 우선이고 개인은 가족 안에 묻힌다. 이는 사람들 대부분이 다른 이들을 생각하지 않고 자기 자신에 대해 생각하는 것이 정말 불가능하다는 것을 의미한다.

↓

어떤 사람들은 사회 속 (B)관계를[을] 통해 자신의 (A)정체성을[를] 발견할 수 있다.

	(A)		(B)		(A)		(B)
② 성격	----	책임		③ 한계	----	관계	
④ 정체성	----	책임		⑤ 성격	----	성공	

한 개인이 지닐 수 있는 단 하나의 가장 귀중한 능력은 아마도 의견 충돌과 논쟁을 피하고 해결하는 능력일 것이다. 이는 불화야말로 조직이 가장 필요로 하지 않는 것이기 때문이다.

↓

(A)갈등을[를] 처리하는 능력은 한 조직에서 다른 기술들보다 훨씬 더 가치가 있는데, 이것이 모든 구성원들을 (B)단결하도록 도와줄 수 있기 때문이다.

	(A)		(B)		(A)		(B)
① 갈등	----	건강하도록		③ 실패	----	유능하도록	
④ 경쟁	----	건강하도록		⑤ 경쟁	----	단결하도록	

어휘 • disharmony 불화, 부조화 [선택지 어휘] • united 연합한; 일치한; 단결한 • competent 유능한, 능력이 있는

①   p.46

해석 식물은 곤충과 동물에 의해 과도하게 먹히는 것으로부터 자신을 보호하기 위해 사용하는 수백 가지의 화합 물질을 발생시킨다. 어떤 식물들은 '모든 (형태의)' 피식을 줄이기 위해 이러한 화합 물질을 사용하지만, 대부분의 식물들은 높은 수준의 보호 화합 물질을 내기 시작하기 전에 18% 정도의 피식률(식물에 따라 10에서 25%)을 용인하거나, 심지어 즐기기도 한다. 동물이 식물을 먹을 때 ('초식'이라 일컫는) 동물의 여러 행위는 식물과 생태계 모두의 건강을 위해 필요하다. 초식은 식물을 먹는 것, 씨앗을 퍼뜨리는 것, 배변을 통해 식물 군락의 밀도, 구성 및 건강상태를 바꾼다. 일부 식물들은 (동물에 의해) 먹히도록 설계된 일련의 최초의 잎을 생산하고, 일단 그런 일이 일어나야 더 무성한 성장이 일어난다. 많은 식물에게 있어서, 대사 작용과 호흡은 모두 동물과 곤충의 섭취 활동에 의해 자극된다. 피식이 특정한 수준 이상으로 증가한 후에야 많은 식물의 방어적 화합 물질이 대량으로 생산되거나 작동하기 시작한다.

↓

피식률이 일정 수준에 이를 때까지, 많은 식물은 피식이 가져다주는 (B)번창을 위해 높은 수준의 방어적 화합 물질의 생산을 (A)유보하는 경향이 있다.

    (A)   (B)
② 유보하는 ---- 경쟁 → 오답률 8%
③ 연장하는 ---- 번창 → 오답률 30%
④ 연장하는 ---- 위협 → 오답률 11%
⑤ 자극하는 ---- 경쟁 → 오답률 4%

해설 요약문을 통해 지문의 내용은 피식이 식물들에게 '무엇'을 가져다주고, 그것을 위해 식물들은 높은 수준의 화합 물질의 생산을 '어떻게 하는' 경향이 있다는 것을 설명하고 있음을 알 수 있다. 지문에서 식물들이 어느 정도의 피식률을 용인함으로써 더 무성한 성장이 일어난다고 하였고 그 뒤에야 화합 물질을 대량으로 생산한다고 하였으므로, (A)에 알맞은 것은 suspend이고 (B)에는 prosperity가 알맞다.

오답분석 → ③의 오답률이 매우 높은데, 지문에서 식물이 높은 수준의 화합물을 생산하기 전에 어느 정도의 피식을 용인하는 것이므로 생산을 연장하는 것이 아니다.

어휘 • **compound** 화합 물질; 합성의 • **tolerate** 용인하다 • **initiate** 개시하다, 착수시키다 *cf.* **initial** 처음의, 초기의; 머리글자 • **herbivory** 초식 • **density** 밀도 • **disperse** 퍼뜨리다; 해산시키다 • **luxurious** 호화로운; 풍부한 • **metabolism** 신진대사, 대사 작용 • **respiration** 호흡 • **come into play** 작동하기 시작하다 [선택지 어휘] • **suspend** 매달다; 유보하다 • **prosperity** 번영, 번창

구문 [10~12행] It is *only after foraging rises above a certain level* that many plant defensive compounds are produced in quantity or come into play.
〈It is ~ that〉 강조구문으로 only after가 이끄는 부사절을 강조하고 있다.

1. ①   p.47

해석 왜 달은 하늘에 높이 떠 있을 때와는 대조적으로 수평선에 낮게 걸릴 때 더 커 보일까? 핵심어는 '(그렇게) 보인다'이다. 달은 시각적으로는 두 경우 모두 똑같은 크기이다. 착시현상은 눈의 잘못된 시각적 지각으로 생긴다. 달이 하늘과 맞닿은 선 바로 위에 떠 있을 때는 달과 비교하여 크기와 거리에 대한 감각, 즉 원근감을 제공할 나무, 건물, 산이 있다. 하지만 흔히 트인 밤하늘 높은 곳에서는 비교할 수 있는 이런 지상의 지형지물이 아무것도 없고, 달은 광대하고 어두운 우주로 인해 왜소해 보인다. 떠오르는 '커다란' 달을 보면서 팔을 쭉 뻗고 새끼손가락을 내밀어서 이 개념을 확인해 볼 수 있다. 달의 크기를 손톱과 비교해 보라. 나중에 '좀 더 작은' 달을 그 '손톱 측정법'으로 다시 재 보라. 이 달의 크기가 먼저 (잴 때) 사용했던 손톱의 크기와 똑같음을 알게 될 것이다.

해설 요약문을 통해, '어떤' 사물의 있고 없음에 따라 사람의 눈이 달의 크기를 '어떻게' 판단하는지에 대한 내용임을 파악한다. 본문 첫 문장에서, 달의 위치에 따라 크기가 달라 보인다고 하였으므로 (A)에 알맞은 것은 differently, 즉 답은 ①, ④로 좁혀진다. 이어지는 내용을 통해, 비교할 지형지물, 즉 참조할 사물이 있고 없음에 따라 그렇게 판단되는 것임을 알 수 있다.

↓

인간의 눈은 (B)참조할 대상의 유무에 따라, 달의 크기를 (A)다르게 가늠한다.

       (A)   (B)

② 무의식적으로 ---- 사라지는

③ 무의식적으로 ---- 멀리 있는

④ 다르게   ---- 환상에 불과한

⑤ 비정상적으로 ---- 눈에 보이는

어휘 •**as opposed to A** A와는 대조적으로 •**optically** 시각적으로 *cf.* **optical illusion** 착시, 착각 •**errant** 잘못된, 그릇된 •**perception** 지각, 자각; 인식 •**perspective** 관점, 시각; 원근법 •**landmark** 주요 지형지물, 랜드마크; 역사적인 건물 •**dwarf** 위축시키다, 작아 보이게 하다; 난쟁이 •**extend** 넓히다, 늘이다; (손 등을) 뻗다 (= stretch out) •**assess** 평가[판단]하다 •**presence** 있음, 존재(함) [선택지 어휘] •**reference** 참조, 참고; 언급 •**unconsciously** 무의식적으로 •**vanish** 사라지다 •**illusory** 환상에 불과한 •**abnormally** 비정상적으로

최고 오답률 Case Study 3

②   **p.48**

해석 만약 누군가가 "인생은 한 잔의 커피"라고 말한다면, 이 표현을 이전에 들어보았을 것 같지는 않다. 그러나 그 표현의 새로움은 그것의 의미에 대해 생각하게 만든다. (그 표현에) 사용된 수단인 한 잔의 커피는 일상생활에 흔히 있는 대상이며, 따라서 그 삶에 대한 사고의 원천으로서 쉽게 인지할 수 있다. 그 은유는 한 잔의 커피와 연관이 있는 그런 물리적, 사회적 등등의 속성의 관점에서 인생에 대해 생각하기 시작하도록 만든다. 하지만 이 은유가 통용되려면 일정 기간 동안 그것이 다른 많은 사람들의 흥미를 끌어야만 한다. 그때에야 비로소 그 표현이 가진 새로움은 사라지고 그 말은 새로운 개념을 나타내는 은유의 토대가 될 것이다. 즉, 인생은 마시는 것이라는 것. 그렇게 되고 나면 "인생은 한 잔의 차, 인생은 한 병의 맥주, 인생은 한 잔의 우유"와 같은 표현들도 인생에 관해 다른 관점들을 보여주는 것으로 비슷하게 이해될 수 있을 것이다.

해설 요약문을 읽고, 새로운 은유는 처음에 그 의미를 '무엇하게' 만들고 후에 '무엇을' 얻음으로써 새로움을 잃으면 유사한 은유적 표현을 낳게 되는지 파악한다. 요약문을 통해, 지문의 내용은 새로운 은유가 처음(initially)과 나중에(later) 어떻게 변화하는지 설명하고 있는 것임을 알 수 있다. 또한 '무엇을' 얻으면 새로움을 잃게 되는가에 가장 알맞은 단어는 popularity임을 추측할 수 있다. 지문을 통해 확인해보면 두 번째 문장을 통해 (A), 마지막 두 문장을 통해 (B)를 도출할 수 있다.

↓

새로운 은유는 처음에 사람들로 하여금 그 말의 의미를[에서] (A)곰곰이 생각하게 만들지만, 후에 (B)대중성을 얻어 새로움을 상실하게 되면 유사한 형태의 은유적 표현들을 만들게 된다.

       (A)   (B)

① 곰곰이 생각하게 ---- 진실성 → 오답률 14%

③ 벗어나게   ---- 대중성 → 오답률 22%

④ 벗어나게   ---- 도덕성 → 오답률 4%

⑤ 상세히 설명하게 ---- 진실성 → 오답률 2%

어휘 •**novelty** 새로움, 신기함 •**perceivable** 지각[인지]할 수 있는 •**metaphor** 은유 *cf.* **metaphorical** 은유의, 은유적인 •**compel A to-v** A가 v하게 만들다 •**in terms of** ~ 면에서, ~에 관하여 •**attribute** 자질, 속성; ((to)) (~의) 덕[탓]으로 보다 •**be associated with** ~와 관련되다 •**gain currency** 통용되다, 널리 퍼지다 •**worn out** 닳고 닳은, 진부한; 매우 지친 •**conceptual**

개념의, 개념 형성의 •**perspective** 관점, 시각; 원근법 •**give birth to** ~을 낳다; ~을 일으키다 [선택지 어휘] •**reflect on** ~을 곰곰이 생각해보다 •**depart from** ~에서 벗어나다 •**morality** 도덕(성) •**expand on** ~에 대해 부연하다, 상세히 설명하다

구문 [7~8행] **Then and only then** <u>will</u> <u>its novelty</u> <u>have become</u> worn out and <u>will</u> <u>it</u> <u>become</u> the basis ~.
　　　　　　　　　　　　　　조동사₁　S₁　　　　　V₁　　　　　　　　　　　조동사₂ S₂　V₂

only는 '오직 ~뿐인, ~말고는 아닌'이라는 '부정'에 가까운 의미를 지녀, only를 포함한 부사구[절]가 문두로 나가면 주어—조동사의 도치가 일어난다.

---

1. ④

p.49

해석 하버드 대학의 심리학자인 스탠리 밀그램은 대단히 흥미로운 실험을 시행하였다. 그 실험에서 실험대상자들은 두 개의 연이은 소리 중 어느 것이 더 오래 지속됐는지 말하라는 질문만 받았다. 두 소리의 길이는 분명히 달랐다. 지원자는, 문이 닫혀 있는 다섯 개의 칸막이 방과 그를 위해 열려 있는 한 개의 칸막이 방이 한 줄로 늘어서 있는 방에 들어오게 되었다. 그는 그 칸막이 안에 앉아 다른 칸막이를 차지하고 있는 사람들이 차례로 실험되는 것을 듣게 되고, 각 사람들은 틀린 대답을 할 것이었다. 그러나 사실 나머지 칸막이들은 비어 있었고, 지원자가 들은 것은 실험자가 조작한 테이프 녹음이었다. 예상대로 지원자의 답은 테이프 녹음에서 나온 음성과 똑같았다.

↓

자신이 속해 있는 집단의 만장일치 의견에 직면하면, 실험대상자들은 그 집단에[을] (A)순응하라는 압박을 느끼고 자신이 실제로 들은 것을 (B)부인하는 경향이 있다.

	(A)		(B)
①	순응하라는	----	받아들이는
②	능가하라는	----	분석하는
③	반항하라는	----	부인하는
⑤	능가하라는	----	받아들이는

해설 실험에 관해 서술하는 지문이기는 하지만, 전형적인 '가설–내용–결과 및 시사점' 형식이 아니라 실험 내용만 나오고 요약문이 결과에 해당하는 경우이다. 실험 내용에 의거하여 결과나 시사점을 정리해야 한다. (A)에는 실험대상자의 행동의 동기, (B)에는 실험대상자의 행동의 결과인 것을 정답으로 찾으면 된다.

어휘 •**carry out** 실시[수행]하다 •**exceedingly** 대단히, 굉장히 •**merely** 단지, 그저 •**successive** 연속적인, 계속적인; 상속의, 계승의 •**occupant** 점유자, 현 거주자 •**in turn** 차례로; 결국, 결과적으로 •**manipulate** 조작하다, 조종하다 •**unanimous** 만장일치의 [선택지 어휘] •**conform** ((with, to)) (~에) 순응하다, 따르다 •**excel** ((in)) (남을) 능가하다, (~보다) 뛰어나다 •**rebel** ((against)) (~에) 반역하다, 저항하다

구문 [3~5행] The volunteer would come into *a room* [where there was a row of *five cubicles* [with their doors shut], and one open cubicle for him].
⟨with + O + 분사⟩는 '~을 …한 채로, ~을 …하면서'의 의미. 목적어(their doors)와 분사가 수동 관계로 과거분사(shut)가 쓰였다.

[5~6행] He would sit in it and **hear** *the occupants* [of the other cubicles] tested in turn, ~.
⟨hear + O + OC (O가 ~하는 것을 듣다)⟩의 구조. 목적어(the occupants)와 목적격보어가 수동 관계로 과거분사(tested)가 쓰였다.

Case **Review Tests**

p.50

1. ②

해석 청소년기는 위험을 무릅쓰는 행동을 하고, 불안정한 정서를 겪고, 부모와 심각하게 충돌하는 시기라는 것이 오랫동안 청소년기에 대한 전형적 견해였다. 미국의 선구적인 심리학자 G. 스탠리 홀은 이 시기를 '질풍노도'의 시기라 이름 붙이고, 교사와 부모들에게 제멋대로인 청소년들을 그들의 보호 아래서 잘 관리하고 훈육해 달라고 요구했다. 그러나 홀의 이론은 도전을 받고 있다. 대부분 십 대들은 최근 연구원들에게 질문을 받으면 자신의 삶이 혼돈과 혼란으로 가득 차 있다는 것을 부정한다. 일부 십 대들은 자신의 삶에서 스트레스와 혼란으로 고통받는다고 인정하지만, 홀과 다른 사람들이 주장하는 것처럼 그렇게 극단적인 경우는 거의 없다고 한다. 오히려, 한 국제 연구에서 조사한 청소년 중 75%는 자신이 대체로 행복하고 자기 자신에 만족하며, 가족과 학교생활을 소중하게 여긴다고 답했다.

↓

청소년들이 정서와 (대인) 관계에서 (A)혼란을 겪는다는 지배적인 의견과는 달리, 최근의 조사는 4분의 3 가량의 청소년들이 자신의 삶에 (B)만족한다고 진술한다는 것을 보여준다.

(A)	(B)
① 갈등 ---- 확신이 없다고
③ 갈등 ---- 무관심하다고
④ 혼란 ---- 확신이 없다고
⑤ 안정 ---- 만족한다고

해설 요약문을 보면 청소년기에 대한 통념과 최근의 조사가 다르다는 것을 알 수 있다. 글의 첫 문장에 구체적인 통념이 나와 있어 (A)의 단서가 되고, 마지막 문장은 설문 결과에 해당하여 (B)의 단서가 된다.

어휘 •**stereotypical** 전형적인 •**adolescence** 청소년기 *cf.* **adolescent** 청소년 •**unstable** 불안정한 •**pioneering** 선구적인 •**apply a label** 이름표를 붙이다, 표시를 하다 •**storm and stress** 질풍노도; 격동 •**urge** 강력히 권고하다; (강한) 욕구, 충동 •**discipline** 훈육하다, 훈련하다; 규율, 훈육; 절제(력) •**chaos** 혼란, 무질서 •**disruption** 붕괴; 분열; 혼란 •**prevailing** 지배적인, 우세한; 널리 퍼져 있는

구문 [5~6행] Most teenagers, / when (*they are*) questioned by recent researchers, / deny that ~.
　　　　　　S　　　　　　　　　　　　　　　　　　　　　　　　　　　　V　　O
시간의 부사절에서 주절과 같은 주어는 be동사와 함께 생략될 수 있다. 이 부분을 접속사가 생략되지 않은 분사구문으로 보아도 무방하다.

p.51

2. ⑤

해석 당신이 만약 세 살짜리 아이를 데리고 그 아이에게 가지고 놀 것을 준 후에 그 불쌍한 아이에게 정말 멍청하고 제대로 하는 게 아무것도 없다고 소리 지르기 시작한다면, 당신은 아무것도 하지 않은 채로 방구석에 조용히 앉아 있는 겁에 질린 어린아이와 결국 함께 있게 될 것이다. 그러나 만약 당신이 똑같은 어린아이를 데리고 그 아이에게 실수를 해도 좋다고 말하며 당신이 항상 함께 있을 것이라고 한다면, 그 아이가 보여주는 것에 당신은 아마 깜짝 놀랄 것이다! 우리는 각자 우리 안에 세 살짜리 어린아이를 가지고 있으며, 종종 대부분의 시간을 우리 안의 불쌍한 그 아이에게 소리 지르는 데 써버린다. 그러고는 우리 인생이 왜 그렇게 잘 돌아가지 않는지, 우리가 왜 예전의 실망스러웠던 습관과 경험에 똑같이 갇혀 있는 것 같은지 궁금해한다.

해설 (A)에는 어린아이와 우리 모두에게 필요한 것, (B)에는 그것이 드러내 주는 것을 정답으로 찾아야 한다. 글에는 사례가 제시되어 있는데 사례에 대한 시사점이 드러난 문장은 없으므로 사례를 통해 추론해야 한다. 즉, 소리 지르면 어린아이가 겁을 먹고, 실수해도 좋다고 하면 아이가 보여주는 것에 놀랄 것이라고 했다. 그러므로 소리 지르기보다는 격려가 잠재력을 온전히 이끌어내게 할 것이다.

↓

(A)격려가 세 살짜리 어린아이에게 중요한 것처럼, 당신의 (B)모든 잠재력(가능성)이 드러나기를 원한다면 스스로 그렇게 (격려를) 하는 것이 중요하다.

	(A)	(B)
①	놀이 시간	---- 독특한 성격
②	롤 모델	---- 더 큰 창의력
③	칭찬	---- 강한 동기
④	학습	---- 타고난 재능

어휘 •**end up with** 결국 ~하게 되다 •**blow one's mind** ~를 깜짝 놀라게 하다, ~에게 깊은 인상을 주다 •**stuck in** ~에 갇힌 [선택지 어휘] •**natural gift** 타고난 재능

구문 [1~4행] **If you took** a three-year-old child and **gave** him something to play with, / and then you **started** yelling at the poor kid, telling him how stupid he is and how he never does anything right, // you **would end up** with *a frightened little child* [who sits quietly in the corner of the room, doing nothing].
⟨If + S′ + 동사의 과거형, S + 조동사 과거형 + 동사원형⟩의 구조로 현재의 일을 가정, 상상하는 가정법 과거 구문.

[요약문] **Just as** encouragement is important for the three-year-old child, **so it** is for you to give **it** to yourself ~.
⟨(Just) as ~, so ...⟩는 '~인 것과 (꼭) 마찬가지로 …하다'라는 의미. so 다음에 나오는 it은 to give it to yourself를 대신하는 가주어이며, give it to yourself의 it은 앞의 encouragement를 받는다.

3. ②
p.52

해석 신성로마제국의 수십 개에 달하는 소규모 독립 국가들의 통치자들은 브랙티어츠(bracteates)라 불리는 얇은 은화를 발행했는데, 이 은화는 통치자가 죽으면 그 가치의 4분의 3으로 환수되곤 했다. 통치자들은 이것이 꽤 좋은 아이디어라는 것을 깨닫고는 그 은화를 더 자주 환수해서 재발행해야겠다는 생각을 곧 하게 되었다. 따라서 돈을 계속 보유하는 것은 위험했고 그 돈을 가지고 있는 동안 지속적인 가치를 지닌 집 또는 (집 외의) 다른 유형의 건물을 짓는 데 그 돈을 사용하는 것이 더 나았다. 이는 건설 노동력에 대한 높은 수요로 이어졌고, 따라서 임금이 높았으며 근로시간은 하루 여섯 시간 정도로 짧았고 종교적 휴일이 연간 90일 정도로 잦았다. 이것은 경제에 도움이 되는 소비를 자극함으로써 삶의 질을 상당히 향상시켰다.

↓

로마인들에게 있어서, (A)저축할 가치가 없는 돈을 발행하는 것은 (B)강화된 경제와 노동력이라는 결과를 낳았다.

	(A)	(B)
①	구매할	---- 위축된
③	사용할	---- 강화된
④	관리할	---- 위축된
⑤	환수할	---- 활성화된

해설 (A)에는 로마 시대의 화폐 제도의 특성이, (B)에는 이러한 화폐 제도가 가져온 결과가 들어가야 한다. 앞부분부터 중간 부분까지 (A)에 대한 설명이 이어지며, 이후 이로 인한 결과가 나온다. 즉, 자주 환수되어 재발행되는 화폐는 보유하기에 위험하여 건축에 사용함으로써 이는 경제를 활성화하는 소비를 자극하고 노동력을 강화시켰다는 내용이다.

오답분석 → ⑤ 지문에서 핵심어로 보이는 단어가 나왔다고 해서 무조건 답하지 않도록 한다.

어휘 •**dozens of** 수십 개의 •**issue** 발표하다; 발행하다; 쟁점; 발행(물) *cf.* **reissue** (화폐를) 재발행하다, 재발간하다 •**reclaim** 되찾다, 회수하다 •**hold on to** ~을 고수하다, 지키다; (팔거나 주지 않고) 계속 보유하다

구문 [1~2행] ~, *rulers* [of the dozens of small independent states] issued *thin silver coins* [called *bracteates*], **which would be reclaimed at ~.**
(S) (V) (O)
which 이하는 thin silver coins called *bracteates*를 부연설명하고 있다. 여기서 would는 '과거의 습관'을 나타내어 '~하곤 했다'란 의미.

해석 20세기 초 노동 운동은 정부 주도의 교육이 탄생하는 데 중요한 역할을 했다. 그것은 노동조합원들이 자녀의 삶을 향상하기를 원했기 때문만은 아니었다. 그것은 노동조합 자체가 그 제도와 상당한 이해관계에 있었기 때문이기도 했다. 아이들을 학교에 더 오랜 시간 머물게 하는 것은 아이들을 노동 시장에 못 들어오게 하는 성공적인 수단이다. 노동 시장이 작을수록 일자리에 대한 경쟁이 덜 심해서 일을 가진 노동자들의 임금이 더 높아진다. 노동조합은 아동 노동에 반대하여 훌륭히 싸웠을 뿐만 아니라 의무교육 연수(年數)를 늘리기 위해 운동을 펼쳤는데, 이것은 젊은이들이 자신들(조합원들)의 일자리에 접근할 수 없도록 하기 위함이었다. 학부모와 근로자 외에 정부도 그 제도를 지지하는 이유가 있었다. 의무교육이 실행되면 십 대들이 거리를 돌아다니는 것을 막게 되는데, 그것은 질서가 개선되고 범죄가 감소하며 감옥과 경찰에 대한 지출이 줄어드는 것을 의미한다.

↓

산업시대 초기, (B)공교육을 요구하기 위해서 다양한 독자적 이해관계에 의해 (A)우연한 합의가 형성되었다.

      (A)   (B)
① 견고한 연합   –––– 완전한 노조화
② 우연한 합의   –––– 완전한 노조화
④ 비타협적 독점 –––– 공교육
⑤ 비타협적 독점 –––– 소규모 사업

해설 주제문이 따로 명시되지 않은 유형으로, 노동자와 학부모, 정부의 입장에서 각 단체가 의무교육, 즉 공교육을 지지하는 이유를 지문 전반에 걸쳐 설명하고 있다. 마지막 두 문장(In addition to ~ on prisons and police.)이 주요 단서가 된다.

어휘 • **labor movement** 노동(조합) 운동 • **instrumental** 중요한 수단이 되는; 악기에 의한 • **have a stake in A** A에 이해관계가 있다 • **labor pool** 노동[인력] 시장 • **compulsory education** 의무 교육 • **dawn** 새벽; ((the ~)) 초기, 시초 • **push for** ~을 요구하다
[선택지 어휘] • **coalition** 연합; 《정치》 연립 • **unionization** 노동조합화; 노동조합 형성 • **consensus** 합의, 일치된 의견 • **unyielding** 비타협적인; 단호한, 유연성 없는 • **monopoly** 독점, 전매(품); 전유물

구문 [5~6행] **The smaller** a labor pool, // **the less** competition for jobs and **the higher** the wages for workers with jobs.
〈The+비교급~, the+비교급...〉: ~하면 할수록 더욱 …하다
(= When a labor pool is smaller, there's less competition for jobs and the wages are higher for workers with jobs.)

[6~7행] Unions [not only] fought the good fight against child labor [but also] campaigned to extend ~.
      S   V₁   V₂
〈not only A but also B〉: A뿐만 아니라 B도

해석 많은 할리우드 공포영화들은 보름달이 뜨는 밤을 총격과 정신 이상 행동과 같은 오싹한 일들이 가장 많이 일어나는 시간으로 묘사한다. 이러한 달의 영향과 관련하여, 일부 연구자들은 사람들이 일반적으로 '환상에 불과한 연관성', 즉 실제로는 연계가 존재하지 않는데도 어떤 연계를 지각하는 현상의 희생물이 된다고 주장해 왔다. 그러한 환상에 불과한 연관성은 예상에 어긋난 사건보다는 예상에 들어맞는 사건을 더 잘 기억하는 우리 정신의 경향에 부분적으로 기인한다. 보름달이 뜨고 확실히 이상한 일이 발생하면, 우리는 보통 그것을 알아차리고는 다른 사람들에게 그것에 대해 말하고 기억한다. 우리가 그렇게 하는 이유는 그렇게 함께 발생하는 일들이 우리의 예상에 들어맞기 때문이다. 실제로 한 연구에 의하면 달의 영향을 믿는 정신과 간호

해설 요약문을 통해, 지문의 내용은 사람들이 '무엇' 때문에 '어떠한' 사건들 사이의 연관성을 믿게 된다는 것인지를 알 수 있다. 지문의 내용을 보면, 사람들이 일반적으로 환상에 불과한 연관성을 믿게 되는데, 이는 예상에 맞는 것을 더 잘 기억하는 정신의 경향에 기인한다는 내용이다. (A)에는 환상에 불과한 연관성, 즉 서로 '무관'한 사건들 사이의 연관성을 믿는다는 내용이 알맞고, (B)는 이에 대한 이유로서, 예상에 맞는 것은 기억하고 그렇지 않은 것은 잊어버리는 '선택적 기억'이 알맞다.

사들이 이 영향을 믿지 않는 간호사들보다 보름달이 뜨는 밤에 환자들이 보이는 특이 행동에 대해 더 많이 기록했다. 이와 대조적으로, 보름달이 떴는데 이상한 일이 아무것도 발생하지 않으면, 예상에 어긋난 이 사건은 우리의 기억에서 재빨리 사라진다.

↓

우리 중 다수는 (B)선택적 기억으로 인해 서로 (A)무관한 사건들 사이의 연관성을 믿게 되었다.

  (A)   (B)
① 관련된 ---- 치우친 판단
② 관련된 ---- 선택적 기억
④ 무관한 ---- 불완전한 인식
⑤ 종속된 ---- 불완전한 인식

오답분석 → 감각적으로 사물들을 잘못 인식하기 때문은 아니므로 (B)에 imperfect perception은 오답이다.

어휘 •scores of 많은, 수십의 •portray 묘사하다, 그리다 •creepy 오싹한, 소름 끼치는 •occurrence 발생(하는 일) •psychotic 정신 이상의 *cf.* psychiatric 정신 의학의 •with regard to A A와 관련하여 •fall prey to A A의 희생양이 되다 •illusory 착각의, 환상에 불과한 •correlation 상관관계, 연관성 (= association) •perception 지각, 자각, 인식 *cf.* perceive 인식하다 •inclination to-v v하려는 경향, 성향 (= tendency to-v) •nonevent 기대에 어긋난 사건 •decidedly 확실히, 분명히 •peculiar 특이한, 특유의; 이상한, 기이한 (= odd) •fade 바래다, 희미해지다; 사라지다 •mutually 서로, 상호 간에 [선택지 어휘] •related 관련된 (↔ unrelated 무관한) •biased 치우친, 선입견이 있는 •selective 선택적인, 가리는

구문 [9~11행] Indeed, one study showed / that *psychiatric nurses* [who believed in the lunar effect] wrote more notes about patients' peculiar behavior on full moon nights / **than** did *nurses* [who did not believe in this effect]. 비교구문에서 쓰인 than 뒤에서는 선택적으로 도치가 일어날 수 있다.

6. ④

p.55

해석 심리과학자 시우핑 리와 그의 동료들은 추상적 심리 상태가 신체적 경험과 부분적으로 일치한다는 이론을 입증하고 싶었다. 그들은 꽤 간단한 두 가지 실험을 고안했다. 한 실험에서 연구자들은 한 집단의 지원자들에게 최근 후회했던 결정사항에 관해 써 달라고 요청했다. 그들 중 절반은 제출하기 전에 글로 쓴 기억을 봉투 속에 밀봉한 반면, 다른 지원자들은 그것을 실험자에게 그냥 건네주었다. 그러고는 지원자 모두 그 일에 대한 감정을 이야기했다. 비슷한 두 번째 실험에서 지원자들은 이루어지지 않은 채 사라진 꿈에 관해 썼다. 다시 절반만이 추억을 밀봉했고, 또다시 지원자 모두가 얼마나 감정적으로 속상했는지를 이후에 말로 설명했다. 각 연구에서 그 결과는 분명하고 똑같았다. 즉, 그저 평범한 봉투 속이었지만, 안 좋은 경험을 물리적으로 밀봉하여 없애버린 사람들은 그 후에 부정적 감정을 훨씬 덜 가졌다.

↓

안 좋은 감정을 (A)밀봉하는 물리적 행동이 감정적으로 힘든 경험에 관한 심리적 (B)종결을[를] 용이하게 할지 모른다.

  (A)   (B)
① 밀봉하는 ---- 평가
② 상기하는 ---- 종결
③ 기록하는 ---- 치료
⑤ 상기하는 ---- 치료

해설 지문이 가설로 시작될 때에는 결론 및 시사점이 지문 끝에 나오는지 확인한다. The results were로 시작하는 마지막 문장은 이 지문의 결론 및 시사점이므로 말바꿈에 주의하여 선택지를 고른다. 본문의 sealed away는 거의 동의어에 해당하는 enclosing으로 말바꿈되었고, 본문의 had far fewer negative emotions afterward는 요약문에서 psychological closure regarding a difficult emotional experience로 말바꿈이 많이 되었다.

어휘 •abstract 추상적인 •overlap 겹쳐지다, 부분적으로 일치하다 •unfulfilled 실현되지 않은, 이루지 못한 •recollection 회상, 기억; 추억 •unambiguous 모호하지 않은, 명백한 •facilitate 용이하게 하다, 촉진하다 [선택지 어휘] •enclose 둘러싸다, 에워싸다; 동봉하다 •assessment 평가, 판단

해석 몇 년 전, 나는 그 제품군에서 최상일 뿐 아니라 기술적으로도 경쟁 제품보다 훨씬 앞서 있는 획기적인 제품을 보유한 회사에서 일하고 있었다. 그때 우리는 고객들에게 그 제품에서 어떤 특징을 보길 원하는지 물어보는 치명적인 실수를 저질렀고, 우리는 그렇게 요구된 특징들을 제공하기 위해 그 제품을 바꾸었다. 우리 회사로서는 유감스럽게도 주요 경쟁사는 고객들에게 무엇을 원하는지 물어보지 않았는데, 왜냐하면 그 회사는 고객들이 그 제품을 보기 전까지는 절대 상상하지 못했을 방식으로 제품을 탈바꿈하고 더 좋게 만들기 위한 사전 계획이 있었기 때문이다. 고객들은 고장 난 물건과 그 물건이 어떻게 수리되길 원하는지는 말해줄 수 있다. 그러나 기업가는 고객의 요구를 만족시키는 것이 직무 내용의 일부이긴 하지만 다른 목표들이 있다는 점을 명심해야 한다. 기업가들의 직무 중 일부는 미래를 발명하는 것이다.

↓

성공적인 기업은 고객들에[을] (A)귀 기울이지 않고, 그저 기업의 (B)선견지명을 보여줄 뿐이다.

	(A)	(B)
②	만족시키지	---- 자부심
③	혜택을 주지	---- 특징
④	존재하지	---- 장점
⑤	알고 있지	---- 제품

해설 요약문을 통해, 본문이 성공적인 기업의 특성에 대해 다룰 것임을 예측할 수 있다. 본문은 필자가 일한 회사와 주요 경쟁사를 대비하고 있는데, 그 주요 경쟁사가 A successful business에 해당한다. 그 회사는 고객들의 요구를 묻지 않았고 대신 고객이 절대 상상할 수 없는 제품을 계획했다. 글 후반부에 시사점이 서술되어 있고 이를 말 바꿈하자면 고객에 귀 기울이지 않고 고객을 앞서 나가는 선견지명(비전)을 보여주는 것이다.

어휘 •**revolutionary** 혁명의, 혁명적인 •**fatal** 치명적인; 운명적인 •**forethought** (사전의) 계획, 고려; 숙고 •**entrepreneur** 사업가, 기업가 •**keep in mind** 명심하다, 마음에 새기다 •**description** 기술(記述), 서술; 기재 사항 *cf.* **job description** 업무 내용(에 관한 목록)

구문 [1~2행] ~, I was working for *a company* [that had *a revolutionary product* [that was not only best in its class, but also technically far ahead of its competition]].
〈not only A but also B〉: A뿐 아니라 B도

[3~4행] Then we made the fatal mistake of asking^V our customers^IO what features they wanted to see in the product^DO, ~.
of는 동격어구를 이끌어 the fatal mistake를 부연설명하고 있다.

[6~8행] ~, because it had *the forethought* [to reinvent its product and (to) make the product better / in *a way* [that customers could never have imagined / until they saw the product]].
and로 병렬 연결된 두 개의 to부정사구가 앞의 the forethought를 수식. 〈could have p.p.〉는 '~했을 것이다'란 뜻으로 과거에 대한 추측을 나타낸다.

해석 시카고 대학의 한 연구에서, 지원자들은 그들이 일반상식 퀴즈를 겨루기 위해 어떤 파트너와 협력하는 것을 상상해 보라고 들었다. 그러고 나서 그들은 각 잠재 파트너의 학벌, 지능지수, 일반상식 퀴즈 경험, 그리고 날씬한 사람 또는 뚱뚱한 사람의 사진이 담긴 여러 쌍의 프로필을 보게 되었다. 지원자들은 자신이 선호하는 파트너를 선택한 후, 다른 스물세 쌍을 판단했다. 지원자들은 날씬한 파트너를 얻기 위해 어떤 파트너의 지능지수 12점을 기꺼이 희생하고자 했다. 유사한 실험에서, 일자리 제안을 비교해보았을 때 연구 대상자들은 남자 상사를 얻기 위해 22%의 월급 삭감을 기꺼이 감수하려 했다. 우리는 편견에 기반을 둔 비논리적 결정을 내리는 경향이 있다. 지능이 더 높지만 더 뚱뚱한 사람을 퀴즈 파트너로서 거부하거나 급여가 높지만 직장의 여자 상사를 거부하는 것 또한 자신에게 불이익을 주고 있는 것이다.

해설 실험 내용으로 시작하는 지문에서는 요약문이 실험의 시사점인 경우가 많으므로 실험 내용 뒤에 결론이 나오는지 확인한다. 두 가지 실험이 나오고 이어지는 문장인 We tend to ~ on prejudices.가 실험 결과 및 시사점에 해당하므로 이것을 paraphrasing한 것을 답으로 고르면 된다.

↓

몇몇 연구에 따르면, 우리는 우리의 (B)편견을 만족시키기 위해 기꺼이 (A)불리함을 받아들이고자
하는 것으로 보인다.

　　(A)　　　　(B)
② 유리함 ---- 편견
③ 불리함 ---- 욕심
④ 모순　 ---- 바람
⑤ 유리함 ---- 바람

어휘 •**team up** ((with)) (~와) 한 팀이 되다, 협력하다 •**trivia** 사소한 것들; (퀴즈 등에서 테스트 되는) 일반상식 *cf.* **trivial** 사소한, 하찮
은 •**illogical** 비논리적인 (= irrational) •**prejudice** 편견 (= bias) •**discriminate** ((against)) (~을) 차별하다, 불리하게 대우하다 [선택
지 어휘] •**contradiction** 반박; 모순 *cf.* **contradict** 반박하다; 모순되다

구문 [9~11행] **Rejecting** *the fatter person* [with the higher intelligence] as a quiz partner 〔 or 〕 *a female boss* [in the
⎣___S___
job with the higher salary] is also discriminating against ourselves.
　　　　　　　　　　　　└─V─┘

Rejecting이 이끄는 동명사구가 문장의 주어로 쓰여 길어진 구조.

---

9. ③　　　　　　　　　　　　　　　　　　　　　　　　　　　　　　　　p.58

해석 국제적으로 실행된 조사에서 응답자 대다수가 자신들은 유해 화학물질과의 모든 접촉을 피
하며, 아주 미량의 독성물질이라도 포함된 수돗물은 마시지 않겠다고, 또 발암 물질에 노출된 사람
은 누구라도 조만간 반드시 암에 걸릴 것이라고 주장했다. 그러한 화학물질을 체내에 지니고 있는
것은 생명을 위협하는 것임이 분명해 보인다. 그러나 독물학자들은 그렇게 생각하지 않는다. 16세
기에 파라켈수스는 독물이 아닌 물질은 존재하지 않는다고 말했고 "오직 적절한 투여량만이 독물과
치료약을 구분한다."고 주장했다. 이것이 독물학의 제1원칙이다. 물을 너무 많이 마시면 신체의 염
분 균형이 혼란에 빠져 발작, 혼수상태, 심지어 죽음을 유발하게 된다. 그렇지만 가장 치명적인 독
소라도 충분히 소량만 사용된다면 아무런 해가 되지 않는다. 오히려, 유용한 약이 될 수 있다. 1g만
으로 천만 명을 죽일 수 있는 보툴리눔 독의 극소량은 주름을 예방하는 속성 때문에 미용 성형 수
술에서 보톡스라는 브랜드 이름으로 오늘날 널리 사용되고 있다.

↓

인간의 건강에 관한 일반적인 믿음과는 반대로, 독물학은 체내 독물의 (A)존재만으로는 문제가 되지
않는다고 가르친다. 문제가 되는 것은 다른 모든 물질에 대한 그 물질의 (B)비율이다.

　　(A)　　　　(B)
① 양　 ---- 유독성
② 인식 ---- 소화율
④ 인상 ---- 차이
⑤ 이해 ---- 상호작용

해설 요약문을 통해, 독물에 대한 통념과
이에 대비되는 독물학의 주장이 서술될
것임을 알 수 있다. 글의 전반부는 독물에
대한 통념, 그리고 However 이하는 독물
학자들의 주장이며 그 주장이 주제문에
해당한다. 그들은 어떤 물질 그 자체가 아
니라 그 물질의 인체 투여량에 따라 독물
인지 아닌지가 결정된다고 했다. 요약문
에서는 '적절한 투여량 → 다른 모든 물질
에 대한 그 물질의 비율' 등 주제문을 상
당 부분 바꾸어 말하고 있음에 유의한다.

어휘 •**conduct** (특정한 활동을) 하다 •**tap water** 수돗물 •**toxic** 유독한, 치명적인 *cf.* **toxicity** 유독성 **toxin** 독소 •**definitely**
절대로, 분명히 •**life-threatening** 생명을 위협하는 •**toxicologist** 독물[독성]학자 *cf.* **toxicology** 독물학[독성학] •**dose** (약
의) 복용량 •**differentiate A from B** A를 B와 구분 짓다 •**induce** 야기하다, 일으키다 •**seizure** 압류; 발작 •**coma** 혼수상태
•**minute** 미세한; 상세한, 자세한 •**trace** ((of)) 극소량, 미량 •**extensively** 널리, 광범위하게 •**contrary to** ~에 반해서 [선택지 어
휘] •**digestibility** 소화율 (섭취한 식품성분 중에서 소화 흡수된 비율)

구문 [1~4행] ~, <u>the ~ respondents</u> <u>claimed</u>
_S _V

— **that** they avoid all contact with harmful chemicals,
  that they won't drink *tap water* [that contains ~ substance],
  and
— **that** *anyone* [who is exposed to cancer-causing substances] will ~.

접속사 that이 이끄는 명사절 세 개가 claimed의 목적어로 병렬된 구조이다.

[9~10행] Drink too much water, and *the body's salt balance is thrown into chaos*, **which** induces seizures, coma, and even death.

which는 앞 절인 the body's salt balance is thrown into chaos를 선행사로 하는 계속적 용법으로 쓰였다.

10. ⑤

p.59

해석 제니 파이어스와 동료들은 청각 장애가 있는 성인들을 연구했다. 일부 참가자들은 수화의 초기 기본 형태를 배운 반면, 나머지 다른 참가자들은 '알다'와 '생각하다'와 같은 정신 상태에 관한 용어들을 포함한, 더 정교한 형태의 수화에 유창했다. 연구자들은 수화를 쓰는 모든 사람들이 테스트를 거치도록 했는데 이 테스트에서 수화를 쓰는 사람들은, 방에서 놀다가 장난감 하나를 침대 밑에 놓아두는 두 소년이 나타나는 연속 사진을 보았다. 소년들 중 한 명이 방을 나간 후, 다른 한 명이 그 장난감을 다른 장소로 옮긴다. 연구 참가자들은 두 그림 중 선택하여 시리즈를 완성해야 했는데, 첫 번째 그림은 돌아온 소년이 방에 다시 들어오자마자 원래 장소에서 장난감을 찾는 것을 보여 주었고, 두 번째 그림은 그 소년이 새로운 장소에서 장난감을 찾는 것을 보여 주었다. 복잡한 수화 능력을 갖춘 참가자들이 첫 번째 그림을 선택하는 경향이 더 많았다. 게다가, 수화의 기본 형태를 배우기만 했던 사람들이 2년의 기간 동안 수화 지식을 향상시킨 후, 이러한 과제를 더 잘 수행했다.

↓

연구 결과는 사건이 어떻게 전개될지 논리적으로 예측하는 능력을 (B)열어주기 위해서는 (A)고급 언어 기술이 필요하다는 것을 시사한다.

(A)	(B)
① 고급 ---- 평가하기
② 고급 ---- 유지하기
③ 기본적인 ---- 발달시키기
④ 기본적인 ---- 찾기

해설 방을 나간 친구는 다시 방에 들어왔을 때 당연히 원래 장난감이 있던 장소를 기억해서 그곳을 찾아야 논리에 맞다. 새로운 장소부터 찾는 것은 논리에 맞지 않는 것이다. 글의 후반부에서, 정교한 수화에 유창한 참가자들이 논리에 맞는 그림을 더 많이 선택했고 또 기본 수화만 했던 사람들도 수화 지식 향상 후에 이런 과제를 더 잘 수행했다는 것에서 답을 판단할 수 있다.

어휘 • sign language 수화 *cf.* signer 수화를 쓰는 사람 • sophisticated 복잡한, 정교한; 세련된 • undergo (수술 등을) 받다; 겪다, 경험하다 • sequence 일련의 연속(물); 순서, 차례; (영화의) 연속된 한 장면 [선택지 어휘] • evaluate 평가하다 • unlock 자물쇠를 열다; (비밀 등을) 터놓다, 토로하다

구문 [4~6행] <u>Researchers</u> <u>had</u> <u>all signers</u> <u>undergo</u> *a test*, **in which** signers looked at *a sequence of pictures*
_S _V _O _{OC}
[showing *two boys* [playing in a room and storing a toy underneath a bed]].

in which는 선행사인 앞의 a test를 보충 설명하는 계속적 용법의 관계대명사.

[11~13행] Moreover, after *a two-year period* [during which <u>those</u> [who had only learned a basic form of sign language]
_{S'}
<u>improved</u> <u>their sign language knowledge</u>], / <u>they</u> <u>performed</u> better at such tasks.
_{V'} _{O'} _S _V

CHAPTER **03** 주어진 문장 넣기

Check! Check!   **A. 1.** (A) ③ (B) ②   **2.** (A) ② (B) ④   **3.** (A) ② (B) ③

                                B. 1. ②   **2.** ③   **3.** ①

Brush Up Your **Reading** Skills!   **A.** ④   **B.** ④

Case Study 1 ⑤   **1.** ③   **2.** ④   **3.** ④   **4.** ③

Case Study 2 ④   **1.** ③   **2.** ②

Case **Review Tests**   **1.** ⑤   **2.** ③   **3.** ⑤   **4.** ②   **5.** ②   **6.** ④   **7.** ⑤   **8.** ②   **9.** ③   **10.** ②

Check! Check!

A 1. (A) ③ (B) ②

p.65

해설 (A) 이하는 앞서 언급한 예와 다른 내용의 예가 덧붙여지고 있으므로 In addition, (B) 이하는 두 가지의 장점으로 인해 내릴 수 있는 결론을 이끌므로 For these reasons가 적절하다.

해석 학생이 너무 많은 학교는 종종 학생들의 공격적인 행동으로 인해 문제가 더 많다. 학생들은 서로 다투고 때로는 심지어 교사들과도 다툰다. 이와 대조적으로, 더 규모가 작은 학교의 학생들은 책임감과 자신감이 더 강하다. <u>게다가,</u> 규모가 작은 학교의 아이들은 클럽 활동이나 스포츠와 같은 과외 활동에 참여할 가능성이 더 크다. <u>이런 이유로,</u> 규모가 작은 학교는 흔히 교육 개혁 정책의 목표이기도 하다.

어휘 • **overcrowded** 너무 붐비는, 초만원인 • **extracurricular** 과외의, 정규 과목 이외의 • **reform** 개혁, 개선; (제도 등을) 개혁[개선]하다

2. (A) ② (B) ④

p.65

해설 (A)의 앞 내용은 원인, 뒤 내용은 결론에 해당하므로 Therefore, (B) 이하의 내용은 앞서 언급한 내용의 예시에 해당하므로 For example이 적절하다.

해석 자전거 타기의 유형이 다양함에 따라 여러 다른 종류의 자전거가 있다. 따라서 자신이 주로 타게 될 유형에 자전거를 맞춰야 한다. <u>예를 들어,</u> 당신이 항상 포장도로에서 탈 거라면, 무게를 줄여 언덕을 더 쉽게 올라가게 해 줄 가벼운 프레임뿐만 아니라 끌림과 지면의 마찰을 줄여 주는 좁고 매끄러운 타이어가 달린 도로용 자전거가 필요하다.

어휘 • **pave** (길을) 포장하다 • **friction** 마찰; 의견 충돌

3. (A) ② (B) ③

p.65

해설 (A) 이하는 앞선 문장에 대한 구체적인 예이고, (B) 이하('사람들은 무시했다')는 '왕이 경기를 금지했다'는 직전 문장의 내용과 대조되므로 역접을 이끄는 However가 적절하다.

해석 축구는 고대 시대부터 이런저런 형태로 경기되어 왔다. <u>예를 들어,</u> 로마에는 오늘날의 축구와 꽤 비슷한 경기가 여러 가지 있었던 듯하다. 중세 시대에는, 축구와 비슷한 경기가 아주 인기 있었다. 그 경기는 아주 거칠어서 경기 도중 부상을 당하는 사람들이 많았다. 이러한 이유로, 영국

의 서로 다른 일곱 왕은 그 경기를 금지하는 법을 만들었다. 그러나 사람들은 그 법을 무시하고 경기를 절대 그만두지 않았다.

어휘 • **disregard** 무시하다; 무시

B 1. ②

x

의 서로 다른 일곱 왕은 그 경기를 금지하는 법을 만들었다. 그러나 사람들은 그 법을 무시하고 경기를 절대 그만두지 않았다.

어휘 • **disregard** 무시하다; 무시

B 1. ②　　　　　　　　　　　　　　　　　　　　　　p.66

해석 사람들은 타인과 상호작용하는 동시에 자기 자신과도 상호작용한다. 이러한 내적 상호작용 속에서 그들은 자기 자신 속에 타인들의 이미지를 만들어 내고, 타인들보다는 이러한 이미지들과 상호작용한다. 따라서 사람들이 타인과 외적으로 상호작용할 때, 실제로는 그 사람들에 대한 자기만의 이미지와 내적으로 상호작용하고 있는 것이다. 이 과정은 '외적인' 세계가 그 자체로 실재한다는 일반적인 믿음과 모순된다. 만약 그 외적 세계가 우리에 의해 실재하는 것으로 규정되는 것이 아닌 실재하고 있는 것이라면, 우리는 모두 그 타인과 똑같은 방식으로 상호작용할 것이다. 왜냐하면, 결국 그 타인은 정확히 (누구에게나) 똑같은 사람이기 때문이다. 하지만 우리는 실제로, 그 똑같은 사람이 아니라 대신에 그 사람에 대해 우리 자신이 지닌 서로 다른 이미지와 상호작용을 하고 있는 것이므로, 우리 모두가 똑같은 방식으로 상호작용하지는 않는다.

해설 (A) 이하는 앞서 언급한 내용에 의거하여 내릴 수 있는 결론이다. (B)의 앞뒤는 서로 역접 관계이다. (앞: 우리는 타인과 똑같은 방식으로 상호작용할 것이다. 뒤: 우리 모두가 똑같은 방식으로 상호작용하지는 않는다.)

어휘 • **interact** ((with)) 상호작용하다 *cf.* **interaction** 상호작용 • **simultaneously** 동시에 • **outwardly** 외부적으로, 표면상으로 (↔ **inwardly** 내적으로, 마음속으로) • **contradict** 모순되다; 부정[반박]하다

구문 [6~7행] This process contradicts the popular belief that the world "out there" is, by itself, real.

---

2. ③　　　　　　　　　　　　　　　　　　　　　　p.66

해석 종이는 거의 전적으로 정보를 전달하는 목적으로 존재한다. 그래서 우리는 종이를 중립적인 사물로 생각하는 경향이 있다. 우리는 종이 위의 표시가 종이 그 자체를 나타내는 것으로 해석하지 않는다. 하지만 우리가 다른 목적으로 이용되는 인공물 표면의 글, 문자, 이미지를 볼 때는, 일반적으로 그런 표시들이 당연히 그 표시의 전달체를 나타내주는 라벨이라고 해석한다. 자연물에는 물론 라벨이 붙지 않지만, 오늘날 대다수의 물리적인 인공물에는 라벨이 붙는다. 다시 말하자면, 이 인공물의 디자이너들은 의사소통(인공물을 알리는 것)에 대한 부담의 일부를, 인공물 그 자체의 형태와 재료에서 표면의 가벼운 상징물로 전환하기를 택하고 있다. 그러므로 예를 들어, 문 손잡이를 디자인하는 사람은 그 모양으로 그것의 기능을 알리려고 고민하지 않고 단순히 '미세요'와 '당기세요'를 문 손잡이에 표시할지도 모른다.

해설 (A) 이전은 종이 위의 표시가 종이 그 자체를 나타내는 것으로 해석하지 않는다는 것인데, 이후는 이와 반대로, 인공물 표면의 표시들은 그 표시의 전달체를 나타낸다고 해석한다는 것이다. 따라서 역접 연결어가 필요하다. (B) 이하는 앞 문장을 같은 내용의 다른 말로 바꿔 표현하고 있으므로 That is가 적절하다.

구문 [3~5행] ~, when we see the text, characters, and images on *artifacts* [that serve other purposes], // we generally interpret these marks as *labels* [that **do** refer to their carriers].
do는 동사 refer to를 강조.

---

3. ①　　　　　　　　　　　　　　　　　　　　　　p.67

해석 우리는 항상 무언가 큰 것을 위한 다음 기회를 찾고 있다. 맨해튼에서 한 택시 운전기사와 이야기를 해보면 그가 더 좋은 직업을 얻기 위해 학교에 다니고 있다는 사실을 알게 될 것이다. 마찬가지로 캘리포니아 주 남부에서 한 여종업원을 만나면 그녀는 다음 주에 영화 오디션을 본다고 당신에게 말할 것이다. 그 택시 운전기사는 택시에서 절대 벗어나지 못할지도 모르고 그 여종업원은 향후 20년간 음식을 서빙할

해설 (A) 이하는 앞 문장과 유사한 또 다른 예가 추가된 것이다. (B) 이하는 앞의 내용과 대조되는 내용이 시작되는 문장이므로 상반되는 내용을 잇는 연결어 On the other hand가 적절하다.

지도 모르지만, 자신들이 더 매력적인 무언가를 향해 움직이고 있다는 의식은 그들에게 개인적으로 매우 중요하다. 반면, 행동에 옮기지 못하는 사람들, 즉 불평 없이 자기 일의 한계를 받아들이는 사람들은 자신의 삶이 불행하다고 느끼는 경향이 있다. 자기 일에 대한 절망감이 본인의 정체성에 커다란 상처를 입힌 것이다.

어휘 • **glamorous** 매력적인, 화려한 • **miserable** 비참한, 불쌍한

 # Brush Up Your Reading Skills!

A ④

p.68

해석 진화 심리학자들은 효과적인 냉장 기술이 없는 것이 초기 도덕성 발달에 중요했다고 시사해 왔다. 당신이 아프리카의 대초원에서 사냥과 채집생활을 하는 옛날의 원인(原人)인데 뜻밖의 행운을 만났다고 생각해 보자. 당신은 거대한 짐승과 마주쳐서 그것을 어떻게든 죽인다. 그것에서 나오는 고기는 사냥에 참여한 사람이나 그들의 가족이 소비할 수 있는 것보다 훨씬 더 많다. 당신은 냉장고나 그것을 저장할 공간 없이 어떻게 그 여분의 고기에서 최대의 이득을 얻어낼 것인가? 우리의 먼 조상들 중에 가장 영리했던 조상은 (동족뿐만이 아닌) 다른 사람들의 몸과 마음에 여분의 고기를 저장했을 것이다. 만약 당신의 선물로 혜택을 받은 사람들이 미래에 당신의 너그러움에 보답할 수 있었다면, 그것은 여분의 고기를 가지고 당신이 할 수 있는 최고의 일이었다. 안정적인 관계를 발전시키고 이런 종류의 상호 이타주의를 실천했던 초기의 인간 집단은 더 잘 번창하고 번식할 수 있었다.

해설 주어진 문장이 결국 의미하는 것은 조상들이 여분의 고기를 다른 사람들에게 주었을 것으로 추정하는 것이다. ④의 앞 문장에서 여분의 고기(excess meat)를 저장할(store) 곳도 없이 어떻게 최대 이익을 얻을 수 있었는지 물음을 던지고 있고, ④의 다음 문장에서 여분의 고기를 선물로 받은 사람들을 언급하고 있으므로 앞뒤 문맥의 연결 관계를 고려했을 때 이 두 문장 사이인 ④에 들어가는 것이 적절하다. 즉 주어진 문장에서 여분의 고기는 다음 문장에서 your gift로 표현되었다.

어휘 • **excess** 여분의; 초과량 • **kin** 동족 • **evolutionary** 진화의 • **refrigeration** 냉장 • **humanoid** 인간과 비슷한 존재; 원인 (原人) • **savannah** 대초원 • **strike it lucky** 뜻밖의 행운을 만나다 • **yield** 산출하다, 낳다 • **provided** (만약) ~라면 • **generosity** 관용, 너그러움 • **altruism** 이타주의 • **be in a position to-v** v할 수 있다

구문 [7~8행] Provided *those* [benefiting from your gift] could possibly repay your generosity in the future, *that* was *the best thing* [you could do with excess meat].
that은 앞 절의 내용을 대신하는 지시대명사이다.

B ④

p.69

해석 인간의 능력을 컴퓨터의 능력과 비교해 봄으로써 시각 체계의 능력을 이해할 수 있다. 수학, 과학, 그리고 그 외에 다른 전통적인 '사고를 필요로 하는' 일에서, 기계는 사람을 이기며, 전혀 상대가 안 된다. 5달러만 있으면 단순 계산을 그 어떤 인간보다도 더 빠르고 정확하게 수행할 수 있는 계산기를 살 수 있다. 50달러만 있으면 전 세계 인구 중 99%가 넘는 사람들을 이길 수 있는 체스 소프트웨어를 살 수 있다. 하지만 지구상에서 가장 강력한 컴퓨터도 트럭을 운전하지는 못한다. 그것은 컴퓨터가, 특히 운전할 때마다 직면하는 환경처럼 복잡하고 계속 변하는 환경에서는 볼 수 없기 때문이다. 예를 들어, 발 디딜 곳이 불확실한 바위 해안 위를 걷는 것 같이 당연하게 생각되는 일이 최고 수준의 체스를 하는 것보다 훨씬 더 어렵다.

해설 주어진 문장은 역접을 나타내는 But으로 시작하며 컴퓨터가 트럭을 운전할 수 없다는 내용을 이끈다. 지문 내용은 ④를 기점으로 컴퓨터가 할 수 있는 것과 그렇지 않은 것이 분명하게 나뉘고 있으며, ④의 다음 문장에서 주어진 문장에 등장한 drive 관련 내용이 이어진다. 따라서 ④에 주어진 문장을 넣으면 흐름이 자연스럽게 연결된다.

⑤   p.71

해석 힘센 돼지와 약한 돼지를 데리고 하는 다음의 실험을 생각해 보자. 한쪽 끝에 레버가 달려 있고 다른 쪽 끝에는 먹이 배분장치가 달려 있는 상자 속에 돼지 두 마리가 갇혀 있다. 레버를 누르면 배분장치에 먹이가 나타난다. (① → 오답률 4%) 약한 돼지가 레버를 누르면 힘센 돼지는 먹이 배분장치 옆에서 기다렸다가 먹이를 전부 먹어버린다. (② → 오답률 20%) 비록 약한 돼지가 먹이가 없어지기 전에 배분장치로 달려오더라도, 힘센 돼지는 약한 돼지를 밀쳐 버린다. (③ → 오답률 21%) 약한 돼지는 이것을 깨닫고 레버를 결코 먼저 누르지 않는다. (④ → 오답률 16%) 반면에, 힘센 돼지가 레버를 누르면 약한 돼지는 배분장치 옆에서 기다렸다가 대부분의 먹이를 먹는다. (⑤) 그러나 힘센 돼지는 배분장치로 달려와 남은 먹이를 차지하기 위해 약한 돼지를 옆으로 밀쳐낼 수 있다. 이것은 힘센 돼지로 하여금 레버를 누르는 것이 가치 있는 일이 되게 한다. 그 결과 힘센 돼지가 모든 일을 하며 약한 돼지는 대부분을 먹어버리는 일을 한다.

해설 주어진 문장부터 잘 살펴야 하는데, 힘센 돼지가 배분장치로 달려오는 상황(이는 힘센 돼지가 배분장치 이외의 곳에 있는 상황 뒤에 나올 수 있는 내용), 남은 먹이(이는 약한 돼지가 먹이를 먼저 먹고 있는 상황 뒤에 나올 수 있는 내용)를 먹게 되는 상황, 이 두 가지가 모두 중요하다. ⑤의 앞이 바로 그러한 내용에 해당한다. 또, 글의 흐름을 보면 ⑤의 앞에서 약한 돼지가 대부분의 음식을 먹는 상황인데 ⑤의 뒤 문장에서 그것이 힘센 돼지에게 레버를 누르는 것이 가치 있는 일이 되게 한다는 것은 흐름이 어색하다.

오답분석 → ②, ③, ④에 오답이 비슷하게 몰린 것은, 주어진 문장의 시작이 But the strong pig이므로, 막연히 the weak pig로 시작되는 문장 뒤를 선택했을 것으로 추정된다.

어휘 • **claim** (소유권을) 주장[요구]하다 • **leftovers** 남은 음식

구문 [7~8행] This makes │it│ worthwhile for the strong pig to push the lever.
               V 가목적어   OC   의미상 주어   진목적어

---

1. ③   p.71

해석 젊은 노동자들은 더 일반적인 기술을 가지고 있는 경향이 있으며 자신의 기술이 어디에서 가장 잘 활용될 수 있을지에 대해 확신이 덜하다. (① → 오답률 12%) 따라서 그들은 일정한 주기로 직장을 옮겨 다니는 경향이 있다. (② → 오답률 23%) 그러나 그들이 이전의 직업을 그만두더라도 새로운 직업을 찾는 데 어려움이 거의 없다. (③) 이와 대조적으로 나이가 더 많은 노동자들은 자신들이 현재 고용된 산업이나 기업에 매우 특화된 기술을 가지고 있는 경우가 더 많다. 그들은 자신에게 가장 좋은 직업 선택을 이미 알고 있으며, 직장을 이리저리 옮기고 싶어 하지 않는다. (④ → 오답률 13%) 그러나 그들이 직장을 정말 그만두게 되면 자신이 가지고 있는 바로 그 기술에 잘 맞는 직장을 찾기 어렵고 시간이 걸리는 경우가 흔하다. (⑤ → 오답률 6%) 그러므로 젊은 노동자에게는 성가신 일인 실직은, 원숙한 노동자에게는 악영향을 주고 재정적으로 소모적인 경험일 수 있다.

해설 주어진 문장에 in contrast가 있으므로 이전 내용은 주어진 문장과 대조되는 내용이다. (older workers ↔ younger workers, specific skills ↔ general skills) ③을 기점으로, 앞에는 general skills를 가지고 있는 젊은 노동자들, 그리고 뒤는 specific skills를 가지고 있는 나이든 노동자들에 관한 서술이므로 답은 ③이다.

오답분석 → ①번 뒤로, 문장마다 쓰인 they가 어느 노동자들을 지칭하는지를 문맥을 통해 판단해야 하며, 특히 ② 뒤의 문장에서 their old job이라는 문구 때문에 그 문장의 they를 older workers로 판단하는 우를 범하지 말아야 한다.

어휘 • **put A to good use** A를 잘 활용[이용]하다 • **on a regular basis** 정기적으로 (= regularly) • **have trouble v-ing** v하는 데 어려움을 겪다 • **be inclined to-v** v하고 싶어 하다; v하는 경향이 있다 • **precise** 정확한;《명사 앞에서》바로 그 • **drain** 배수[방수]하다; (재물·힘 등을) 소모하다; (인재 등을) 국외로 유출하다

2. ④

해석 손자 손녀들의 특별한 요구가 있든 없든, 조부모들은 우연한 학습 경험의 가치를 간과해서는 안 된다. (① → 오답률 14%) 심부름, 식사 준비, 잡일의 형태로 날마다 기회가 존재한다. (② → 오답률 17%) 예를 들어, 농산물 시장에서 아이가 옥수수를 고를 때 아이는 'ears(옥수수 알)'라는 단어의 새로운 의미를 발견할지도 모른다. (③ → 오답률 11%) 마찬가지로, 주유소에서 연료 탱크를 채울 때, 좀 더 자란 아이들은 "연료 탱크를 가득 채우는 데 돈이 얼마나 들 거라고 생각해?"와 같은 질문을 하면서 가격을 비교하고 어림 계산을 연습할 수 있다. (④ 한 할머니가 손주들에게 용돈을 주고 정원 일을 돕게 한다.) 그 결과, 아이들은 꽃 이름을 알게 되고 채소 재배와 관련된 기구와 과정을 이해할 수 있다. (⑤ → 오답률 3%) 이와 같은 활동들은 고된 노동과 끈기의 가치 또한 높여 준다.

해설 주어진 문장은 한 할머니가 손주들에게 용돈을 주고 정원 일을 돕게 한다는 것이다. 전체 단락의 흐름은 첫 두 문장에 주제문이 나오고 이에 대한 예시들이 이어지는 구조이다. 즉, 조부모가 손주들에게 날마다 일상생활에서 우연한 학습 경험을 하게 할 수 있다는 것으로, 첫 번째 예는 농산물 시장에서 새로운 단어 의미 발견, 두 번째 예는 주유소에서 가격 비교 및 계산 연습, 세 번째 예는 정원 일을 하면서 꽃 이름 등을 알게 된다는 것이다. ④ 뒤의 문장은 As a result로 시작되는데, 내용상 ④의 앞 문장이 아닌 주어진 문장의 gardening chores로 인한 결과와 연관이 있다.

오답분석 → 오답은 주로 ①, ②, ③에 집중되었는데, 글의 전체 흐름을 파악하지 못하고 그저 주어진 문장의 One grandmother와 her grandchildren에 해당하는 여러 단어들(grandchildren, grandparents, a child, older children)이 앞이나 뒤에 위치한 곳을 택했을 가능성이 있다.

어휘 • **overlook** 간과하다, 못 보고 지나치다; 눈감아주다; 내려다보다 *cf.* **oversee** 감독[감시]하다 • **incidental** 우연한, 우연히 일어나는; ((to)) 부수적인 • **estimation** 추정, 추산; 평가 • **persistence** 끈기, 고집

---

3. ④

해석 지구에서 가장 장관인 구경거리 중의 하나가 일 년에 150번, 한 번에 10시간 동안 하늘을 번개로 가득 채운다. (①) 이는 베네수엘라 카타툼보 강이 마라카이보 호수를 만나는 습지대 위에서만 발생하는 자연 현상이다. (②) 당신은 호수 너머로 수백 마일 떨어진 곳에서 그 번개를 볼 수 있고, 이것이 바로 그 현상이 '마라카이보 호수의 등대'라고도 불리는 이유이다. (③) 달이 뜨지 않은 밤에도, 그 지역을 항해하는 배들은 한 시간에 280번이나 되는 섬광으로 안전하게 항해한다. (④ 이러한 현상은 습지대가 만들어 내는 메탄가스 때문에 발생한다.) 메탄가스는 하늘로 빠르게 올라가 그곳에서 안데스 산맥으로부터 불어 내려오는 강풍 및 구름과 충돌한다. (⑤) 이것이 구름 속에서 강력한 정전기를 발생시키고 그다음 콰르릉! 쾅! 하는 것이다.

해설 주어진 문장은, 앞에 서술된 현상의 원인이 습지대가 발생시키는 메탄가스임을 밝히고 있다. 글 전체의 흐름은 베네수엘라의 습지대 위에서 일어나는 자연 현상에 관련된 설명들(첫 문장에서 ④ 앞까지)이 자연스럽게 이어지는데 ④의 뒤 내용은 무언가가 하늘로 올라가 강한 정전기를 발생시켜 번개를 일으키는 과정을 묘사한다. 즉 하늘로 올라가는 것은 주어진 문장의 메탄가스로 보면 흐름이 자연스러우므로 정답은 ④이다.

어휘 • **phenomenon** 현상 • **on account of** ~ 때문에, ~의 이유로 • **methane** 《화학》 메탄 • **spectacular** 구경거리의, 장관의 • **lightning** 번개 • **refer to A as B** A를 B라고 부르다[일컫다] • **navigate** 항해하다; (비행기 등을) 조종[운전]하다 • **collide** 충돌하다, 부딪치다; ((with)) (의견이) 상충하다 • **generate** (열·전기 등을) 발생시키다 • **static electricity** 정전기

구문 [2~3행] It's *a natural phenomenon* [**that** occurs only over *the marshlands* [where the Catatumbo River meets Lake Maracaibo in Venezuela]].
관계대명사 that이 이끄는 절이 a natural phenomenon을 수식. 〈It is ~ that〉 강조구문으로 해석하지 않도록 한다. It은 앞 문장에 나온 One of the most spectacular shows on earth를 가리킨다.

[4~5행] *You can see the lightning from hundreds of miles away over the lake*, **which** is why it is also referred to as "The Lighthouse of Lake Maracaibo."
여기서 관계대명사 which는 앞 내용 전체를 가리킨다.

해석 베토벤은 산책을 자주 하면서 종잇조각들을 가지고 다니며 악상이 떠오를 때 그것들을 적어 두었다. (① → 오답률 2%) 집에서는, 그 결과물을 옮겨 적거나 새로운 생각들을 적어 넣을 커다란 스케치북을 두어, 음악을 만들거나 고치고 지웠다가 다시 (만들기) 시작하였다. (② → 오답률 4%) 베토벤 사후(死後)에 이 스케치북들은 여기저기로 흩어져 많은 경우 조각조각 분해되었다. (③) 다행스럽게도, 전후(戰後) 음악학에서 가장 지속적인 연구 프로그램 중 하나가 그것들(스케치북들)의 원래 순서를 재구성하는 데 성공했다. 그 결과, 그것들(조각조각 분해된 스케치북들)을 연구하여 베토벤이 우리가 (현재) 알고 있는 음악을 향해 조금씩 나아갔던 고통스러운 과정을 추적할 수 있다. (④ → 오답률 20%) 예를 들자면, 'Ode to Joy(환희의 송가)'의 첫 악절은 그가 그리 어렵지 않게 떠올린 것 같지만, 중간 악절은 그에게 엄청난 고통을 주었다. 악보 겹겹이 베토벤은 한 악상을 시도한 후, 또 다음 악상을 시도한다. (⑤ → 오답률 12%) 그리고 당신은 그 음악의 가장 독특하고 표현적인 특징들이 오직 작곡 과정의 마지막 단계에서만 한데 모이게 됨을 발견한다.

해설 주어진 문장을 통해, 앞에는 '무언가의 순서가 뒤죽박죽되었다'라는 내용이 올 것을 알 수 있다. 또한, their가 가리키는 대상도 포함되어 있을 것이다. ③ 앞에 스케치북들이 여기저기로 흩어져 분해되었다고 했고, their가 가리키는 대상으로 스케치북이 문맥상 자연스럽다. 또한, 주어진 문장은 As a result로 시작하는 뒤 문장의 원인에 해당하므로 흐름이 자연스럽다.

오답분석 → 오답률이 제일 높은 ④의 뒤에 나오는 예시에 the first section, the middle section 등의 어구가 포함되어 주어진 문장의 reconstructing과 연결이 되는 듯 보이지만, 전체 내용은 ④ 바로 앞의 the painful process와 연결되어야 흐름이 자연스럽다.

어휘 •**sustained** 지속적인, 한결같은, 일관된 •**postwar** 전후(戰後)의 •**musicology** 음악학 •**reconstruct** 재건[복원]하다; 재구성하다 •**sequence** 연속적인 사건들; 순서, 차례; 결과 •**scrap** 조각, 파편; 오려낸 것, 스크랩 •**fashion** 유행; 방법, 방식; (모양을) 만들어내다 cf. **refashion** 고쳐 만들다, 개조하다 •**cross out** (줄을 그어) 지우다 •**scatter** 뿔뿔이 흩트리다; 흩어지다 •**trace** 자취, 발자국; 자취를 더듬어 가다, 추적하다 •**edge** 가장자리; 조금씩 나아가다 •**compositional** 작곡의

구문 [7~8행] ~, while the first section of the 'Ode to Joy' **seems to have come** to him with little difficulty, ~.
술어동사(seems)보다 과거의 일을 나타내므로 〈to have p.p.〉의 형태가 쓰였다. 〈seem to have p.p.〉: ~였던 것 같다

최고 오답률 Case Study 2

해석 우리는 어떤 장소에서의 특정 식물의 맛이 다른 장소에 있는 같은 식물의 맛과 미묘하게 다를 수도 있다는 것을 알고 있다. (① → 오답률 10%) 이는 대개의 경우 다양한 특징으로 나타나는 유전적 변이 때문이다. (② → 오답률 10%) 그래서 겨자와 데이지 과(科)의 여러 식물이 지니는 쓴맛 또는 부드러운 맛의 정도는 자연적 유전적 변이에 기인한 것일 수 있다. (③ → 오답률 13%) 인간이나 동물에 의해 첨가된 다른 물질뿐만 아니라 토양의 화학적 성분은 일부 식물, 특히 보다 작은 식물의 맛에 영향을 미칠 수 있다. (④) 사람들 자신도 역시 맛을 느끼는 능력과 특정 식물(의 맛)을 견디는 정도가 다르다. 어떤 사람들은 민들레 잎을 좋아하는 반면, 다른 사람들은 싫어할 수도 있다. (⑤ → 오답률 9%) 수확과 (요리) 준비 방법을 (여러 방식으로) 시도해 본 후에야 특정 식용 식물에 대한 미각을 얻을 수도 있을 것이다.

해설 주어진 문장에서 사람들마다 입맛이 다르다고 설명하고 있고, ④ 뒤 문장에서 어떤 사람들은 민들레 잎을 좋아하지만 다른 사람들은 싫어할 수도 있다는 구체적인 예를 언급하고 있으므로 주어진 문장은 ④에 오는 것이 적절하다. ④의 앞쪽 문장에 별다른 연결어나 대명사는 없지만, 문장 간의 관계가 어색함을 파악해야 하며, ④의 뒤 문장이 주어진 문장의 예시에 해당함을 알 수 있어야 한다.

오답분석 → ①과 ②는 differ, taste 등 주어진 문장에 등장한 단어들이 가까이 있는 오답이며, ③은 주어진 문장의 also로 인해 genetic variation 외의 다른 원인이 이어질 거라고 판단한 오답으로 보인다.

어휘 •**tolerance** 관용; 참음; 내성 •**genetic variation** 《생물》 유전적 변이 •**manifest** 나타내다, 명시하다 •**be attributed to A** A에 기인하다, A의 덕분으로 여겨지다 •**composition** 구성 (요소); 작곡; 작성 •**dandelion** 민들레 •**edible** 식용의

구문 [5~6행] *Chemical composition of the soil* [along with *other substances* [added by man or animals]] can affect
the taste of some plants, especially smaller herbs.

1. ③

해석 대부분 액체는 차가워지면 (부피가) 10% 정도 수축하며, 물도 마찬가지이지만, 어느 정도까지만 그렇다. 일단 물이 어는 상태에 아주 가까워지면, 전혀 일어날 것 같지 않은 일이지만 (부피가) 팽창하기 시작한다. (①) 얼음이 되고 나면, (얼음이 되기) 전보다 부피가 거의 10분의 1이 더 커진다. (②) 부피가 늘어나기 때문에 얼음은 물에 뜨게 되는데, 이는 존 그리빈에 따르면 '그야말로 기묘한 성질'이다. (③) 만약 물이 기이한 성질을 가지고 있지 않다면, 얼음은 가라앉게 되고 호수와 바다는 바닥부터 얼어붙게 될 것이다. 물속의 열을 유지해 줄 수 면 위의 얼음이 없다면, 물의 온기는 방출될 것이고 훨씬 더 차가워져 더 많은 얼음이 생기게 할 것이다. (④) 심지어 바다도 곧 얼어버릴 것이고, 거의 확실히 아주 오랫동안, 어쩌면 영원히 그 상태로 지속하여 생명체가 살아가기 힘든 조건이 될 것이다. (⑤) 우리에게는 감사하게도, 물은 화학 규칙이나 물리 법칙을 모르는 것 같다.

해설 주어진 문장은 물의 특별한 성질이 없다면 얼음이 가라앉고 호수와 바다가 바닥부터 얼게 될 것이라고 했다. 그렇다면 주어진 문장 앞에는 얼음이 뜨게 하는 물의 성질에 대한 설명이 나올 것으로 예측할 수 있다. ③의 앞까지는 얼음이 되면서 부피가 팽창하는 물의 성질에 관해 설명하고 있으며, ③의 뒤부터는 얼음이 물 위에 뜨지 않을 때 발생하는 상황을 가정하고 있다. 이는 물의 특별한 성질이 없는 상황을 가정하는 것이므로 정답은 ③이다. 연결어나 대명사가 없더라도 주어진 문장의 its extraordinary qualities가 ③의 앞에서 설명하고 있는 내용임을 파악해야 하며, ③ 뒤의 내용이 얼음이 가라앉는 가정 상황에 대한 첨가임을 알 수 있어야 한다.

어휘 • **extraordinary** 놀라운, 기이한; 비범한 • **within whispering distance of** ~의 아주 가까이에 • **improbably** 있을 법하지 않게, 가능할 것 같지 않게 • **voluminous** (부피가) 큰, (양이) 방대한 • **utterly** 완전히, 순전히 (= totally) • **bizarre** 기이한, 특이한 • **radiate** 내뿜다, 방출하다 • **nurture** 양육하다

구문 [1행] <u>Most liquids</u> (**when chilled**) <u>contract</u> by about 10 percent, ~.
　　　　　S　　　　　　　　　　　　　V

주어와 동사 사이에 when chilled가 삽입되었다.

[5~7행] ~, *the water's warmth would radiate away*, **which** would leave it even chillier and create yet more ice.
여기서 관계대명사 which는 앞 절의 내용을 가리킨다.

2. ②

해석 매우 본질적으로, 집단은 외부 집단에게 자신들의 가장 좋은 모습을 보여주는 데 강한 흥미가 있다. (①) 보통, 실제보다 낙관적인 그림이 외부 용도로 만들어진다. (②) 동시에, 조직 내에서라도 대개 말하지 않고 금기로 남아 있는 일부 사실이 있다. '내부자'가 된다는 것이 다른 내부자에게 하고 싶은 말을 어떤 것이든 할 수 있다는 의미는 아니다. (③) 어떤 의사들은 공공연히 논의하려는 것보다 더 많이 의료 사고를 알고 있다. (④) 변호사들은 일부 변호사들이 관례적으로, 사건에 들인 시간보다 더 많이 고객에게 청구하고, 판사들이 때로 법보다는 개인적 믿음에 근거하여 사건을 판결한다는 사실을 때때로 경시한다. (⑤) 이런 현상은 '내집단'과 '외집단' 행동의 범주, 혹은 사회적 자기기만의 범주로 연구된다.

해설 지문은, 본질적으로 외부 집단에게 좋은 모습을 보이고 싶어 한다는 내용으로 시작하고 있고, 이는 ② 앞까지 이어진다. ② 뒤에는 내부자끼리도 말할 수 없는 것이 있음을 나타내며 이후로 의사와 변호사의 예가 이어진다. ②에서 내용의 흐름이 바뀌므로, '(외부적으로 좋은 모습을 보이는) 동시에, 내부적으로도 금기가 있다'는 주어진 문장이 들어가기에 가장 적절하다. 역접이나 예시를 직접적으로 나타내주는 연결어가 없어도 문장 간의 관계를 이해하면서 지문의 흐름을 파악해야 한다.

어휘 • **simultaneously** 동시에; 일제히 • **taboo** 금기 (사항), 터부 • **medical malpractice** 의료 사고 • **play down** 경시하다 • **self-deception** 자기기만

구문 [2~3행] ~, <u>a **rosier** picture **than** is</u>^{V} <u>actually the case</u>^{S} <u>is created</u> for external consumption.
　　　　　　　　　　S　　　　　　　　　　　　　　　　　　　　　V

주어에 〈비교급+than ~〉이 쓰여 길어졌다. 비교구문에 쓰인 than 뒤에서는 주어와 동사가 선택적으로 도치된다.

[5~7행] Lawyers sometimes play down <u>the fact</u> **that** some lawyers routinely bill clients for *more time* [**than** they
　　　　　　　　　　　　　　　　　　└─ = ─┘
spend ● on their clients' cases] **and** **that** judges sometimes decide a case ~.
the fact는 and로 병렬 연결된 두 개의 that절과 동격을 이룬다. 비교급 문장에서 than은 비교급이 쓰인 명사를 수식하는 절을 이끌어 관계대명사와 같은 역할을 하기도 한다. 여기에서 more time은 than이 이끄는 절 안에서 목적어 역할을 하고 있다.

Case **Review Tests**

1. ⑤
p.76

해석 네 살짜리 소년이 나름대로 어떻게 벌주는지 생각해 보라. 그 소년은 한 인형이 다른 두 인형과 어울리면서 공을 가지고 노는 인형극을 방금 막 보았다. (①) 중앙에 있는 인형이 오른쪽에 있는 인형에게 공을 슬며시 밀어 건네주면, 그 오른쪽 인형은 공을 항상 다시 건네주곤 했다. (②) 그런데 중앙에 있는 인형이 왼쪽에 있는 인형에게 공을 슬며시 밀어 건네주면, 그 왼쪽 인형은 항상 공을 가지고 달아나곤 했다. (③) 인형극이 끝난 후 양쪽 끝에 있던 두 인형이 무대에서 내려져 소년 앞에 놓였다. (④) 각 인형이 선물 더미 옆에 놓였고 소년은 한 인형에게서 선물 더미를 빼앗으라고 요청받았다. (⑤) 당연히 왼쪽에 있던 그 '버릇없는' 인형이 선물을 빼앗겼다. 그러나 이걸로는 충분하지 않았고, 소년은 몸을 기울여 그 인형을 때렸다!

해설 주어진 문장의 the "naughty" puppet이 어떤 인형이고 또 it은 무엇인지 파악해야 한다. ③ 앞까지 읽어야 왼쪽에 있는 인형이 naughty함을 알 수 있는데, ③, ④에는 주어진 문장의 it에 대응하는 요소가 없다. ⑤ 바로 앞의 take one away와 주어진 문장 내의 had it taken away가 상응하고, it = one = a pile of treats가 일치하고, ⑤ 다음의 this는 이미 앞에서 한차례 행해진 벌을 뜻하므로 정답은 ⑤.

어휘 • **naughty** 버릇없는 • **puppet** 인형, 꼭두각시 • **take justice[the law] into one's own hands** (법률을 거치지 않고) 멋대로 처분하다, 벌주다 • **a pile of** ~ 더미, 쌓아 놓은 • **treat** 선물, 대접

2. ③
p.76

해석 에스프레소는 곱게 간 커피콩에 높은 압력의 증기를 가함으로써 만들어지는 진한 커피로, 작은 컵에 제공된다. (①) 데운 우유를 에스프레소에 더하면, 이탈리아 어로 '밀크 커피'를 뜻하는 카페라테가 된다. (②) 하지만 에스프레소가 데운 우유 그리고 우유 거품과 섞이면 카푸치노라고 불린다. (③) 재료의 정확한 비율과 음료를 내는 방식은 그것을 만드는 사람에 달려 있다. 예를 들어, 어떤 사람들은 진정한 이탈리아 카푸치노는 에스프레소와 데운 우유, 그리고 우유 거품의 비율이 1 : 1 : 2가 되어야 한다고 생각한다. (④) 하지만 다른 사람들은 카푸치노를 에스프레소와 데운 우유, 그리고 우유 거품을 같은 비율로 해서 만들어야 한다고 말한다. (⑤) 모카라테와 초콜릿 가루를 뿌린 카푸치노를 포함해서 원래의 이 음료와는 다른 변형들이 많이 있다.

해설 주어진 문장은 재료의 정확한 비율과 음료를 내는 방식은 만드는 사람에 달려 있다는 내용으로서, 글에는 어떤 음료와 그 재료가 언급되었을 것임을 알 수 있다. 전체적인 글의 흐름은 ③을 기점으로 그 앞은 espresso, caffe latte, cappuccino에 대한 설명이고, 뒤는 cappuccino에 들어가는 재료들의 적정 비율이 구체적으로 사람마다 다르다는 내용으로 전개된다. ③ 뒤의 문장이 For instance로 시작하지만 그 문장이 앞 문장에 대한 예시가 아니므로, 주어진 문장을 뒷받침하는 구체적인 비율 예시에 해당한다고 볼 수 있다. 또한, 주어진 문장의 the drink는 바로 앞에 나온 cappuccino, the ingredients는 espresso, steamed milk, and foamed milk를 가리키는 것으로 보면 흐름이 자연스럽게 연결되므로, 주어진 문장은 ③에 들어가는 것이 적절하다.

어휘 • **finely** 미세하게; 훌륭하게 • **grind-ground-ground** 갈다, 빻다 • **authentic** 진정한, 진짜의 • **part** (혼합 등의) 비율 • **variation** 변형; 변화 • **sprinkle** 뿌리다, 끼얹다

구문 [주어진 문장] The precise proportions of the ingredients and *the way* [**in which** the drink is served] depend on
                                                      S   V
the person [who makes it].
in which를 관계부사 that으로 바꿔 쓸 수 있다.

3. ⑤
p.77

해석 태평양의 야프 섬의 원주민들은 금속 주화나 지폐 대신 커다란 도넛 모양의 석회암 원반을 전통적으로 교환했다. (①) 그것은 '라이'라고 불리며 그 가치는 크기와 무게에 따라 매겨진다. (②) '라이'는 결혼, 상속, 정치적 거래 같은 사회적 거래나 단순히 음식의 교환을 위해 쓰이는 것 같다. (③) 물론, 화폐 대신 커다란 돌을 가지고 다니는 것이 항상 가능한 일은 아니다. (④) 대신, 그것(라이)들 대부분은 예배당이나 특정한 길 앞에 놓여 있기 때문에 특정한 돌의 소유권이 바뀌더라도 그 돌 자체는

해설 주어진 문장과 ⑤ 이후 문장의 내용에서 '라이(rai)'의 쓰임이 서로 대비되고 있음을 파악해야 한다.

오답분석 → 주어진 문장에 나오는 명사 rai가 ② 앞뒤로 나온다고 해서 이곳을 적절한 위치로 섣불리 판단하지 않도록 주의.

거의 옮겨지지 않는다. (⑤) 현대의 돈이 소지하고 이용하기 훨씬 더 편리하기 때문에, 일상적인 통화로서 '라이'를 대부분 대체하고 있다. 그렇지만 전통에 따라 섬사람들 사이에서는 '라이'가 여전히 교환 단위인 것이 사실이다.

어휘 •**coinage** 주화 •**limestone** 석회암 •**disc** 원반 모양의 물건 •**transaction** 거래, 매매 •**inheritance** 유산, 상속 •**meeting house** 예배당 •**ownership** 소유권 •**islander** 섬의 주민

4. ②

해석 사람들은 때때로 어류 양식이 야생 어류 개체 수에 대한 거대한 압박을 조금이나마 덜어 주기 때문에 환경에 좋은 것이라고 생각한다. 이는 일부 어류 양식업종의 경우에는 분명히 사실이다. (①) 예를 들어, 중국에서 물이 가득한 논에서 기르는 잉어는 식물의 잔해를 먹고 살아서 세계 어류 보유고에 보탬이 되고 야생 어류에 대한 수요를 줄인다. (②) 그러나 매년 양식되는 7억 톤 이상의 대서양 연어의 경우에는 그것이 사실이 아니다. 이 물고기들은 육식이라서 식물 성분을 먹고 살 수 없다. (③) 대신 연어는 바다에서 잡힌 물고기로 만든 생선가루를 먹고 산다. (④) 각 1kg의 양식 어류 단백질을 생산하는 데 2kg의 생선가루 단백질이 필요하다. (⑤) 따라서 연어 양식은 야생 어류 보유고에 대한 압박을 사실상 증가시킨다.

해설 주어진 문장에 however가 있으므로 앞뒤 내용이 대조되는 것이어야 한다. 즉, 연간 7억 톤 이상이 양식되는 대서양 연어의 경우는 그렇지 않다고 했으므로, 주어진 문장 앞은 다른 어종에 대한 서술이고 뒤는 대서양 연어에 대한 서로 상반되는 내용일 것이다. 전체 글의 흐름은 어류 양식과 환경과의 관계인데, ②를 기준으로 그 앞은 양식 잉어들이 식물 잔해를 먹어서 환경에 도움이 된다는 내용이고 뒤는 식물을 먹지 않는 물고기들에 대한 내용이므로 정답은 ②.

어휘 •**salmon** 연어 •**feed on** ~을 먹이로 하다, 먹고 살다 *cf.* **feed A on B** A에게 B를 (먹이로) 주다 •**remains** 잔해, 남은 것; 유해 •**stock** 보유고, 재고, 《주로 pl.》 주식 •**carnivore** 육식 동물 (↔ herbivore 초식 동물) •**fishmeal** 말린 생선가루, 어분

5. ②

해석 우리는 상호작용을 할 때 타인에게서 배운 대본을 따름으로써 배우처럼 행동한다. 이러한 대본은 우리의 지위와 역할에 따라 행동하는 법을 근본적으로 알려준다. 그러나 이 무대 비유에는 한계가 있다. (① → 오답률 3%) 무대에서 배우는 자신이 무엇을 말하고 행동할지를 정확하게 연습하도록 하는 상세한 대본을 가지고 있다. (②) 그러나 현실에서 우리의 대본은 훨씬 더 일반적이고 모호하다. 그 대본들은 우리가 어떻게 행동할지 혹은 다른 사람이 어떻게 행동할지 정확히 알려 줄 수 없다. (③ → 오답률 30%) 사실 우리는 매일 새로운 경험을 함에 따라 끊임없이 대본을 수정한다. (④ → 오답률 18%) 그러므로 연습을 제대로 하게 되기는 훨씬 더 어렵다. (⑤ → 오답률 6%) 이것은 우리가 바로 그 순간이 되기 전에는 떠오르지 않던 많은 것들을 말하고 행동하면서 상당히 많은 것을 즉흥적으로 해야 한다는 것을 의미한다.

해설 however는 역접 연결어이므로 주어진 문장과 반대되는 내용이 앞에 나올 것이다. 즉, 주어진 문장에서 our scripts의 개념으로 general, ambiguous가 나왔으므로 앞에서는 이와 대조되는 개념이 필요하다. ② 앞 문장의 a detailed script가 주어진 문장과 대조되는 개념이고, ② 다음 문장의 They가 가리키는 대상이 our scripts임을 파악한다면 정답을 고를 수 있다.

어휘 •**ambiguous** 모호한, 확실치 않은 •**in accordance with** ~에 따라서 •**rehearse** (예행)연습하다, 리허설하다 •**precisely** 정확히, 바로 •**revise** 수정하다, 변경하다 •**improvise** (연주·연설 등을) 즉흥적으로 하다 •**cross one's mind** 생각나다, 문득 떠오르다

6. ④

해석 기원전 2400년, 수메르의 관개 논은 독특한 관개 시스템 덕분에 현대의 기준으로도 꽤 많은 수확량을 거뒀다. (①) 그 관개 시설은 강물이 흐를 수 있는 수로(水路)를 만들기 위해 흙을 제거함으로써 건설되었다. (②) 그것은 강에서 논으로 물을 끌어 올려야 했던 다른 많은 곳들과는 달리, 고대 수메르의 강이 주변의 논보다 사실상 더 높은 곳에 있었기 때문이다. (③) 제방을 따라 토사가 쌓였기 때문에 토사 제방에 구멍을 내어 물을 논 위로 흐르게 하기만 하면 되는 문제였다. (④) 그러나 바로 그 관개 행위가 토양을 오염시켰는데 논이 강보다 낮았기 때문에 그 물이 흘러나갈 방법이 없었다. 이로 인해, 물이 증발함에 따라, 소금이 가득 남았고 또한 더 깊은 토양층으로부터 소금이 위쪽으로 끌어올려졌다. (⑤) 기원

해설 주어진 문장으로 보아, 앞에는 어떤 irrigation 행위가 언급되었으리라 예측할 수 있다. 또한, 주어진 문장 전체 내용과 ④ 뒤 내용이 원인-결과 관계로 흐름이 자연스럽다.

Chapter 03 | 주어진 문장 넣기   45

전 약 2300년경, 수메르의 농업 생산량은 점점 줄어들어 거의 없어졌으며, 이제 너무 많은 소금이 함유된 그 지역 논의 대부분이 쓸모없이 버려졌다.

어휘 • **irrigation** 관개, 물을 끌어들임 *cf.* **irrigate** 관개하다, 물을 대다 • **Sumeria** 수메르 (고대 바빌로니아의 남부 지방) (= Sumer) • **respectable** 존경할 만한; 상당한, 꽤 많은 • **silt** 유사, 토사 (물에 쓸려 와서 강어귀 등에 쌓이는 가는 모래) • **evaporate** (물이) 증발하다 • **leave behind** ~을 남겨두다 • **a load of** 담뿍, 가득 • **agricultural** 농업의, 농사의 • **dwindle to A** A의 상태로 점점 줄어들다

구문 [2~3행] It was constructed by removing earth / **to make** *channels* [for the river water to go through].
to make 이하는 '목적'을 나타내는 to부정사, for the river water는 to go through의 의미상 주어.

7. ⑤　　　　　　　　　　　　　　　　　　　　　　　p.79

해석 (당신의) 강력한 존재감은 권력과 관심을 당신에게로 집중시켜 당신은 주변 사람들보다 더 밝게 빛날 것이다. 그러나 존재감이 너무 강해서 역효과가 나게 되는 지점에 필연적으로 도달하게 된다. (①) 나폴레옹은 이 법칙을 인식하여 이렇게 말했다. "내가 만약 극장에서 자주 보이면, 사람들은 나에게 주목하지 않을 것이다." (②) 이는 사랑 문제에서 가장 쉽게 인식할 수 있는데, 사랑하는 사람의 부재는 당신의 상상력을 자극하고 어떤 기운을 자아낸다. (③) 그러나 이러한 기운은 당신이 너무 많이 알게 되어 상상력이 돌아다닐 공간이 더 없으면 사라진다. (④) 사랑하는 사람이 다른 누구와도 마찬가지인 사람, 즉 그의 존재가 당연시되는 사람이 된다. (⑤) <u>이를 예방하기 위해, 당신은 다른 사람으로 하여금 당신이 가까이 있는 것에 대해 굶주리게 할 필요가 있다.</u> 다행히도, 그들이 당신의 진가를 인정하지 않으면 당신을 잃을 가능성이 있음을 알려주는 것만으로도 보통 충분하기 때문에, 당신이 완전히 사라질 필요는 없을지도 모른다.

해설 지문의 처음 두 문장에서 너무 강한 존재감은 역효과를 내게 된다고 했다. 이어 나폴레옹과 사랑 문제의 예가 나오며 ⑤ 앞까지 이 예시가 이어지고 ⑤ 뒤에서 다행히 사라질 필요는 없다고 했다. ⑤에서 내용의 흐름이 어색해지는 것을 파악하면, 주어진 문장의 this가 ⑤ 앞의 내용인 너무 강한 존재감으로 존재가 당연시되는 것을 의미함을 알 수 있다. 그래서 주어진 문장을 ⑤에 넣어보면 이를 예방하기 위하여 존재감에 대해 다른 사람을 굶주리게 할 필요가 있으나, 완전히 사라질 필요는 없다는 ⑤ 다음의 내용이 자연스럽게 이어진다.

오답분석 → 주어진 문장이나 지문 곳곳에 등장하는 this 등의 단서가 무엇을 가리키는지 제대로 파악하지 못하면 다른 곳에 답을 하게 되기 쉽다.

어휘 • **draw attention to A** A에 관심을 돌리게 하다, A에 집중시키다 • **inevitably** 필연적으로, 불가피하게 • **cease** 중단하다, 그치다 • **aura** (독특한) 기운, 분위기 • **roam** 돌아다니다, 배회하다 • **take A for granted** A를 당연하게 생각하다

구문 [2~3행] But *a point* is inevitably reached [**where** too much presence creates the opposite effect].
(← But **a point where** too much ~ effect is inevitably reached.)
주어 a point를 수식하는 관계부사절이 길어 문장 뒤로 보낸 형태.

[10~11행] ~, as ┃it┃ is often enough <u>to simply let them know</u> / **there is the possibility that they can lose you if they don't appreciate you.**
가주어　　　　　　　진주어
there is 이하는 know의 목적어이며, the possibility와 that절은 동격을 이룬다.

8. ②　　　　　　　　　　　　　　　　　　　　　　　p.79

해석 테네시 주 교도소의 마당에서는, 표정, 신체 동작, 그리고 집단행동 유형을 인식하는 소프트웨어가 담긴 여섯 대의 숨은 카메라가 수용자들의 모든 움직임을 좇는다. (①) 주의 산만과 피로의 영향을 받는 교도관들과는 달리, 컴퓨터 비전 시스템은 위험해질 가능성이 있는 상황을 지속적으로 경계하고, 위험이 탐지되면 즉시 교도관들에게 알린다. (②) <u>이러한 인공 지능 시스템의 적용이 가능한 곳들은 미국 주(州) 교도소의 엄중한 경비 영역을 훨씬 넘어서까지 확대된다.</u> 병원의 컴퓨터 비전 시스템은 직원들에게 환자와 접촉하기 전후에 손을 씻을 것을 알려주거나 계속 뒤척이던 환자가 침대에서 떨어질 위험에 있을 때 경고를 보낼 수 있다. (③) 그 시스템들은 시험용 TV 프로그램이나 영화 예고편을 보는 사람들의 표정을 분석하여 스튜디오에서 그 정보에 맞춰 작품을 바꿀 수 있

해설 주어진 문장에서 인공 지능 시스템의 적용은 교도소를 넘어서까지 확대된다고 했다. ②를 기준으로 앞은 교도소 내에서의 인공 지능 시스템의 활용, 뒤는 교도소 외 장소에서의 활용 예가 이어지고 있으므로 주어진 문장은 ②에 들어가야 한다. 지문에서 artificial intelligence system과 computer-vision system이 거의 동등한 의미로 쓰이고 있음을 이해한다.

오답분석 → 주어진 문장 내의 어구인 artificial

다. (④) 컴퓨터는 분명히, 사람의 행동과 감정을 관찰하고 이해하는 데 더욱 발전해 가고 있다. (⑤) 이러한 감시 인공 지능의 확산이 우리를 어디로 이끌지는 지켜봐야 한다.

intelligence와 공통된 어구가 있다고 ⑤를 정답으로 판단하지 않도록 주의한다.

어휘 • **application** 신청, 지원; 적용 • **confine** 《종종 pl.》 범위, 영역; 한정하다; 가두다 • **inmate** (병원 · 교도소 등의) 피수용자, 입소자 • **be subject to A** A의 영향을 받다; A의 지배를 받다 • **distraction** 정신이 흐트러짐, 주의 산만; 기분 전환 • **alert** 기민한; 경계하는; 경계, 경보; (위험 등을) 알리다 • **restless** 제대로 잠들지 못하는, 뒤척이는 • **pilot** 시험적인; 예비의 • **trailer** 《영화》 예고편; (자동차 등의) 트레일러 • **tailor** (방법 등을) (용도 · 목적에) 맞추다; 재봉사 • **proliferation** 확산, 급증; 《생물》 분열 증식

구문 [3~5행] Unlike *prison guards*, / **who** are subject to distractions and fatigue, / the computer-vision system is continuously alert to potentially dangerous incidents / and instantly warns prison officers ~.
who ~ fatigue는 prison guards를 보충 설명하는 관계대명사절.

[11~12행] **Where** *the proliferation* [of such watchful artificial intelligence] will lead us remains to be seen.
의문사 where가 이끄는 명사절이 문장 전체의 주어.

9. ③

해석 인간으로서 우리 대부분은 어두운 감정에 우리가 진 빚을 인식하지 못한다. (①) 우리는, 불안과 질투로부터는 우리가 배울 타당한 어떤 것도 없다고 믿는 경향이 있고 따라서 마치 그것들이 감정들로 이루어진 정원에 있는 잡초인 양 제거하려 애쓴다. (②) 니체가 말한 바와 같이 가장 고매한 자아는 절대 자라게 '허용해서는 안 되는' 가장 미천한 자아에서 자라게 '허용할 수 없으며' 최고에 해당하는 모든 것은 오직 최고에 해당하는 원인(뿌리)에서만 나올 수 있다고 우리는 생각한다. (③) 그러나 니체가 강조했듯 '훌륭하고도 명예로운' 모든 것은 그 반대처럼 보이는 것과 교묘하게 관련되어 있고, 얽히고설켜 있다. 증오, 질투, 탐욕, 공포라는 감정은 인생을 조절하는 감정들로, 인류와 사회라는 총체적 구조에 기본적이고도 필수적이다. (④) 이러한 부정적 (감정의) 뿌리를 짓밟는 것은 동시에, 훗날 그 뿌리에서부터 식물의 줄기까지 더 높게 자라날 긍정적 모든 것의 가능성을 막는다는 의미일 것이다. (⑤) 우리는 우리가 처하는 곤란한 상황들에 대해 당혹해해서는 안 되며, 우리가 그 상황으로부터 풍부한 결실을 맺지 못하는 것만을 당혹해해야 한다.

해설 주어진 문장을 기점으로 앞의 내용은 '훌륭하고 명예로운' 모든 것은 그와 같은 긍정적인 것으로 연결된다는 것이고, 뒤의 내용은 이와 반대되는 부정적인 것과 연결된다는 내용일 것으로 유추할 수 있다. 전체 글의 흐름은 ③의 앞뒤가 그렇게 상반되는 내용을 보이므로 주어진 문장이 들어갈 곳은 ③이다.

어휘 • **artfully** 교묘하게, 솜씨 있게 *cf.* **artfulness** 기교, 솜씨 • **knot** 매듭을 짓다, 얽히게 하다; 매듭 • **lace** (끈 · 레이스 등으로) 묶다; 레이스 • **be inclined to-v** v하는 경향이 있다; v하고 싶어지다 • **legitimate** 합법적인; 이치에 맞는 *cf.* **illegitimate** 불법의; 비논리적인 • **fabric** 직물, 천; 구조, 조직 • **stamp out** (불 등을) 밟아 끄다; 근절하다 • **simultaneously** 동시에 • **choke off** (~의 성장을) 막다, 억제하다 • **abundant** 풍부한, 풍족한

구문 [주어진 문장] Yet *everything* [that's "good and honored"] is, ~, artfully related, knotted, and laced to *that* [which seems its opposite].
여기서 that은 앞에 나온 명사(everything)의 반복을 피하고자 쓰였다.

[3~4행] ~, and we try to get rid of them **as if** they **were** weeds in a garden of emotions.
〈as if + S' + 동사의 과거형〉 형태의 as if 가정법 구문이 쓰였다. 주절이 현재(try)이면 '(현재) 마치 ~인 것처럼 …한다'의 의미.

[4~6행] ~, we think ┌ **that** our highest self ~ *our lowest self*, **which** is *not allowed* ~,
                   └ **and**
                   └ **that** everything first-rate can only come from a first-rate cause.
think의 목적어인 두 개의 that절이 and로 대등하게 연결된 구조. 관계대명사 which는 앞의 our lowest self를 선행사로 한다.

해석 전통적인 엘리베이터는, 탑승객이 엘리베이터 복도에 서서 올라갈지 혹은 내려갈지를 나타낸다. 알맞은 방향으로 가는 엘리베이터가 오면, 그들은 탑승하여 엘리베이터 내부에 표시된 버튼을 눌러 도착 층을 나타낸다. (①) 그 결과, 각기 다른 층으로 가고자 하는 다섯 명이 한 엘리베이터에 타게 될 수도 있다. (②) <u>목적 층 제어 (방식)에서는, 목적 층 키패드가 엘리베이터 외부인 복도에 위치하며 엘리베이터 내부에는 키패드가 없다.</u> 같은 층으로 가는 사람들은 함께 묶여 어느 것이든 가장 효율적으로 그 층에 가는 엘리베이터를 배정받는다. (③) 엘리베이터를 기다리는 다섯 명의 사람이 있다면, 그들은 각기 다른 다섯 개의 엘리베이터를 배정받을 수도 있다. (④) 결과적으로, 최소한의 정차로 모두가 더 빠르게 가게 된다. (⑤) 사람들이 다음에 (바로) 도착하지 않는 엘리베이터를 배정받더라도, 그들은 먼저 온 엘리베이터를 탄 경우보다 더 빠르게 목적 층에 도착할 것이다.

해설 주어진 문장은 목적 층 제어 방식 엘리베이터의 키패드가 엘리베이터 외부에 있다는 내용이다. 지문에서는 ②의 앞뒤로 내용이 달라지는데, ②의 앞에서는 다른 층으로 가고자 하는 사람들이 한 엘리베이터에 타게 된다고 했고, ②의 뒤에서는 같은 층으로 가는 사람들끼리 함께 묶여 엘리베이터를 배정받는다고 했다. 즉, ②를 기준으로 전통적 방식의 엘리베이터에 대한 설명에서 목적 층 제어 방식의 엘리베이터에 대한 설명으로 글의 흐름이 바뀌고 있다. 따라서 목적 층 제어 방식을 소개하는 주어진 문장이 들어갈 곳은 ②가 적절하다.

오답분석 → 문장 간의 내용을 잘 살펴, 어느 방식의 엘리베이터에 관한 설명인지 헷갈리지 않도록 주의한다.

어휘 • **efficiently** 효율적으로 • **assign** 할당하다, 배정하다; 임명하다

구문 [2~3행] When *an elevator* arrives [going in the appropriate direction], they get in ~.

When절에서 상대적으로 짧은 술부(arrives)로 인해, 주어를 수식하는 긴 수식어구를 뒤로 보낸 형태.

[5~7행] *People* [going to the same floor] are <u>grouped</u> together ┃ and ┃ <u>directed</u> to **whichever** elevator will most efficiently reach their floor.

and는 수동태의 p.p.인 grouped와 directed를 병렬 연결한다. whichever는 뒤의 elevator를 수식하는 형용사적으로 쓰인 복합관계사이며 whichever가 이끄는 절은 전치사 to의 목적어이다.

CHAPTER 04 글의 순서

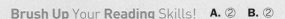

Brush Up Your Reading Skills!

A ②

p.84

해석 당신은 좋은 건강을 잃을까 봐 걱정하는가? 범죄, 전쟁, 혹은 테러리스트들의 공격이 경제와 당신의 안전을 파괴할까 봐 두려운가?

(B) 이것들은 많은 사람이 공유하는 합당한 걱정이다. 우리는 어렵고 불확실한 시대에 살고 있다. 그러나 이러한 두려움들은 현실적인가? 연구에 따르면 텔레비전에서 뉴스를 많이 보는 사람들은 자신의 안녕에 대한 위협을 과대평가한다. 왜일까?

(A) 그것은 텔레비전이 세상을 실제보다도 더 위험한 장소처럼 보이게 만드는 뉴스에 집중하기 때문이다. 텔레비전에서 묘사되는 세상을 두려워하여, 사람들은 가까운 가족들과 함께 집에 머물면서 이웃들과는 유대를 형성하지 않는다.

(C) 그리하여 그들은 더 취약해진다. 하지만 우리 자신을 두려움의 벽으로 둘러싸는 것이 해답은 아니다. 이 문제를 극복하는 유일한 방법은 타인들과 더 연결되는 것이고, 이 연결이 두려움과 고립을 줄일 것이다.

① (A) – (C) – (B)
③ (B) – (C) – (A)
④ (C) – (A) – (B)
⑤ (C) – (B) – (A)

해설 (B)의 첫 단어인 These는 주어진 문장에서 언급된 걱정과 두려움을 받는 표현이다. (B)의 맨 마지막 Why?에 대한 답은 (A)의 It's because ~ 이하에 설명되고 있다. 그리고 그것이 가져온 결과를 서술하는 부분은 '결론'을 이끄는 연결어 Thus로 시작하는 (C)이다. 따라서 (B) – (A) – (C).

어휘 •**disrupt** 파괴하다 •**portray** 묘사하다, 그리다 •**bond** 유대, 결속 •**legitimate** 정당한, 합법적인 •**overestimate** 과대평가하다 •**vulnerable** 취약한, 공격받기 쉬운 •**isolation** 고립(감), 격리

구문 [4~5행] (*Being*) Afraid of *the world* [that is portrayed on TV], <u>people</u> <u>stay</u> in their homes with close family and

<u>do not build</u> bonds with their neighbors.

Being이 생략된 분사구문이다. (= Because people are afraid of ~.)

B ②

p.85

해석 게이브 가브리엘슨에게는 콜린이라는 아홉 살 된 아들이 있다. 많은 아홉 살짜리 아이들처럼, 콜린은 자주 부모님의 방침과 의견이 맞지 않았다.

(B) 예를 들어, 그는(=콜린은) 아침 식사하러 내려오기 전에 옷을 완전히 갖춰 입어야 한다는 게이브의 방침에 항의했다. 게이브는 콜린이 아침 식탁에서 무엇을 입고 있는지 특별히 신경 쓰지 않았지만, 콜린이 먼저 옷을 입

해설 For example로 시작하는 (B)는 주어진 문장에서 언급한 콜린과 부모님의 의견이 맞지 않은 한 예를 설

지 않으면 학교에 지각하는 상황에 처할까 봐 걱정했다. "하지만 전 잠옷을 입고 있는 게 더 편해요!"라고 콜린은 주장했다.

(A) 그들 둘 다 불만을 느끼는 상태에 처하게 한 몇 번의 토론 후에, 게이브는 전략을 바꾸기로 하고, "좋아, 콜린, 우리 3일 동안 네 방식대로 해 보자. 하지만 네가 그날 중 언제라도 학교에 지각하면, 그땐 이전 체제로 돌아가는 거야."라고 말했다.

(C) 콜린은 (아버지의) 반응 변화에 놀랐지만, 시범 기간을 완벽히 해냈다. 그는 잠옷을 입고서도 시간을 정확히 지켰다. 결과적으로 새로운 방식이 자리를 잡았고, 양측 다 결과에 더 만족하고 있다.

명하고 있다. 이에 대한 해결책으로 (A)에서 게이브가 새로운 방식을 제시했고, (C)에서 콜린이 그 새로운 방식을 훌륭히 수행하여 결과적으로(As a result) 그 방식이 자리를 잡았다는 순서로 이해할 수 있다.

① (A) – (C) – (B)　　　　　③ (B) – (C) – (A)
④ (C) – (A) – (B)　　　　　⑤ (C) – (B) – (A)

어휘 • **in disagreement with** ~와 의견이 맞지 않는 • **protest** 항의[반대]하다 • **wind up** (어떤 상황·장소에) 처하게 되다 • **ace** 완벽하게 하다 • **trial run** 시범 운행 • **punctual** 시간을 지키는 • **outcome** 결과

최고 오답률 Case Study 1

④　　　　　　　　　　　　　　　　　　　　　　　　　　　　　p.86

해석 우리는 세상과 우리 자신을 볼 때, 일련의 여과장치를 통해 본다. 여과장치가 무엇인지 생각해 보라. 여과장치는 어떤 것들은 흘러들어오게 하지만 다른 것들은 걸러내는 장치이다.

(B) 그 여과장치가 무엇으로 만들어져 있는가에 따라서, 그 여과장치는 보이는 것이나 그것을 통과하는 어떤 것이든 바꿀 수도 있다. 선글라스는 시각적 여과장치의 좋은 예이다.

(C) 그러나 명백하게도, 나는 지금 안경같이 쓰고 벗을 수 있는 어떤 물리적 장치에 대해 말하고 있는 것이 아니다. 사실 내가 언급하고 있는 여과장치들은 본질적으로 내적, 정신적, 감정적, 언어적, 그리고 지각적이다.

(A) 그 여과장치들을 통해, 우리는 삶의 모든 사건에 비중과 의미를 처리하고 할당한다. 어떤 것들은 흘러들어오고, 다른 것들은 걸러지지만, 모든 것, 즉 우리가 '보는' 것뿐만 아니라, 우리가 '듣고' '믿는' 것도 영향을 받는다.

① (A) – (B) – (C) → 오답률 10%
② (A) – (C) – (B) → 오답률 10%
③ (B) – (A) – (C) → 오답률 25%
⑤ (C) – (B) – (A) → 오답률 3%

해설 (B)의 the filter가 주어진 문장에서 언급된 A filter를 받으며, (C)의 physical apparatus는 뒤의 설명으로 보아 (B)에서 여과장치의 하나로 예를 든 선글라스를 가리킴을 알 수 있다. (A) Through them ~의 them은 (C)의 the filters I am mentioning을 뜻한다.

오답분석 → ③의 오답률이 높은 것은 (A) Through them ~의 them이 (B)의 Sunglasses를 뜻하는 것으로 착각했기 때문으로 추정된다.

어휘 • **filter** 필터, 여과장치 • **mechanism** 기계 장치; 메커니즘, 방법 • **screen out** 거르다, 차단하다 • **assign** 할당[배당]하다; 임명하다; 지정하다 • **apparatus** 장치, 기구; (신체의) 기관 • **verbal** 언어의; 구두의 • **perceptual** 지각(력)의 • **in nature** 본질적으로

---

1. ③　　　　　　　　　　　　　　　　　　　　　　　　　　　p.87

해석 고립감의 가장 힘든 부분 중 하나는 표현의 출구가 없다는 것이다. 화가 나면 누군가에게 화를 내고 소리를 지를 수 있다. 슬프면 울 수 있다. 하지만 고립감은 출구가 없는 방 안에 있는 듯한 느낌이 든다.

(B) 그리고 당신이 그곳에 더 오랫동안 갇혀 있을수록, 고통과 슬픔을 공유하는 것은 더 힘들어진다. 고립 상태에서는, 희망은 사라지고 절망이 지배하며 당신은 자신을 가두는 보이지 않는 벽 너머의 삶

해설 (B)의 there는 주어진 문장에서 언급한 a room을 지칭한다. (A)의 For people ~ themselves는 역접 연결어 however와 함께 쓰였으므로, 이 앞에 '자기 자신을 밀어붙일 수 있는' 사람

을 더 이상 볼 수 없다.

(C) 몇몇 사람들은 자신을 세상 속으로 다시 몰아가도록 서서히 노력하는 것이 도움이 된다는 것을 발견한다. 한 사례에서, 어떤 여성은 친구들과 네 번의 괴로운 점심 식사를 억지로 한 후, 다섯 번째 점심 식사에서 어떤 농담에 웃고 있는 자신을 발견하면서 갑자기 그 식사를 즐기게 되었다고 말했다.

(A) 그러나 자신을 밀어붙일 수 없는 사람들에게는 협력 단체가 고립감을 위한 좋은 치유책이다. 그들은 안전하고 통제된 방식으로 교제의 기회를 제공한다.

① (A) – (B) – (C) → 오답률 7%
② (A) – (C) – (B) → 오답률 16%
④ (C) – (A) – (B) → 오답률 18%
⑤ (C) – (B) – (A) → 오답률 10%

들에 대한 언급이 나와야 한다. (C)에서 그러한 사람을 예를 들어 설명하고 있다. 따라서 (B) – (C) – (A).

오답분석 → (B)로 시작하는 선택지가 하나밖에 없다고 해서 정답에서 배제하지 않도록 한다.

어휘 • **isolation** 고립(감), 격리 • **invisible** 보이지 않는, 볼 수 없는 • **imprison** 가두다, 수감하다

구문 [6~7행] And **the longer** you get stuck there, **the harder** it becomes to share the pain and sorrow.
〈the+비교급 ~, the+비교급 ...〉: ~할수록 더욱더 ...하다

2. ②

p.88

해석 놀랄 만큼 성공적이고 경제적인 잡초 제거의 예를 호주에서 찾아볼 수 있다. 1787년경 어떤 사람이 선인장의 일종인 백년초를 호주로 들여왔다.

(B) 백년초 중에서 일부가 그의 정원을 빠져나갔다. 이 새로운 지역에는 자연적인 통제 수단이 없었기 때문에 그것은 엄청나게 퍼져나가 결국 약 6천만 에이커를 차지하게 되었다.

(A) 그것을 제거하기 위해 호주의 과학자들이 백년초의 천적을 연구하러 북미와 남미로 파견되었다. 몇 가지 종으로 실험을 한 끝에 아르헨티나 나방의 알 30억 개를 호주에 풀어 놓았다.

(C) 7년 후에 빽빽이 자라던 백년초가 제거되었고 전에는 거주할 수 없었던 지역이 다시 거주지와 목초지로 이용할 수 있게 되었다. 그 모든 과정은 에이커당 1페니도 채 들지 않았다.

① (A) – (C) – (B) → 오답률 5%
③ (B) – (C) – (A) → 오답률 26%
④ (C) – (A) – (B) → 오답률 9%
⑤ (C) – (B) – (A) → 오답률 8%

해설 (B) 백년초가 너무 많이 퍼져나가 (A) them(백년초)을 제거하기 위한 조치를 취했다고 보는 것이 자연스럽다. (C) 조치를 취하고 7년 후 백년초의 군락이 모두 파괴되었다는 결과를 제시하므로, (B) – (A) – (C)가 적절한 순서다.

오답분석 → (A)의 후반에 Argentine moth가 나오는데, 단순히 (C)에 이와 관련된 어구가 언급되지 않아 (A)와 연결되지 않는다고 생각하여 (B) – (C) – (A)를 답으로 판단한 학생이 많은 것으로 추정된다. prickly pears와 같이 눈에 띄는 단서에만 의존해서는 안 되며, 여러 단서를 총체적으로 파악해야 한다. (B) – (C) – (A)로 판단할 경우, (A) To eliminate them의 them을 지칭하는 것이 (C)에는 없다는 것도 놓쳐서는 안 되는 단서이다.

어휘 • **extraordinary** 놀라운; 비범한 • **prickly pear** 백년초 • **cactus** 선인장 • **eliminate** 제거하다 • **immensely** 엄청나게, 대단히 • **uninhabitable** 사람이 살 수 없는 • **settlement** 합의; 해결; 거주지 • **grazing** 목초지

구문 [7~9행] **Having** no natural controls in this new territory, they spread immensely, eventually **occupying** about sixty million acres.
문장 앞뒤에 분사구문이 쓰였다. 앞의 분사구문은 문장의 원인을, 뒤의 분사구문은 문장의 결과를 나타낸다.
(= Because they had no natural controls in this new territory, ~, and eventually they occupied about sixty million acres.)

3. ③

p.88

해석 시간 일부를 의도적으로 즐거움을 추구하는 데 사용하기로 선택하지 않는 것의 위험 중 하나는, 당신이 자기도 모르게 단지 평범한 시간으로 부정적인 면을 상쇄하는 데 스스로 만족하면서 그저 하루 종일 표류하게 될 수도 있다는 점이다.

(B) 이것의 단기적 영향은 아주 적지만, 평범한 일상은 당신이 경험할 수도 있는 어떤 부정적인 일에 적

해설 (B) The short-term effects of this의 this가 주어진 문장의 '단지 평범한 시간으로 부정적인 면을 상쇄하면서 하루 종일 표류하는 것'을 가리

절히 대응하기에는 그 자체로 불충분하므로 장기적으로 이것은 상당히 해로운 영향을 가져올 수 있다. (A) 긍정적인 행동을 취하는 것이, 무엇이든 당신을 행복하게 하는 일에 보낼 시간을 만들어내는, 바람직한 생활구조를 만들기 위한 최적의 해결책이다. 다른 모든 일을 멈추고 무엇이든 당신을 행복하게 하는 일에 집중하는 그 순간에 당신은 편안해지기 시작함을 느낄 것이다.
(C) 지속적인 적용은 행복감의 지속적인 증가를 불러올 것이고, 그것은 시간이 흐를수록 커질 것이다. 그러므로 당신을 행복하게 만드는 일에 적극적으로 참여하는 충분한 휴식을 언제라도 취하지 않은 채 그저 목적 없이 방황하지 않도록 하라.

김을 파악해야 한다. (A)에서 '긍정적 행동'을 부정적인 일에 대응하는 대안으로 제시하고 있으며, (C)에서는 이러한 긍정적 행동을 계속 적용한 결과로 행복감이 계속 증가할 것이라고 이야기하고 있다. 따라서 (B) – (A) – (C).

① (A) – (B) – (C) ② (A) – (C) – (B)
④ (B) – (C) – (A) ⑤ (C) – (A) – (B)

어휘 •**portion** 부분, 일부 •**deliberately** 고의로, 의도[계획]적으로 •**drift** (확실한 목적 없이) 표류하다; (서서히 일어나는) 이동[추이] •**unwittingly** 자기도 모르게 •**offset** 상쇄[별충]하다 •**negativity** 부정적[비관적] 성향; 소극성 •**affirmative** 긍정하는, 동의하는 •**minimal** 아주 적은, 최소의 •**detrimental** 해로운 •**insufficient** 불충분한 (↔ sufficient 충분한) •**application** 지원; 적용, 응용 •**sustained** 지속된, 한결같은, 일관된 •**aimlessly** 목적 없이

구문 [1~4행] One [of *the dangers* [of not choosing ~ pursuing pleasure]] is that you may allow yourself to simply
　　　　　　S　　　　　　　　　　　　　　　　　　　　　　V　　　　　　　　　　　C
drift through the day, / unwittingly **contenting** yourself with offsetting any negativity with *periods of time* [that are just ordinary].
contenting 이하는 부대상황을 나타내는 분사구문. (= as you unwittingly content yourself ~)

4. ①　　　　　　　　　　　　　　　　　　　　　　　　　　　　　　　　　p.89

해석 기술 회사 애플이 길을 잃고 컴퓨터 시장에서 고전하여, 스티브 잡스를 다시 고용했을 때 그는 단번에 중대한 문제점을 깨달았다.
(A) 애플은 단순히 한꺼번에 너무 많은 분야에서 성공하려고 노력하고 있었다. 훌륭한 직원들을 고용했음에도 불구하고, 그들은 과도한 업무로 어떤 것이든 빠르게, 그리고 훌륭하게 완성하는 일에 집중할 수 없었다.
(C) 그래서 그는 프로젝트 수를 몇백 개에서 단 네 개로 줄였다. 이는 대담한 결정이었으나, 곧바로 절묘한 행동으로 밝혀졌다. 회사는 단 몇 개의 물건을 생산하고 있었지만, 각각은 수백만 명의 사람들에게 '꼭 필요한' 물건이었다.
(B) 결과적으로, 회사는 곧 세계에서 가장 중요한 상표 중 하나가 되면서, 수십억 달러에 달하는 매출액을 자랑했다. 교훈은 더 적은 프로젝트에 집중함으로써 회사는 질이냐 양이냐의 사이에서 결정할 필요가 없고, 대신 양질의 대량 생산을 할 수 있다는 것이다.

해설 (A)에서 주어진 문장이 언급한 중대한 문제점이 무엇이었는지 설명하고 있다. (C)는 스티브 잡스가 그 문제를 해결하기 위해 어떤 결정을 내렸는지 말하고 있으며, (B)에서 결과적으로 애플이 세계에서 가장 중요한 상표가 되었음을 설명하고 있으므로 (A) – (C) – (B)가 적절하다.

오답분석 → 주어진 문장에 스티브 잡스가 나온다고 해서 (C)가 주어진 문장 다음에 이어질 것으로 착각하지 않도록 한다.

② (B) – (A) – (C) ③ (B) – (C) – (A)
④ (C) – (A) – (B) ⑤ (C) – (B) – (A)

어휘 •**stretched too thinly[thin]** 일이 너무 많아 지친, 과로한 •**boast** 뽐내다, 자랑하다 •**turnover** (기업의) 매출량[액] •**masterstroke** (성공적인 결과를 가져오는) 절묘한 행동[일]

구문 [1~2행] When the technology firm Apple, **having lost** its way and **struggling** in the computer marketplace,
　　　　　　　　　　　S′
rehired Steve Jobs, he ~.
　V′
When이 이끄는 부사절에서 주어와 동사 사이에 분사구문이 삽입되어 주어를 부연 설명하고 있다. 문장보다 앞선 때를 나타내기 위해 완료형 (having lost)이 쓰였다. (= When the technology firm Apple, which had lost its way and was struggling in the computer marketplace, rehired ~.)

[6~7행] As a result, the company ~, **with its brand becoming** one of the most important in the world.
⟨with + O + v-ing[p.p.]⟩는 부대상황을 나타내며, 'O가 v한 채로, v하면서, v하여'로 해석한다.

②

p.90

해석 확실히 우리 모두 똑같은 시각 장치를 가지고 있으므로 색과 같은 기본적인 것을 똑같은 방식으로 바라볼까? 그렇지 않다. 색을 보는 것은 흑백 논리의 문제가 아니라는 것이 밝혀졌다. 그것은 거의 그렇게 간단하지 않다.
(B) 언어는 우리가 색을 '보는' 방식에 상당한 영향을 미친다. 더 엄밀히 말하면, 우리가 가시적인 스펙트럼의 여러 부분을 어떻게 나누고 분류하는지에 영향을 준다. 우리 눈은 적절히 이름 붙여진 적외선과 자외선 사이의 대략 똑같은 빛의 범위를 인식한다.
(A) 그러나 우리가 사용하는 각기 다르게 명명된 (빛의) 분절의 수는 다양하다. 어떤 언어들은 검은색과 흰색과 같은 두 가지 기본색만을 구별한다. 다른 언어들은 녹색, 노란색, 파란색 그리고 갈색을 추가한다.
(C) 이와 같은 다양한 색깔 분류는 'grue'라는 단어로 잘 설명된다. 심리학자들은 녹색과 파란색을 구분하지 않는 언어를 설명하기 위해 이 단어를 사용한다.

① (A) – (C) – (B) → 오답률 6%
③ (B) – (C) – (A) → 오답률 16%
④ (C) – (A) – (B) → 오답률 10%
⑤ (C) – (B) – (A) → 오답률 11%

해설 주어진 글에서 우리가 똑같은 시각 장치를 가지고 같은 방식으로 색을 인식하는 것처럼 보이지만 실제로는 그리 쉽게 설명될 수 있는 문제는 아니라고 말하고 있다. 이에 대해 우리가 색을 인식하는 데 언어가 영향을 미친다는 내용의 (B)가 오는 것이 자연스러우며, 그 언어에 따라 색의 분류가 다양하게 나타난다는 (A)가 그 뒤에 오는 것이 자연스럽다. 또한, 이러한 다양한 색 분류를 나타내는 단어로 앞의 내용을 부연 설명하고 있는 (C)가 이어진다. 따라서 (B) – (A) – (C).

오답분석 → 주어진 글 다음에 (C)가 올 것이라 판단한 학생이 21%이다. 주어진 글에서 색에 대한 이야기가 나오는데, (B)에서는 갑자기 언어에 대해 설명하고 있어 주어진 글과 직접적 관련이 없다고 생각했을 가능성이 크다. 어구에 의존하지 말고, 글의 논리 흐름을 파악하도록 하자.

어휘 •**segment** 부분; 구분 •**register** 등록하다; 기억하다; 인식하다 •**aptly** 적절히 •**infrared** 적외선의 •**ultraviolet** 자외선의 •**categorization** 분류 •**illustrate** (책 등에) 삽화를 쓰다; 분명히 보여주다; 실증하다 •**distinction** (뚜렷한) 차이[대조]; 구분

---

1. ⑤

p.91

해석 신경 회로망은 무작위한 세부사항들 사이에 숨은 패턴을 찾아내는 것에 인간의 뇌만큼이나 상당히 익숙한 인공지능의 한 형태이다. 이것이 인공지능이 매우 유용한 것으로 밝혀진 이유 중 하나이다.
(C) Stylometrics(문체 측정)는 원저자를 알아내기 위해 중요한 원고와 그 밖의 역사적 문헌의 필적을 분석하는, 통계 기반의 방식이다. 문체 측정을 위한 신경 회로망은 역사가이자 학자인 토머스 메리엄에 의해 1990년대에 발명되었다.
(B) 이 회로망은 셰익스피어와 그 동시대인들이 글 쓰는 스타일을 인식하도록 개발되었다. 그것은 방대한 표본 문서를 분석하여 특정 단어의 상대적 빈도와 같은 특징을 뽑아낸 다음 그것을 저자에 따라 분류한다.
(A) 일단 숙달이 되니, 이 신경 회로망은 전에는 알아보지 못했던 문서의 저자들을 식별하는 데 매우 탁월했다. 이 방법의 정교함 덕분에 셰익스피어 희곡의 진짜 원작자에 관한 많은 의혹이 말끔히 해결되었다.

① (A) – (B) – (C)
② (B) – (A) – (C)
③ (B) – (C) – (A)
④ (C) – (A) – (B)

해설 주어진 문장은 신경 회로망이 무작위 속에서 숨은 패턴을 찾아내며 이것이 유용함을 말하고 있다. 이것이 유용하게 쓰이는 형태로 stylometrics를 언급하는 (C)가 나오고, 이 회로망의 작동 원리를 설명하는 (B)가 자연스럽게 연결되며, 그 결과 문서의 저자를 탁월하게 식별할 수 있음을 말하는 (A)가 이어지는 것이 적절하다.

오답분석 → (A)의 this neural network와 (B)의 The network가 주어진 문장의 A neural network를 가리키는 것으로 착각할 수 있다. 그러나 (A), (B)의 (neural) network는 (C)에서 언급한 '문체 측정을 위한 신경 회로망'을 가리키고 있음을 문맥을 통해 파악해야 한다.

어휘 •**neural network** 《컴퓨터》 신경 회로망 •**artificial intelligence** 인공지능 •**attuned** 익숙한; 적절히 대응하는 •**excel** 탁월하다, 남을 능가하다 •**ingenuity** 독창력; 정교함 •**authorship** 원작자; 저술 (작업) *cf.* **author** 작가, 저자 •**settle** (논쟁 등을) 해결하다, 합의를 보다 •**once and for all** 완전히, 최종적으로 •**contemporary** 동시대인; 동시대의 •**extract** 뽑아내다; 추출물 •**statistics** 통계; 《단수 취급》 통계학 •**manuscript** 원고; 필사본

Case **Review Tests**

1. ④

p.92

해석 마다가스카르에서 식물학자들은 그 크기가 너무 커 인공위성 이미지로도 확인할 수 있는 나무 종(種)을 발견했다. 이 종은 마다가스카르에서만 볼 수 있으며, 이전에 이것과 비슷한 나무가 발견된 적은 한 번도 없었다.

(C) 마다가스카르 섬 사람들은 그 나무의 존재를 알고 있었다. 그러나 작년에서야 비로소 그 나무가 꽃을 피우는 것을 보게 되었는데, 꽃이 특이한 방식으로 피었다. 영국 큐 식물원의 식물학자들은 그 사건에 대한 소식을 듣고 그것을 직접 보기 위해 그 섬으로 떠났다.

(A) 개화 과정을 지켜본 식물학자들은 매우 놀랐다. 그들은 이렇게 보고했다. 처음에 나무 꼭대기에서 매우 긴 가지가 하나 돋아났다. 그런 다음 몇 주 후 이 한 개의 가지가 모양이 변하면서 뻗어 나가기 시작했다. 그들이 말하길 결국에는 그 가지의 모양이 크리스마스트리를 닮게 되었다고 했다.

(B) 그런 다음 수백 개의 작은 꽃들이 가지에서 피어났다. 수분 작용이 이루어진 다음에는 그 작은 꽃들이 열매로 바뀐다. 그러나 이런 생식 주기에 상당한 에너지가 소모되기 때문에 그 나무는 꽃을 피운 다음 쓰러져 죽을 수밖에 없다.

① (A) – (C) – (B)   ② (B) – (A) – (C)
③ (B) – (C) – (A)   ⑤ (C) – (B) – (A)

해설 (C)의 its existence에서 it은 주어진 문장의 나무 종을, (A)의 Those는 (C)의 Botanists 를 의미한다. 마지막으로 개화 과정을 묘사하는 (B)가 이어져야 적절하다. 각 문장의 대명사가 지칭하는 대상을 정확히 파악해야 한다. 따라서 정답은 (C) – (A) – (B).
오답분석 → (A)의 Those를 주어진 문장의 botanists로 착각하지 않도록 한다.

어휘 •**botanist** 식물학자 •**initially** 처음에는, 초기에는 •**shoot** 새로 나온 가지, 식물의 발아; 사격 •**pollination** 《식물》 수분(受粉) 작용 •**reproductive** 생식의, 번식의 •**cannot but v** v하지 않을 수 없다 (= cannot help v-ing) •**collapse** 쓰러지다, 무너지다 •**extraordinary** 특이한, 비정상적인 •**see for oneself** 자신이 직접 보다, 스스로 확인하다

2. ④

p.93

해석 재무 계획 분야에는 다른 청구서에 돈을 내기 전에 먼저 자신에게 돈을 내는 것이 중요하다는, 일반적으로 받아들여지는 원칙이 있다. 즉, 자신을 채권자로 생각하는 것이다.

(B) 이 재무 지혜의 이유는 당신이 만약 다른 모든 이들에게 돈을 지급할 때까지 저축하는 것을 미룬다면, 당신에게는 저축할 돈이 하나도 남아 있지 않을 거라는 점이다!

(C) 그 결과 당신은 너무 늦어버려서 저축에 대해 아무것도 하지 못할 때까지 계속해서 저축 계획을 연기할 것이다. 그러나 만약 자기 자신에게 먼저 돈을 내면, 다른 모든 사람에게도 돈을 지불할 만큼은 어떻게든 있을 것이다.

(A) 동일한 원칙이 어떤 정신 수행 프로그램을 실행하는 데도 중요하다. 만약 당신이 프로그램 실행을 당장 시작하지 않고, 대신에 다른 잡다한 모든 일을 끝낼 때까지 기다린다면, 당신은 아마도 절대 시작하지 않을 것이다.

① (A) – (B) – (C)   ② (A) – (C) – (B)
③ (B) – (A) – (C)   ⑤ (C) – (B) – (A)

해설 (B)는 this financial wisdom이라는 표현을 보아 주어진 글에 대한 상술이므로 주어진 글 뒤에 이어지는 것이 적절하다. (C)의 The result 는 (B) 내용의 결과로 보는 것이 자연스럽다. (B), (C)는 재무 관련 원칙인 데 비해 (A)의 내용은 정신 수행에 있어서의 원칙을 언급한 것이므로 순서는 (B) – (C) – (A)가 자연스럽다.
오답분석 → (A)에서 주어진 문장에서 언급된 principle이라는 어구가 나온다고 해서 주어진 문장 뒤에 (A)가 이어질 것으로 판단하거나, (C)의 result라는 표현 때문에 (C)가 가장 마지막에 올 것이라고 단순히 파악하지 않도록 한다.

어휘 •**creditor** 채권자 (↔ debtor 채무자) •**identical** 동일한 •**implement** 실행[이행]하다 •**spiritual** 정신의 •**postpone** 미루다, 연기하다 •**somehow** 어떻게 해서든지; 아무래도

구문 [9~10행] The result is that you'll keep postponing your savings plan until it's **too** late **to do** anything about it. 〈too ~ to-v〉: 너무 ~해서 v할 수 없다

3. ②

해석 라틴 아메리카 시골 지역의 정착은 북미 정착과는 다른 과정을 거쳤다. 라틴 아메리카 사람들은 개인의 가족농장으로 정착하지 않았다.
(B) 이는 정부가 토지 사유화를 장려하지 않았기 때문이다. 부유한 사람들이 토지 대부분을 소유했고 그것으로 하시엔다로 불리는 대규모 단지를 형성했다.
(A) 더 가난한 사람들은 저임금으로 이러한 단지에서 일했다. 그들에게는 언제든 자신의 땅을 소유하겠다는 희망이 거의 없었다. 또한, 토지소유주들은 토착 인디언들이 하시엔다에서 강제로 일하게 했으며 나중에는 같은 목적으로 수백만 명의 아프리카 노예들을 데려왔다.
(C) 그렇지만 많은 지주들은 토지를 개발하거나 그것을 현명하게 사용하는 것에 관심이 거의 없었다. 그들의 태도로 인해 노동자들은 계속 가난했고 토지는 개발되지 못했으며, 많은 라틴 아메리카의 국가들이 농업국가로 남아있게 되었다.

① (A) – (C) – (B) → 오답률 5%
③ (B) – (C) – (A) → 오답률 26%
④ (C) – (A) – (B) → 오답률 6%
⑤ (C) – (B) – (A) → 오답률 6%

해설 (B)는 라틴 아메리카 사람들이 왜 개인의 가족농장을 가질 수 없었는지에 대한 이유를 설명하므로 주어진 문장 뒤에 오는 것이 자연스럽다. (A)의 these estates가 (B)의 하시엔다를 받고, 부유한 사람들은 가난한 사람들과 인디언 토착민들을 강제적으로 일하게 했을 뿐 (C) 토지 개발에 관심이 없어 결국 라틴 아메리카의 많은 국가들이 농업국가로 남았다는 흐름이 적절하다. 따라서 (B) – (A) – (C).

오답분석 → ③ (C)의 the owners가 (B)의 Wealthy men과 이어진다고 생각하여 단순히 (B) 다음에 (C)가 올 것으로 판단한 학생이 많은 것으로 추정된다. 그러나 (C)에는 (A)의 these estates가 가리키는 어구가 없다.

어휘 • **settlement** 합의; 해결; 정착 • **estate** 사유지[토지]; 단지, 지구; 재산 • **ownership** 소유(권) • **agricultural** 농업의

---

4. ③

p.94

해석 연구원 대부분은 잘 때 단기 기억이 고정되어 장기 기억으로 바뀐다는 데 동의한다.
(B) 기억 강화라고 불리는 이 과정은 동시에 발생하는 두 가지 절차를 포함하는 것으로 보이는데, 거의 사용되지 않는 신경 연결을 약화하는 것과 새롭게 형성된 기억을 재생함으로써 그것의 패턴을 강화하는 것이다.
(A) 신경과학자 마양크 메타는 이 과정을 새로운 메시지가 예전의 메시지와 겹쳐 혼동되지 않도록 칠판을 지우는 것에 비유했다. 줄리오 토노니와 그의 동료는 숙면하도록 하는 크고 느린 뇌파가 활동적인 (신경) 연결의 수를 줄여서 칠판을 깨끗이 닦는 동안, 더 빠른 활동의 짧은 (신경) 격발이 새로운 학습을 새긴다고 제시한다.
(C) 이러한 뇌파 활동의 놀라운 결과는 새로운 기억이 명확히 두드러지도록 한다는 점이다. 우리는 기억하기 위해 잊는 것처럼 보이며, 깊이 잠들어 모든 것이 조용하고 숨결이 느려지며 백지가 될 때 우리는 이것(기억하기 위해 잊는 것)을 가장 잘할 수 있다.

① (A) — (B) — (C)
② (A) — (C) — (B)
④ (B) — (C) — (A)
⑤ (C) — (B) — (A)

해설 (A)의 it, (B)의 The process, (C)의 this brain-wave activity가 각각 무엇을 가리키는지 파악해야 한다. (B)의 The process는 주어진 글의 '단기 기억이 장기 기억으로 바뀌는 과정'을 뜻하며, (A)의 it이 이 과정을 가리키고 (B)의 내용을 부연 설명한다. (A)에서 빠른 뇌파와 느린 뇌파가 어떤 일을 하는지 언급하고 있고, (C)의 this brain-wave activity가 이를 가리키므로 자연스러운 순서는 (B) – (A) – (C)다.

어휘 • **anchor** 닻; 닻을 내리다; 고정시키다 • **neuroscientist** 신경과학자 • **liken** ((to)) (~에) 비유하다, 비기다 • **overlap** 겹치다; 겹치게 하다 • **dominate** 지배하다 • **inscribe** (이름 등을) 쓰다[새기다] • **consolidation** 강화; 통합, 합병 • **simultaneous** 동시의 • **neural** 신경의 • **slate** 석판 (과거에 아이들이 학교에서 글씨 쓰는 데 이용했던 것) *cf.* **wipe the slate clean** 깨끗이 잊어버리다

구문 [4~7행] Giulio Tononi and his colleague propose that *the large, slow brain waves* [that dominate deep sleep]
S   V   O   S'
wash the board clean by reducing ~, while the brief bursts ~.
V'   O'
propose의 목적어인 that절이 〈주절+while 부사절〉로 구성되어 있다.

[12~14행] ~, and we do this best **when** we are deeply asleep, all is quiet, our breathing is slow, `and` the slate is clean.
when이 이끄는 부사절 4개의 절이 and로 병렬 연결되어 있는 구조.

5. ②

해석 "안녕, 안녕! 이별은 그렇게 달콤한 슬픔이니 날이 샐 때까지 안녕이라는 말을 할 거예요." 셰익스피어의 (작품에서) 줄리엣이 이렇게 말했다. 하지만 헤어짐의 고통 속에 어떻게 즐거움이 있을 수 있을까? (A) 이 경우, 그 달콤함은 로미오가 다음날 돌아올 것을 알기 때문이라는 것을 알아차리기는 어렵지 않다. 그러나 현실은 그러한 확실성을 항상 주는 것은 아니며 당신이 사랑하는 사람과 함께 있는 즐거움에는 영원히 지속하는 것이 아무것도 없음을 이해하는 것을 동반한다. (C) 한 남자가 소중한 누군가를 잃는다고 가정해보자. 그러고 나서 그는 비통함이라고 불리는 정상적인 과정을 겪는다. 비통함의 첫 번째 단계는 부정(否定)인데, 유족은 죽은 사람이 정말로 죽었을 리가 없다고 믿는다. (B) 이것이 나중에 분노, 공포, 죄책감, 그러다가 우울함으로 바뀌어, 두통과 같은 신체적 고통을 동반할 수도 있고, 그러고 나서 사랑하는 사람이 없는 삶에 최종적으로 순응한다. 헤어짐은 슬픔과 희망을, 그리고 비통함과 달콤함을 한데 섞어 우리의 감정에 강하게 영향을 미친다.

① (A) — (B) — (C) ③ (B) — (C) — (A)
④ (C) — (A) — (B) ⑤ (C) — (B) — (A)

해설 주어진 글에서 질문이 나오는데, (A)의 첫 문장은 그에 대한 답변으로 매우 적절하다. 주어진 글의 pleasure는 the sweetness로 바꿔 표현되었다. (B)의 This가 가리키는 것은 주어진 글이나 (A)에 없고 (C)에서 말하는 부정(不定)의 감정이 이에 상응한다. (C)는 (A)의 예시로 들어가는 것이 자연스러우므로 올바른 순서는 (A) — (C) — (B)이다.

어휘 •**parting** 이별, 작별 •**morrow** 《구식 문어체》 내일 (= tomorrow) •**give way** ((to)) 양보하다; ((to)) 바뀌다, 대체되다 •**guilt** 죄책감; 유죄 •**depression** 우울; 불경기 •**be accompanied by A** A를 동반하다 •**adjustment** 조정; 적응, 순응 •**grief** 큰 슬픔, 비통 *cf.* **grieve** 몹시 슬퍼하다 •**go through** 경험하다, 겪다; 조사하다 •**phase** 양상; 단계 •**denial** 부정, 부인 •**bereaved** 사별을 당한

6. ①

해석 어떤 동물이 (굶주린) 배를 채우는 데 만성적으로 어려운 시기를 겪을 때, 그 동물의 몸에서는 분자 단위로 무언가 흥미로운 일이 벌어진다. (A) 노화 속도가 느려지고, 세포는 먹을 것을 구할 수 있을 때처럼 빨리 죽지 않는다. 예상할 수 있는 상황과는 반대로, 이런 상황에서 세포의 건강은 나빠지지 않는다. 신체는 결핍을 감지하고는, 에너지를 절약하고 최악의 상황에 대비하기 위해 온 힘을 끌어 모으는 것으로 보인다. (C) 다시 말해, 각 세포는 더 강하고 신중해진다. 이것은 주로 시르투인이라는 일종의 단백질 덕분으로, 일부 학자들은 이 물질이 세포의 생장 속도를 늦춘다고 여긴다. (B) 수많은 연구가 이를 뒷받침한다. 초파리, 생쥐, 쥐, 개와 같이 다양한 동물들의 평소 식사량을 35~40% 줄이면 수명이 30%까지나 늘어나게 된다.

② (B) — (A) — (C) ③ (B) — (C) — (A)
④ (C) — (A) — (B) ⑤ (C) — (B) — (A)

해설 (A)가 주어진 글의 '흥미로운 일'이 무엇인지 구체적으로 설명한다. (C)는 In other words로 시작하여 (A)의 내용을 다른 말로 풀어 설명하고 있으므로 (A) 뒤에 나오는 것이 자연스러우며, 앞에서 설명한 내용을 수많은 연구가 뒷받침한다는 (B)가 이어져 (A) — (C) — (B)가 적절하다.

어휘 •**chronically** 만성적으로 •**intriguing** 매우 흥미로운 •**molecular** 분자의 •**deteriorate** 악화되다 •**deprivation** (필수적인 것의) 결핍[부족] •**all hands on deck** 모두 손을 모아 돕다 •**conserve** 아끼다; 보존하다 •**back (A) up** (A를) 뒷받침하다; (A를) 지지하다 •**life span** 수명 •**cautious** 조심스러운, 신중한

구문 [11~12행] ~, which (**some scientists suspect**) reduce the rate of cell growth.
관계대명사 which 뒤에 〈주어+동사〉가 삽입된 구조.

7. ③

해석 관계망을 이해하는 것은 혁신적이고 명시적이지 않은 전략을 이끌어낼 수 있다. 감염의 확산을 막기 위해 무작위로 집단을 면역하는 것은 보통 인구의 80에서 100퍼센트가 면역되는 것이 필요하다.

해설 (B)는 홍역을 예로 들어 주어진 글을 좀 더 구체적으로 뒷받침하고, 대안을 제시한다. 하지만 (C)는 (B)에서 제시

(B) 예를 들어, 홍역의 확산을 예방하기 위해서는 인구의 95퍼센트가 면역되어야만 한다. 보다 효율적인 대안은 관계망의 중심, 다시 말해 관계망의 중심에 있는 사람들이나 접촉이 가장 많은 사람들을 겨냥하는 것이다.

(C) 하지만 한 집단을 어떻게 가장 잘 면역할 수 있을지 알아내려고 할 때 그 집단의 관계망 연결을 사전에 파악하는 것은 종종 불가능하다. 창의적인 (또 하나의) 대안은 무작위로 선발된 사람들의 지인을 면역하는 것이다.

(A) 이 전략은 우리가 전체 구조를 볼 수 없을지라도 관계망의 특성을 이용할 수 있게 한다. 지인들은 더 많은 연결고리를 가지고 있고, 그들을 지명한 무작위로 선발된 사람들보다 좀 더 관계망의 중심에 있다.

① (A) − (C) − (B) → 오답률 5%
② (B) − (A) − (C) → 오답률 18%
④ (C) − (A) − (B) → 오답률 12%
⑤ (C) − (B) − (A) → 오답률 7%

한 대안의 한계점을 설명하고 이보다 더 창의적인 대안을 이야기하며, (A)의 This strategy는 (C)에서 설명한, 무작위로 선발된 사람들의 지인을 면역하는 창의적인 방법을 가리킨다. 그러므로 (B) − (C) − (A)가 올바른 답이다.

오답분석 → (A)의 This strategy가 (B)와 (C)의 alternative 중 어느 것을 가리키는지 파악하는 것이 중요하다. ②의 오답률이 높은 것은 학생들이 This strategy가 (B)의 efficient alternative를 가리키는 것으로 착각한 듯 보인다.

어휘 •innovative 혁신적인, 획기적인 •immunize 면역력을 갖게 하다 •infection 감염; 전염병 •exploit 착취하다; (충분히) 활용하다 •acquaintance 지인 •measles 홍역 •epidemic 유행병, 전염병; (급속한) 확산, 유행 •alternative 대안; 선택 가능한 것 •hub 중심지; 중추 •namely 다시 말해 •discern 파악하다; 분별하다

구문 [2~3행] Randomly immunizing a population to prevent the spread of infection typically <u>requires</u> that 80 to 100
　　　　　　　　　　　　S　　　　　　　　　　　　　　　　　　　　　　　　　　　　　　　　　　　V　　　O
percent of the population (**_should_**) be immunized.
　　　　　　S'　　　　　　　　　　V'
당위성을 내포하는 동사 require에 이어지는 that절에서 동사에는 〈should+동사원형〉의 형태가 오며, 이 때 should는 종종 생략된다.

8. ④
p.97

해석 생태계에는 비선형적인 상호 작용이 많이 있어서 날씨와 주식 시장에서처럼 작은 소란이 갑작스럽고 예측 불가능한 상태의 변화를 불러올 수 있다.

(B) 예를 들어, (여우의) 먹이인 붉은 뇌조의 수를 늘리기 위해 여우를 총살하는 시도는 바람직하지 않은 결과를 가져올 수도 있는데, 포식자(여우)는 보통 기생충에 가장 많이 감염된 새(붉은 뇌조)만을 잡기 때문이다. 일단 여우들이 제거되면 질병이 퍼져서 전보다 더 많은 새들이 죽을 것이다.

(C) 이러한 예측 불가능한 결과는 한 군집 내에 있는 종(種)들 사이의 많은 연관성이 단순함과는 거리가 멀다는 것을 강조한다. 이에 해당하는 예로, 흙 밑의 복잡한 세계에서 생물체들은 장소마다 매우 다르지만, 어떻게든 대략 똑같은 혼합비의 영양소를 생성한다.

(A) 그러한 각각의 서식지는, 각기 어쩌다 (그곳에) 도착했지만, 생태학적으로 동등한 생물들의 우연한 집합으로 이루어져 있다. 이런 예들은 생태계 이면에 있는 법칙에 대한 우리의 무지를 드러낼 뿐만 아니라, 혼돈과 복잡성이 예외가 아닌 (생태계의) 규칙일지도 모른다는 암시를 준다.

① (A) − (B) − (C)
② (A) − (C) − (B)
③ (B) − (A) − (C)
⑤ (C) − (A) − (B)

해설 (B)에서 주어진 문장에 나온 어구가 나오지는 않지만 '작은 소란이 예측 불가능한 변화를 불러오는 것'의 예시임을 파악해야 한다. 이 예시를 통해 (C)에서 생태계는 복잡하다는 사실을 이끌어내고 있으며, (A)의 첫 문장은 (C)의 예시와 이어지고 (A)의 두 번째 문장은 앞의 예들을 통해 결론을 내고 있으므로 (B) − (C) − (A)가 적절하다.

오답분석 → 주어진 문장에서 unpredictable change가 나오는데, (C)에서 이와 비슷한 어구인 unforeseeable consequences가 언급된다고 해서 주어진 문장 다음에 올 것으로 (C)를 고르지 않도록 하자.

어휘 •non-linear 비선형의 •interaction 상호 작용 •ecology 생태계; 생태학 _cf._ **ecological** 생태계[학]의 •stock market 주식 시장 •disturbance 방해; 소란[소동] •unpredictable 예측 불가능한 (= unforeseeable) •equivalent 동등한 •ignorance 무지 •hint 암시를 주다; 암시; 전조 •complexity 복잡성 •predator 포식자, 포식 동물 •parasite 기생충, 기생 동물[식물] •intricate 복잡한, 정교한 •organism 유기체, (미세한) 생물체

구문 [5~6행] | Not only | do such examples <u>reveal</u> our ignorance ~, | but | they hint that ~.
　　　　　　　조동사　　　S　　　　　　V
〈not only A but (also) B (A뿐 아니라 B도)〉의 구조에서, 부정어인 not only가 문두에 와서 〈조동사−주어〉의 어순이 되었다.

[8~11행] *An attempt* [to shoot ~ red grouse prey], for instance, <u>might have</u> an undesirable effect, **for** the predators
_{S₁}   _{V₁}
~, // and **once** <u>they</u> <u>are removed</u>, / <u>disease</u> will spread and kill many more ~.
                   _{S₂′} _{V₂′}   _{S₂}
여기서 for은 접속사로, '(왜냐하면) ~이므로'라는 의미. once는 '일단 ~하면'이라는 뜻의 접속사.

9. ⑤

p.98

해석 뉴멕시코의 한 여자가 어느 날 아침 자신의 토스트에서 예수님의 얼굴을 발견했고, 그 광경을 보려고 수천 명의 신도들이 여행을 왔다. 우주선이 사람 얼굴을 닮은 바위 사진을 찍었더니, 그 '화성의 얼굴'은 곧바로 큰 화제가 되었다.
(C) 당신은 어떤가? 당신도 어떤 것에서든 얼굴을 본 적이 있는가? 당연하다. 인간의 뇌는 패턴을 찾는다. 사실, 뇌가 익숙한 패턴을 찾지 못하면 그냥 어떤 패턴을 만들어낸다.
(B) 그것은(= 인간의 뇌는) 이미지가 불분명할 때 특히 그렇게 할 수 있다. 불분명한 사진에서 '화성의 얼굴'을 찾아낸 지 25년 후, 화성 전역조사선이 그 바위 형성의 선명한 이미지를 보냈는데, 그 사람 얼굴은 평범한 돌무더기로 흩어지고 없었다.
(A) 우리는 패턴 인식에 있어서 과민 반응을 보인다. 그러니 회의적으로 남아있으라. 만약 팬케이크의 바삭바삭한 부분이 예수님의 얼굴과 닮아 보이기 시작한다면, '그가 그토록 자신을 드러내고 싶어 한다면 왜 텔레비전에서 드러내지 않을까?'라고 스스로 물어보라.

① (A) – (B) – (C)   ② (A) – (C) – (B)
③ (B) – (C) – (A)   ④ (C) – (A) – (B)

해설 주어진 글에서는 토스트와 화성의 바위가 얼굴을 닮았다는 사례가 나온다. 이런 사례는 뇌가 패턴을 찾는 예임을 설명하는 (C)가 다음에 이어지는 것이 자연스러우며, 이미지가 불분명할수록 뇌가 패턴을 만들어 낼 수 있다는 (B)가 (C)의 부연 설명으로 나오고, 따라서 이에 대해 회의적인 태도를 가지라는 (A)가 이어지는 것이 적절하다.
오답분석 → (A)의 Jesus's face, (B)의 face on Mars로 인해 주어진 글 다음에 (A)나 (B)가 이어질 것이라 단편적으로 생각해서는 안 된다.

어휘 •**make headlines** 화제가 되다 •**oversensitive** 지나치게 민감한 •**skeptical** 회의적인, 의심하는 •**crispy** 바삭바삭한 •**uncover** 뚜껑을 벗기다; 알아내대[적발하다] •**dissolve** 녹다; 녹이다; 사라지다, 흩어지다

10. ④

p.99

해석 인류학자인 브라이언 헤어가 개와 실험을 했는데, 그 실험에서 그는 음식 한 조각을 서로 몇 피트 떨어져 있는 두 개의 컵 중 하나 아래에 둔다. 개는 먹을 음식이 있다는 것은 알지만, 어느 컵에 그 상이 있는지는 모른다.
(C) 그리고 나서 헤어는 맞는 컵을 지목하고 톡톡 두드리고 똑바로 바라본다. 무슨 일이 일어날까? 개는 거의 매번 맞는 컵으로 간다. 그러나 헤어가 침팬지와 같은 실험을 했을 때 침팬지는 그것을 제대로 알아채지 못했다. 개는 도움을 청하기 위해 당신을 쳐다보겠지만, 침팬지는 그렇게 하지 않을 것이다.
(A) 그것들이 인간과 협동하는 데 그러한 차이가 있다. 헤어는 영장류가 같은 종(種) 단서를 이용하는 데 아주 능숙하다고 설명한다. 그러나 영장류는 당신이 협동하려고 시도할 때 인간이 주는 단서를 이용하는 데에는 익숙하지 않다.
(B) 대조적으로, 개는 인간이 매우 인간다운 행동을 할 때 인간에게 주목한다. 개는 침팬지보다 영리하지는 않지만, 단지 인간에게 (침팬지와) 다른 태도를 보이고 관심이 매우 많다.

① (A) – (C) – (B) → 오답률 3%
② (B) – (A) – (C) → 오답률 4%
③ (B) – (C) – (A) → 오답률 8%
⑤ (C) – (B) – (A) → 오답률 30%

해설 (C)가 주어진 글이 소개한 실험의 결과를 설명하며, 개와 침팬지가 실험에서 보인 차이점을 언급한다. (A)의 This difference가 (C)에서 언급한 그 차이점을 가리키며, 사람과 협동하지 않는 영장류의 성향을 설명한다. (B)가 In contrast로 시작하면서 영장류와 대조되는 개의 성향을 설명하므로 적절한 순서는 (C) – (A) – (B)이다.
오답분석 → (A)의 This difference가 (B)의 a different attitude를 가리킨다고 판단한 학생들이 있어 ⑤의 오답률이 높다고 추정된다.

어휘 •**anthropologist** 인류학자 •**primate** 영장류 •**virtually** 사실상, 거의 •**get A right** A를 바르게 이해하다

Brush Up Your Reading Skills!

A ③
p.104

해석 그리스인의 자유와 개성만큼 두드러지는 것은 세계에 대한 그들의 호기심이다. 아리스토텔레스는 호기심이 인간을 독특하게 정의하는 특성이라고 생각했다. ① 성(聖) 누가는 후기의 아테네인들에 대해서 "그들은 오로지 새로운 것을 말하거나 듣는 것에만 자신들의 시간을 보낸다."라고 말했다. ② 그리스인들은 자신들이 속한 세계의 본질에 관하여 동시대의 사람들보다 훨씬 더 많이 사색했고 그것의 모델을 만들었다. (③ 노예는 그리스 사회에서 중요한 역할을 했고 그들의 지위는 사회에 그들이 얼마나 많은 노동력을 제공하느냐에 달려 있었다.) ④ 그들은 사물과 사건을 분류하고 (그것들을) 체계적으로 묘사하고 설명하기에 충분히 정확한 규칙을 생성함으로써 이러한 모델들을 고안했다. ⑤ 이것은 물리학, 천문학, 기하학, 이성 철학, 그리고 박물학의 영역에서의 발전을 특징지었다.

해설 첫 번째, 두 번째 문장을 통해 글의 주제가 '그리스인의 호기심'임을 알 수 있다. 정답인 ③은 앞에서 전혀 거론되지 않은 Slaves라는 단어로 시작하여 그리스 사회에서의 노예의 역할과 그들의 지위를 결정짓는 요소에 관해 말하고 있으므로 ③이 글의 흐름과 무관함을 쉽게 판단할 수 있다.

어휘 •**striking** 눈에 띄는, 두드러진; 빼어난 •**individuality** 개성, 특성 •**era** 시대 •**contemporary** 동시대인; 동시대의 •**speculate** 사색[숙고]하다; 추측[짐작]하다 •**categorize** 분류하다 •**sufficiently** 충분히 •**precise** 정확한, 정밀한; 엄밀한 •**systematic** 체계적인, 조직적인 •**description** 서술, 묘사 •**characterize** 특징이 되다 •**geometry** 기하학 •**rational** 합리적인, 이성적인 •**natural history** 자연사; 박물학

구문 [1~2행] **As striking as the Greeks' freedom and individuality** is *their sense of curiosity* [about the world].
C / V / S
보어(As ~ individuality)가 문두에 위치하면서 주어와 동사가 도치된 문장.

[7~8행] They constructed these models **by** <u>categorizing</u> objects and events |and| <u>generating</u> *rules* [about them] [that were sufficiently ~].
⟨by v-ing⟩는 'v함으로써'라는 뜻으로 '수단'을 나타낸다.

B ④
p.105

해석 전문가가 되고 싶다면 전문가처럼 보여라. 나는 이것을 고등학교 1학년 시절 야구 감독님에게 배웠다. ① 처음 연습한 바로 그날, 우리 모두는 야구공을 치고 던지는 것을 시작하고 싶어 했다. ② 하지만 그날 우리는 야구 유니폼을 입는 아주 세밀한 부분을 배우는 데에 하

해설 첫 문장이 주제문이며, 그 뒤로 주제문을 뒷받침하는 일화가 나온다. '보이는 모습이 중요하다'는 것이 글의 주제이므로 이와 무관

루를 보냈다. ③ 그 당시에 나는 이것이 시간 낭비라고 생각했지만, 시간이 흐르면서 야구 유니폼은 우리가 누구인지에 대한 분위기를 확립했고 우리는 우리의 모습에 자부심을 가졌다. (④ 유니폼의 재질은 적절한 유니폼을 구입하도록 도와주는 또 하나의 중요한 결정 요인이다.) ⑤ 그 자부심이 야구장까지 이어져 우리는 계속해서 대회에서 우승했고 많은 선수들을 체육 장학생으로 대학에 진학시켰다.

한 문장을 찾도록 한다. 비록 ④에서 글의 핵심 어구인 uniform이 사용되어 매력적인 오답의 요소를 갖추었지만, ③의 pride가 ⑤의 첫 부분에서 이어지고 있어 ④에서 흐름이 끊기는 것을 쉽게 알 수 있다.

어휘 •be eager to-v v하고 싶어 하다 •set the tone 풍조를 만들다[확립하다] •consistently 일관하여, 지속적으로 •athletic 운동(경기)의 •scholarship 장학생; 장학금

최고 오답률 Case Study 1

②   p.106

해석 1980년대 이래로 동물원들은 콘크리트 바닥과 쇠창살을 풀, 바위, 나무, 물웅덩이로 대체하면서 동물들의 자연 서식지를 재현하려고 노력해 왔다. 이런 환경들은 야생을 흉내 낸 것일 수 있지만, 동물들은 먹이나 잠자리, 포식동물로부터의 안전에 대해 걱정할 필요가 없다. ① 얼핏 보기에 이것은 그리 나쁜 거래처럼 보이지 않을 수도 있지만, 동물들은 수많은 복잡한 문제들을 경험한다. (→ 오답률 8%) (② 그렇지만, 대부분의 복잡한 문제들은 동물들의 건강과 안전을 보장하기 위해 지체 없이 해결되었다.) ③ 얼룩말은 가까이의 큰 고양잇과 전시장에 사는 사자의 냄새를 매일 맡으면서 도망갈 수 없는 자신들을 발견하고, 항상 두려움 속에서 산다. (→ 오답률 26%) ④ (철따라) 이동을 하거나 겨울을 대비해서 음식을 저장할 가능성도 없는데, 이는 새나 곰에게는 똑같이 분명한 파멸을 약속하는 것처럼 보일 것임에 틀림없다. (→ 오답률 20%) ⑤ 간략히 말하면, 동물원 생활은 동물들의 가장 깊이 뿌리박혀 있는 생존 본능과 전혀 맞지 않는다. (→ 오답률 2%)

해설 겉보기와는 달리 동물들은 동물원에서 여러 가지 복잡한 문제를 경험한다는 내용이므로, 이를 뒷받침하는 문장들은 그러한 문제들을 서술하는 것들이어야 한다. 그러나 ②는 그러한 문제점들의 '해결'을 언급하고 있으므로 전체 흐름에서 벗어난다. And yet이라는 연결어로 시작하고 앞에서 언급된 어구 complications가 사용되었다고 해서, ②를 흐름과 유관한 것으로 판단하지 않도록 한다.

오답분석 → ③, ④는 ①에서 언급한 numerous complications의 구체적인 사례를 설명하고 있으므로 글의 내용과 긴밀하게 연결되어 있다. ③, ④에서 앞에서 등장한 어구가 언급되지 않아 글의 흐름에서 벗어난다고 생각한 학생들이 많았던 것으로 추정된다.

어휘 •strive to-v v하기 위해 노력하다 •reproduce 복사하다; 재현하다 •simulate ~인 척하다, 흉내 내다; 모의 실험하다 •predator 포식자, 포식 동물 •at first glance 처음에는, 얼핏 보기에는 •numerous 많은 •complication (상황을 더 복잡하게 만드는) 문제; 합병증 •ensure 보장하다 •constantly 끊임없이; 거듭 •migrate 이주[이동]하다 •utterly 완전히; 전혀 •incompatible ((with)) (~와) 양립할 수 없는, 맞지 않는 •instinct 본능; 직감

구문 [6~8행] The zebras live constantly in fear, **smelling** *the lions* [in the nearby Great Cats exhibit] every day and **finding**ᵛ themselvesᴼ unable to escapeᴼᶜ.
smelling 이하는 부대상황을 나타내는 분사구문. (= as they(= the zebras) smell ~ and find themselves ~.)

[8~9행] *There is no possibility of migrating* or *of storing food for the winter*, **which** must seem to promise equally certain doom to a bird or bear.
여기서 which는 앞 내용 전체를 가리킨다.

1. ③   p.107

해석 과학자들은 종래의 약보다 효력이 낮고 부작용은 적은 약을 찾아서 바다를 조사하고 있다. ① 우리는 이미 바다로부터 연어에서 추출한 훌륭한 약과 심장병에 좋은 오메가-3 어유(魚油), 그리고 산호에서 추출한 뼈 대체

해설 첫 번째 문장을 통해 이 글은 바다에서 얻을 수 있는 훌륭하고 유망한 약에 대해 말하는 것임을 알 수 있다. 따라서 암을 유발하는 항생제를 사용하는 양식장을 언급하고 있는 ③은

물을 얻었다. (→ 오답률 3%) ② 바다에서 얻는 또 다른 개발 중인 약은 이끼 같은 바다 생물의 내부에 사는 박테리아에서 추출한, 유망한 새로운 암 치료제이다. (→ 오답률 3%) (③ 어떤 양식장은 생산량을 늘리기 위해 암을 유발하는 것으로 알려진 몇 가지 항생제를 사용하는 경향이 있다.) ④ 암세포를 죽이는 종래의 약과는 달리 그 약은 암세포를 정상 세포로 돌아가게 한다. (→ 오답률 28%) ⑤ 그리고 물고기의 세포로 만들어지고 있는 일부 항생제는 항생제에 내성이 있는 박테리아를 상대하는 데도 효과가 있을지 모른다. (→ 오답률 2%)

글의 흐름과 어울리지 않는다. ③은 글의 핵심 어구처럼 보이는 antibiotic drugs, cancer를 사용하여 마치 글과 연관이 있는 것처럼 연출했다.

오답분석 → ③과 ⑤에서 핵심어처럼 보이는 antibiotic(s)가 등장하여 이 단어가 언급되지 않은 ④를 단순히 무관한 문장이라고 생각한 학생들이 많은 것으로 추정된다. 하지만 ④의 the drug은 ②의 a promising new cancer drug을 가리키며, 이를 받는 어구가 ③에는 없다.

어휘 • in search of ~을 찾아서 • side effect 부작용 • conventional 관습적인; 전통적인, 종래의 • derive from ~에서 나오다[유래하다]; 파생하다 • salmon 연어 • replacement 대체(물) • coral 산호 • marine 바다의; 해상의 • in the works 논의[진행, 준비] 되고 있는 • promising 유망한, 촉망되는; 조짐이 좋은 • moss 이끼 • antibiotic 항생 (작용)의; 항생제, 항물질

구문 [2~4행] The ocean has already given us *wonderful drugs* [derived from salmon], *omega-3 fish oils* [for heart disease] and *bone replacements* [(derived) from coral].
(S — V — IO — DO₁ — DO₂ — DO₃)

---

2. ② p.107

해석 특허권이 합법적인 독점권을 제공하는 것에 대한 대가로, 특허 소유자들은 특허가 일단 만료되면 누구라도 그것을 복제할 수 있도록 어떻게 자신들의 발명품을 만들었는지 정확히 설명해야 한다. ① 이렇게 하여, 특허법은 기술이 대중으로부터 숨겨지지 않도록 보장함으로써 발명가뿐만 아니라 사회를 위해서도 기능한다. (② 발명가에게 승인된 이 독점권은 그들이 창의적인 연구 개발을 통한 진보보다는 돈을 버는 데 집중하도록 해 왔다.) ③ 매우 위험한 일인, 극단적인 비밀주의는 중세시대 장인 조합(길드)이 자신들의 상업적 이득을 보호하기 위해 사용하였고, 이는 사회적 발전을 거의 정체에 가깝도록 늦추었다. ④ 예를 들어, 그들이 어떻게 스트라디바리우스 바이올린에서 그렇게 아름다운 소리가 나게 하였는지 우리는 지금까지도 알지 못한다. ⑤ 이와는 대조적으로, 특허권은 적어도 이론적으로는 전문지식을 공개한다.

해설 특허권은 독점권을 제공하는 동시에 만료 시 그 지식이 공개되어 발명가나 사회에도 기능을 하고 있음을 설명하는 글이다. 그러나 ②에서는 독점권이 발명가로 하여금 돈을 버는 데 집중하게 한다는 부정적 영향에 대해 말하고 있으므로 전체 흐름과 무관하다.

오답분석 → ③은 특허 지식이 공개되지 않았던 사회에서의 부정적 결과를 설명한다. ④의 스트라디바리우스 바이올린은 중세 장인들이 자신의 기술을 대중에게 공개하지 않은 예시이므로 ③과 연결되는 내용이다.

어휘 • in return for ~의 대가로, ~의 답으로 • legal 법률의, 법률과 관련된; 합법적인 • monopoly 독점, 전매 • patent 특허(권); 특허를 얻다 • replicate 복제하다 • expire (기한이) 만료되다, 끝나다 • ensure 보장하다 • exclusive 독점적인; 배타적인; 고가의 • grant (공식적·법적으로) 승인[허락]하다; 인정하다 • advancement 발전, 진보 • secrecy 비밀 유지[엄수]; 비밀(인 상태) • medieval 중세의 • craftsman 장인, 수공예가 • standstill 정지, 멈춤

구문 [1~3행] In return for *the legal monopoly* [that a patent provides them ●], / patent owners must explain ~ **so that** anyone can replicate it **once** the patent expires.
the legal monopoly는 목적격 관계대명사절의 수식을 받고 있다. ●는 the legal monopoly가 provides의 목적어로서 원래 위치했던 자리.
〈so that ~〉은 '~하도록'이라는 '목적'의 의미. once는 '한번[일단] ~하면'이라는 뜻의 접속사.

---

3. ③ p.108

해석 미국의 심리학자인 윌리엄 제임스는 우리가 자신에게 만족할 수 있는 능력이 (우리가 하는) 모든 노력의 범위에서 성공을 경험하는 것에 달려있지 않다고 주장했다. ① 그는 무엇을 승리로 해석할 것인가, 그리고 무엇을 실패로 간주해야 하는가는 우리의 목표가 좌우한다고 말했다. ② 우리는 주어진 목표에 가치를 거는데 그 목표를 이루지 못했을 경우에만 굴욕감을 느낀다.

해설 우리가 어떤 것을 성공 혹은 실패로 간주하는가는 우리의 목표에 달려 있다는 것이 글의 주제이며 목표를 이루지 못했을 경우에만 굴욕감을 느낀다고 하였다. 이어지는 글의 흐름은 윌리엄 제임스 교수의 경우를 예로 들어 주제를 보충하는 것이다. 굴욕감에 대한 해결책으로 남들과 비교하지 말고 자신을 받아들

(③ 따라서 굴욕감의 근원인, 자신을 남들과 비교하는 것을 멈추고 자신을 받아들이는 것이 해결책이다.) ④ 제임스 자신은 자기가 하버드대 교수이자 저명한 심리학자임에 큰 자부심을 느꼈고, 그래서 누군가 다른 사람이 자신보다 더 전문적인 심리학자인 것을 발견하면 수치심을 느낄 것임을 인정했다. ⑤ 반면, 그는 한 번도 라틴어를 배우려고 한 적이 없었기 때문에 누군가가 위대한 라틴어 작가들의 작품 전체를 이해할 수 있다는 이야기를 듣는다 하더라도 전혀 기분 나쁘지 않다는 것을 알고 있었다.

이라고 제시하는 ③은 이러한 주제와는 관련이 없다.

오답분석 → ④, ⑤는 자신의 목표에 따라 수치심을 느낄 수도, 그러지 않을 수도 있음을 구체적인 예를 통해 보여주고 있다. 심리학자, 라틴어 등 글의 흐름과 무관해 보이는 어구가 나온다고 해서 답으로 고르지 않도록 하자.

어휘 •endeavor 노력, 시도 •dictate 좌우하다; 명령하다 •triumph (큰) 업적[승리] •catastrophe 참사; 실패; 곤란 •humiliate 굴욕감을 주다 *cf.* humiliation 굴욕; 창피 •cease 중단되다; 중단시키다 •embrace 포옹하다; 받아들이다, 수용하다 •prominent 저명한; 두드러진; 중요한 •set out to-v (목표한 바를 이루기 위해) v하기 시작하다

구문 [7~9행] ~, and he admitted that he **would feel** ashamed / **if** he **found** that someone else was more of an expert psychologist than he was.
admitted의 목적어절에 〈if + S′ + 동사의 과거형 ~, S + 조동사 과거형 + 동사원형 ...(~라면 …할 텐데)〉의 가정법 과거 구문이 쓰였다.

4. ④
p.108

해석 뇌 의식 구조는 의심할 여지없이 진화론에서 가장 눈부신 업적 중 하나이다. ① 불행히도 뇌 의식 구조가 가지고 있는 수많은 경이로운 특징에도 불구하고 그것은 그다지 바람직하지 않은 많은 면도 발전시켜 왔다. ② 인상적인 진화적 적응은 결국 현실을 정확히 파악하는 능력을 어느 정도 심각하게 방해한다. ③ 정신이 어떻게 작용하는지에 대해 더 많이 알수록, 우리가 세계를 경험할 때 거치는 필터에 어떤 고유하게 내재된 편견이 있다는 점을 더 깨닫게 된다. (④ 다른 사람에 대한 이러한 편견은 사회 구조를 해치는 파괴적인 고정관념의 형태를 취한다.) ⑤ 만약 우리가 이런 편견들이 어떻게 작용하는지를 이해하지 못한다면, 사고와 행동을 결코 의식적으로 통제하지 못할 것이다.

해설 글은 뇌 의식이 우리가 현실을 정확히 인식하는 능력을 방해하는 편견을 내재하고 있다고 말하고 있다. ④는 These biases로 시작하여 앞 문장의 built-in biases를 받는 것처럼 보이지만, 사회를 해치는 다른 사람에 대한 고정관념에 대해 말하고 있으므로 앞서 말한 글의 주제와 어울리지 않는다. ④의 These biases가 ③, ⑤의 biases와 연결되어 마치 글의 흐름과 어울리는 것처럼 연출하였으나, 단순히 어구의 등장 여부만으로 정오답을 판단하지 않도록 한다.

어휘 •consciousness 의식; 자각 *cf.* conscious 의식적인; 자각하는 •mechanism 구조[기제]; 방법, 메커니즘 •splendid 멋진, 눈부신, 뛰어난 •evolution 진화(론); 발전 *cf.* evolutionary 진화(론)의 •desirable 바람직한 •adaptation 적응, 순응 •end up v-ing 결국 v하다 •place[put] obstacles in the way of ~을 방해하다 •apprehend 체포하다; 파악하다, 이해하다 •peculiar 이상한, 기이한; 고유한, 독특한 •bias 편견, 선입견 •destructive 파괴적인 •stereotype 고정 관념 •fabric 직물, 천; (사회·조직 등의) 구조

구문 [5~7행] **The more** we learn about how the mind works, **the more** we realize that *the filter* [through which we
                                                                                                                    S′
experience the world] has some peculiar built-in biases.
                       V′   O′
〈The + 비교급 ~, the + 비교급 ...〉: ~할수록 더욱더 …하다

5. ②
p.109

해석 H. G. 웰스의 〈해방된 세계〉는 핵무기가 발명되고 투하되기 거의 100년 전에 핵무기 가능성의 윤곽을 그렸다. 당시 방사능의 힘이 기밀은 아니었으나 그것의 파괴적 사용을 예측한 사람이 웰스였다. ① 나는 작가가 우리 인간의 미래를 날카롭게 꿰뚫어볼 때 나타나는 특별한 몇 가지 재능이 있으며, 더욱 중요한 것은, 그들이 과학자들과 비슷한 역할을 한다고 생각한다. (② 확실히, 과학자와 예술가는 동류인데, 예술의 과정 그 자체가 일종의 실험이기 때문이다.) ③ 그들의 예술적 상상력은 그

해설 작가의 미래에 대한 통찰력에 대한 글이다. 작가는 과학자처럼 미래에 대한 통찰력을 보여줄 수 있고, 우리에게 그 통찰을 전달할 의무가 있다는 내용이 이어지는 흐름이다. ②는 ③

들이 현재의 순간과 심지어 인간의 경험을 넘어 우리를 포함한 넓은 생물망까지 볼 수 있게 한다. ④ 작가는 이 통찰을 우리 모두에게 신중히 전달할 의무를 가지는데, 만약 그들이 그러지 않는다면 우리는 모든 것을 잃을지도 모르기 때문이다. ⑤ 작가들이 역할을 잘 수행한다면, 작가들은 과학자들이 발전시키고자 노력하고 있는 복잡한 인간 사회를 우리가 이해하고 평가할 수 있도록 도와줄 것이다.

에 나오는 '예술적'이라는 내용과 연결되는 것처럼 보이지만, 예술가와 과학자가 동류라는 것은 글의 주제와 전혀 관련이 없다.

어휘 •**outline** 개요를 서술하다, 윤곽을 보여주다 •**atomic** 원자의; 핵무기의 •**radioactivity** 방사능[성] •**anticipate** 예상하다; 기대하다 •**destructive** 파괴적인 •**usage** 사용; (단어의) 용법[어법] •**kin** 친족, 친척 •**owe it to A to-v** v하는 것이 A에 대한 의무이다 •**insight** 통찰(력) •**evaluate** 평가[감정]하다

최고 오답률 **Case** Study **2**

④
p.110

해석 집단 구성원들 사이의 사회적 유대감과 애정의 역할에 대한 다음의 암시를 고려해보라. 만약 강한 유대감이 단 하나의 반대 의견이라도 나올 가능성을 낮춘다면, 집단과 단체의 성과는 손해를 입을 것이다. ① 투자 클럽에 대한 한 연구는 최악의 성과를 보이는 집단이 정서적인 유대관계 위에 조직되었고 기본적으로 사교적인 반면, 최고의 성과를 내는 집단은 사교적인 관계를 제한했고 돈을 버는 데 집중했다는 것을 보여주었다. (→ 오답률 4%) ② 높은 성과를 보여주는 집단에서 반대 의견은 훨씬 더 빈번했다. (→ 오답률 19%) ③ 낮은 성과를 보여주는 사람들은 보통 만장일치로 투표했고 공개적인 토론은 거의 하지 않았다. (→ 오답률 29%) (④ 그 연구가 보여준 것처럼, 높은 성과를 보인 사람들은 성과가 낮은 업무수행자들보다 사회적 유대감에 더 큰 중요성을 두었으며, 그 결과 높은 성공률을 이뤘다.) ⑤ 가장 중요한 문제는 낮은 성과를 보여준 집단의 투표자들이 가장 높은 수익을 내기보다는 사교적인 화합을 쌓으려고 했다는 것이다. (→ 오답률 7%)

해설 흔히 구성원들의 유대감과 애정이 높으면 업무수행이 더 잘 이루어질 거라는 상식을 갖고 있지만, 이 글의 내용은 유대감과 애정이 오히려 업무수행에 부정적 결과를 가져온다는 것이다. 따라서 높은 성과를 보여준 사람들이 사회적 유대감에 더 큰 중요성을 부여했고, 그것이 성공할 확률을 높였다고 이야기하는 ④는 전체 흐름과 반대된다.

오답분석 → 지문의 내용이 일반적으로 알고 있는 내용과 부합하지 않아 학생들이 글의 주제를 파악하는 데 어려움을 겪었을 것으로 생각된다. ②, ③의 오답률이 높은 것은 지문의 내용에 근거하지 않고 자신의 생각과 부합하지 않는 내용을 골랐기 때문으로 추정된다.

어휘 •**implication** (행동이 초래할 수 있는) 영향[결과]; 함축, 암시 •**bond** 결속력, 유대감 •**affection** 애착, 보살핌; 애정 *cf.* **affective** 정서적인 •**dissent** 반대 (의견) •**impair** 손상[악화]시키다 •**primarily** 주로 •**unanimously** 만장일치로 •**illustrate** (책 등에) 삽화를 쓰다; 분명히 보여주다 •**cohesion** 화합, 결합; 응집력

1. ④
p.111

해석 흔히 칭찬, 자신감 그리고 학업 성과는 함께 오르내린다고 믿어지지만, 최근의 연구는 그렇지 않다고 제시한다. 한 연구에서 심리학자들은 128명의 아이들에게 수학 문제를 풀게 한 후 단 한 문장으로 아이들 각각을 칭찬했다. ① 몇몇 아이들은 자신의 지적 능력에 대해 칭찬받았으며, 다른 아이들은 자신이 노력한 것에 대해 칭찬받았다. ② 노력에 대해 칭찬받은 학생들은 기꺼이 새로운 접근법을 생각해 내려 했고 자신의 실패를 무지함이 아닌, 노력이 부족한 탓으로 돌리는 경향을 보였다. ③ 대조적으로, 영리하다고 칭찬받았던 학생들은 그들이 이미 알고 있는 것으로 확인된 과제를 선택하려는 경향이 있었으며, 문제가 어려워질수록 끈기를 덜 보였다. (④ 간단히 말해, 이 연구는 칭찬이 바람직한 행동을 촉진하며 대인관계를 강화하는 긍정적인 정서적 영향을 끼친다는 것을 밝혔다.) ⑤ 결국, "너 참 영리하구나"라는 칭찬을 들을 때 생기는 흥분감은 불안감을 증대시키고 수행력을 떨어뜨리고 만다.

해설 흔히 사람들은 칭찬이 긍정적인 결과를 가져온다고 생각하지만, 이 글은 어떤 칭찬을 하느냐가 아이들의 수행력에 긍정적 혹은 부정적 영향을 미칠 수 있다는 연구 결과를 제시하고 있다. ④는 사람들의 상식에 근거하는 내용, 즉 단지 칭찬이 가지는 긍정적인 영향을 연구 결과로 말하고 있으므로 글의 흐름과 관련이 없다.

어휘 •self-confidence 자신감 •academic 학업의; 학구적인 •intellect 지적 능력 •willingness 자진하여 하기, 기꺼이 하는 마음 •attribute A to B A를 B의 탓[덕분]으로 돌리다 •insufficient 불충분한 •confirm 확실히 하다; 사실임을 보여주다 •persistence 고집; 끈기 •reinforce 강화[보강]하다, 힘을 북돋다 •interpersonal relationship 대인관계 •give way to ~에 못 이기다; ~로 대체되다

구문 [7~9행] ~, *the children* [who had been praised for their cleverness] tended to choose *tasks* [that confirmed^V
what they already knew^O], and displayed less persistence when the problems got harder.
S / V₁ / O₁ / V₂ / O₂

Case **Review Tests**

1. ③ p.112

해석 온도가 어떻게 음식과 음료의 맛에 영향을 미칠까? 우리가 보통 '맛'이라고 부르는 것은 더 정확히 풍미라고 하는데, 이것은 맛, 자극, 향으로 구성된다. ① 맛 그 자체는 혀로 감지될 수 있는 5가지 감각, 즉 짠맛, 단맛, 신맛, 쓴맛, 감칠맛으로만 이뤄져 있다. ② 이것들은 온도에 영향 받지 않으며, 자극 (예를 들어, 고추를 먹는 데서 오는 자극) 또한 그렇지 않다. (③ 향이 뇌가 식사를 인지하는 데 미치는 강한 영향으로 보건대, 향은 맛과 질을 높이는 데 필수적이다.) ④ 하지만 향은 코로 감지되어 온도 변화에 훨씬 더 민감한데, 이는 향이 휘발성 기름의 방출에 의해 결정되기 때문이다. ⑤ 온도가 높을수록 더 많은 기름이 방출되어 향이 더 강해지고 따라서 전체 풍미 감각이 더 강렬해진다.

해설 온도가 맛에 영향을 미치는 것은, 실제로는 온도에 영향을 받지 않는 맛이나 자극 때문이 아니라, 온도 변화에 민감한 향 때문에 전체 풍미가 달라지는 것임을 말하고 있다. ③에서는 aroma라는 단어를 사용하여 앞뒤 문맥과 연결되는 듯 보이나, 온도 변화의 영향과는 관계가 없으므로 글의 전체 흐름과 어울리지 않는다.

어휘 •irritation 짜증(나는 것); 자극 •sensation 느낌, 감각; 선풍적 반응 •perception 지각, 인식 •enhance 높이다, 향상하다 (= improve) •volatile 휘발성의; 변덕스러운

구문 [4~5행] These are not affected by temperature, and **neither is** *irritation* [from, for instance, chili peppers].
S₁ / V₁ / V₂ / S₂
⟨neither[nor] + V + S⟩: S도 V하지 않다
(= ~, and irritation from, for instance, chili peppers is not affected by temperature, either.)

2. ③ p.112

해석 메소포타미아 문화와 달리, 고대 그리스인들은 천문학에는 관심을 덜 쏟았고 우주론에 더 관심을 기울였다. 그들은 지구와 다른 천체들이 우주와 관련하여 어디에 자리 잡고 있는지를 연구하는 것에 관심이 있었다. ① 이러한 이유로 그들의 천문 관측은 정확하지 않았으며, 시간 기록상의 문제들을 불러일으켰다. ② 사실, 그리스 시대 동안 대부분의 날짜는 올림픽 대회 사이의 4년 간격인 올림피아드의 관점에서 주어졌다. (③ 올림픽 대회는 신화 속 시대부터 존재해왔지만, 그것의 기원에 대한 명확한 시기는 여전히 수수께끼와 전설 속에 가려져 있다.) ④ 만약 어떤 일이 열 번째 올림피아드에 발생했다면, 그것은 그 사건이 4년이라는 기간 내에 발생한 것을 의미했다. ⑤ 이러한 표기법 때문에 역사학자들은 골머리를 썩였고, 이들은 결국 그리스의 사건들과 다른 중요한 역사적 사건들이 일어난 실제 날짜에 대해 지식에 기반을 둔 추측을 하게 되었다.

해설 도입에서는 고대 그리스인들이 천문학보다는 우주론에 더 관심을 기울였다는 내용이 나오며, ①에서 그 결과 시간 기록상의 문제를 일으켰다는 주제가 나온다. 이후 이 주제에 대한 보충 설명으로 시간 표기에 올림피아드의 사용과 그로 인한 문제들이 나오고 있으므로 올림픽 대회의 기원 시점을 알 수 없다는 ③은 글의 흐름과 상관이 없다.

어휘 •astronomy 천문학 *cf.* astronomical 천문학의, 천문학적인 •cosmology 우주론 *cf.* cosmic 우주의 •observation 관찰; 관측; 감시 •in terms of ~의 관점에서, ~ 면에서 •Olympiad 올림피아드 (고대 그리스에서 한 올림피아 경기에서 다음 경기까

지의 4年간); 올림픽 대회[행사] • **interval** (두 사건 사이의) 간격 • **mythical** 신화 속의; 가공의 • **definitive** 최종적인, 확정적인; 최고의 • **span** (어떤 일이 지속하는) 기간[시간] • **notation** 표기법, 기호 • **end up v-ing** 결국 v하다 • **educated guess** 경험[지식]에 근거한 추측

3. ③

해석 계획적으로 동시에 여러 가지 업무를 하는 일인, 멀티태스킹은 많은 일을 처리하는 하나의 효율적인 방법으로 잘못 여겨진다. ① 십 대와 바쁜 직장인들이 그것(멀티태스킹)을 매우 좋아하지만, 사실 모든 증거는 (멀티태스킹이) 업무 수행을 심각하게 저하시킴을 나타낸다. ② 두 가지 일을 한꺼번에 하는 것은 각각을 따로 하는 데 걸리는 시간을 합친 것보다 더 오래 걸린다. (③ 요점은, 대규모로 일하고 업무 사이의 시간을 활용함으로써 얻는 효율성을 통해 누구든 더 적은 시간 안에 더 많은 일을 처리할 수 있다는 것이다.) ④ 심지어 운전 도중 손을 쓰지 않고 하는 휴대전화 통화처럼 간단하고 흔한 일도 운전 기술을 심각하게 떨어뜨리게 된다. ⑤ 이러한 이유로, 미국 연방항공청은 이착륙하는 중요한 단계에서 조종사들의 모든 불필요한 방송을 금지한다.

해설 한꺼번에 여러 가지 일을 하는 멀티태스킹은 업무 수행력을 저하한다고 말하고 있다. 따라서 대규모로 일하는 효율성을 통해 일을 빨리 처리할 수 있다고 말하는 ③은 글의 주제와 반대됨을 알 수 있다.

오답분석 → ④는 멀티태스킹이 수행력을 떨어뜨리는 하나의 예시를 들고 있으며 ⑤는 그러한 이유로 멀티태스킹을 제한하는 미국 연방항공청을 예로 들고 있다.

어휘 • **deliberately** 고의로, 의도[계획]적으로 • **simultaneously** 동시에; 일제히 • **erroneously** 잘못되게, 틀리게 • **degradation** 비하; 저하[악화] • **on a large scale** 대규모로 • **utilize** 활용[이용]하다 • **hands-free** 손을 쓰지 않고 이용할 수 있는 • **deterioration** 악화; 하락, 퇴보 • **forbid A from B** A가 B하지 못하게 (금지)하다 • **announcement** 발표 (내용); 소식 • **phase** 단계, 시기, 국면 • **takeoff** 이륙 • **landing** 착륙

구문 [7~9행] <u>Even **as** simple and common a task **as** talking on a hands-free cell phone while driving</u> <u>leads</u> to serious deterioration in driving skills.
긴 주어 부분에서 수식을 받는 명사는 a task이다. 이를 수식하는 simple and common에 〈as ~ as ...〉가 붙은 형태. 이와 같이 as가 형용사를 수식할 때 그 형용사는 as 바로 뒤에 위치하게 되어 〈as + 형용사 + a + 단수명사〉의 어순이 되었다.

4. ③

해석 보스턴에 있는 수면 클리닉의 한 연구자는 커피를 마시는 것이 장기적으로 사람들을 더 졸리게 하지 않을 수도 있는지 궁금했다. 그는 설문조사를 했고, 커피를 마시는 사람들이 일반적으로 아침에 졸음을 느낀다고 대답했음을 발견했다. ① 대개, 커피를 끊은 사람들은 그들이 (커피를 마셨을 때) 느꼈던 분명한 자극은 더 이상 없지만, 그들의 일과의 평균 생산성은 향상된다고 말한다. ② 아침마다 신체 시계를 '다시 맞추려고' 커피를 마시는 일부 사람들은 결국 제시간에 잠자리에 드는 것이 더 어렵게 되고, 그 결과 커피를 더 필요로 하게 된다. (③ 따라서 깨어있을 필요가 있을 때는 하루 내내 조금씩 카페인을 섭취하는 것이 아침에 많은 양을 마시는 관례보다 효과적이다.) ④ 카페인의 지속적인 섭취는 카페인과 반대로 작용하는 물질의 생산을 촉진하여 신체의 생화학적 불균형을 초래한다. ⑤ 결국, 커피를 마시는 사람들은 졸음과의 전쟁에서 이길 수 없고 두통과 같은 부작용에 시달리게 될 수도 있다.

해설 커피와 졸음의 관계를 밝히는 글로서 결국 커피가 졸음을 물리칠 수는 없다는 내용이다. 깨어있기 위해 커피를 아침에 많이 마시기보다 하루 내내 조금씩 마시라는 ③은 이러한 글의 흐름과는 무관하다. ③에 글의 흐름과 연관 있어 보이는 Accordingly, awake, caffeine 등의 단어가 언급되었지만, 문장의 내용이 글의 주제와 일관되는지를 충분히 파악해야 한다.

어휘 • **stimulus** 자극제, 자극이 되는 것 • **productivity** 생산성 • **in turn** 차례차례; 결국 • **dose** (복용)량 • **consumption** 소비(량), 섭취(량) • **biochemical** 생화학적인, 생화학의 • **side effect** 부작용

구문 [4~5행] Ordinarily, *people* [who give up coffee] say **that** *the clear stimulus* [they used to feel] is no longer there, / **but** **that** the average productivity of their day improves.
say의 목적어로 두 개의 that절이 but으로 병렬 연결된 구조.

해석 많은 정치학자들은 사람들이 자신에게 가장 많은 이익을 가져다줄 후보를 선택하여 이기적으로 투표한다고 가정하곤 했다. ① 공립학교 학생의 부모가 다른 시민들에 비해 정부의 학교 지원을 더 지지하는 것은 아니며, 건강보험이 없는 사람들이 보험 혜택을 받는 사람들보다 정부에서 발급하는 건강보험을 더 지지할 것 같지는 않다. ② 그보다 사람들은 인종, 지역, 종교, 혹은 정치든 그들이 속한 '집단'을 신경 쓴다. ③ 여론에 있어서, 시민들은 '이것이 나한테 무슨 이익이 되지?'라고 묻기보다 '이것이 우리 집단에 무슨 이익이 되지?'라고 묻는 듯하다. (④ 그러나 그보다 더, 투표할 때 우리 각자는 자신의 개인적 이익과 공공의 이익 사이에서 균형을 이뤄야 한다.) ⑤ 정치적 견해는 좋아하는 대학이나 스포츠 팀을 지지하는 자동차 범퍼 스티커처럼 '어떤 사회집단의 일원인지 보여주는 배지'로서 기능한다.

해설 흔히, 사람들은 개인의 이익에 따라 정치적 견해를 표출한다고 생각되지만, 이 글은 개인의 이익보다 자신이 속한 '집단'의 이익을 따라간다는 내용의 글이다. ④는 투표할 때 사익과 공익 사이의 균형을 이뤄야한다는 주장으로서 그럴듯하긴 하지만 글의 흐름과는 관련이 없다. ④에서 문맥상 핵심 어구로 보이는 self-interest, public interest 등이 사용되었다고 해서 혼동하지 않도록 한다.

어휘 •candidate (선거의) 입후보자; (일자리의) 지원자 •public opinion 여론 •indicator 지표, 척도; 계기[장치] •preference 선호(도) •supportive 지원하는, 지지하는 cf. in support of ~을 지지하여 •racial 인종(간)의 •regional 지방[지역]의 •cast a vote[ballot] 투표하다 •badge (소속·신분 등을 나타내는) 표, 배지 •membership 회원 (자격)

해석 식물은 동시에 여러 방향으로 끌어당겨질 수 있다. ① 한 각도에서 비추는 햇빛은 식물이 그 광선을 향해 구부러지게 하는 반면, 구부러지는 가지 속에 있는 전분은 식물을 똑바로 펴게 한다. ② 종종 이렇게 상충된 신호들은 식물이 자신이 처한 환경 속에서 최선의 위치에 있게 한다. (③ 예를 들어, 미모사 잎은 어떤 외부 자극에 의해 접촉되거나 빠르게 차가워질 때 거부 반응을 일으켜 안쪽으로 움츠러들 수도 있다.) ④ 토마토 냄새는, 기생 식물인 실새삼을 옆으로 당기는 반면, 동시에 중력은 그것이 계속해서 위로 자라게 할 것이다. ⑤ 고전 물리학과 마찬가지로, 식물의 모든 부위의 위치는 식물에게 자신이 어디에 있고 어느 방향으로 자랄지 알려 주는, 그것에 작용하는 힘의 양(벡터)의 합으로 설명할 수 있다.

해설 식물은 외부 자극에 의해 동시에 여러 방향으로 끌어당겨지고, 이렇게 식물에 작용하는 여러 힘의 합으로 식물이 최선의 위치에 자리할 수 있음을 말하고 있다. 미모사 잎을 예로 든 ③은 여러 힘의 영향을 받는 식물의 위치에 관한 예시가 아니므로 글의 흐름과 무관하다. For example과 같은 연결어가 쓰였다고 해서 현혹되지 않도록 한다.

어휘 •conflicting 상충[상반]되는, 모순되는 •situate (어떤 위치에) 두다, 위치시키다 •optimal 최선의, 최적의 •adversely 반대로; 불리하게 •stimulus (pl. stimuli) 자극(제), 자극이 되는 것 •parasitic 기생하는; 기생충에 의한 •vector 《수학》 벡터 (크기와 방향으로 정해지는 양)

구문 [5~7행] ~, the leaves of Mimosa may respond adversely when they are ~ external stimuli / and (may) fold themselves inward.

[9~11행] ~ as a sum of the force vectors [acting upon it] [that allow a plant to know both where it is and in which direction it should grow].
선행사인 the force vectors를 수식하는 현재분사구 때문에 관계사절이 선행사와 떨어져 있는 구조이다. 〈both A and B〉의 A와 B에 각각 의문사절이 쓰였다.

해석 〈하이퍼문화: 속도에 대해 인간이 치르는 비용〉이라는 책에서 스티븐 버트만은 미국의 속도 중독이 미국의 가치관을 바꿔 놓는다고 주장한다. 점점 더 많은 정보가 점점 더 짧은 문장으로 제시되고, 이것들은 라디오나 텔레비전에 방송된다. ① 보통 텔레비전의 황금 시간대에는 한 시간 동안 36개나 되는 광고가 등장하고 개별 이

해설 지문은 속도 중독이 가치관을 바꿔 놓는다는 글로, 속도를 늦추려는 의도적 노력이 있어야 함을 결론으로 말하고 있다. ②는 그 앞에서 나온 prime-time이라는 단어를 이용한 정답이며, ③의 Such short-lived

미지들이 오래 화면에 머무는 경우도 거의 없다. (② 황금 시간대에, 시청자들은 광고가 끝나기를 기다릴지 채널을 돌리기 시작할지의 딜레마에 당면한다.) ③ 그러한 순간적인 인상은 사람들이 삶의 모든 면에서, 심지어는 중요한 원칙과 신념에 있어서까지 일시성을 기대하도록 이끈다. ④ '현재의 힘'으로 인해 지속성은 일시적인 것으로, 기억은 (현재의) 느낌으로, 지성은 충동으로 대체되었다. ⑤ 우리는 속도를 늦추는 의도적인 선택을 내림으로써 이러한 경향에 맞서는 것이 중요하다.

impressions가 ② 앞의 내용과 연결됨을 파악하면 쉽게 정답을 유추할 수 있다.

오답분석 → ①은 그 앞 문장에서 나온 '점점 더 많은 정보가 점점 더 짧은 문장으로 방송된다'는 내용에 대해 황금 시간대를 예시로 들어 부연 설명하고 있다.

어휘 •contend 주장하다 (= argue) •transform 변형시키다 •prime-time 황금 시간대의 •impermanence 비영구성; 일시성 •persistence 끈기, 고집; 지속됨 •sensation (자극에 의한) 느낌; 감각; 선풍적인 반응 •intellect 지성, 지적 능력; 지성인 •impulse 충동; 《생물》자극 •deliberate 의도[계획]적인, 고의의

[9~10행] The "power of now" **has caused** persistence **to be replaced** by the temporary, memory (**to be replaced**) by sensation, and intellect (**to be replaced**) by impulse.
〈cause A to-v〉 구문 3개가 and로 병렬구조를 이루고 있다.

8. ② p.115

해석 시간에 대한 태도는 사회에 대해 많은 것을 이야기해줄 수 있다. 우리는 우리의 직선적인 시간 개념에 너무 익숙해져 있어서, 세상의 모든 사람이 똑같은 방식으로 시간을 경험하는 것은 아니라는 생각은 잘 떠오르지 않는다. ① 라틴 아메리카와 동남아시아와 같은 몇몇 문화에서, 시간은 전혀 일직선이 아니고, 그보다는 원형이나 나선형이거나 일련의 우아하게 겹치는 곡선에 가깝다. (② 시간은 그것에 의해 과거로부터 현재를 지나 미래로 사건이 정렬될 수 있는 잣대이며, 모든 사람에게 객관적으로 인식된다.) ③ 어떤 면에서 과거와 현재는 서로를 대체한다기보다는 나란히 공존한다. ④ 아마존 열대우림 깊은 곳에 사는 피라하 부족에게는 과거라는 것이 아예 존재하지 않는데, (피라하 부족의) 언어에 과거시제가 없으며 특이하게 창조 신화도 없기 때문이다. ⑤ 또한, 여러 문화에서 시간은 메트로놈의 일정한 박자를 따라 흘러가지 않고 필요에 따라 늘어나고 구부러질 수 있다.

해설 우리가 익숙한 직선적인 시간 개념과는 다른 시간 개념을 가진 문화에 대해 설명하는 글이다. ①, ③, ④, ⑤ 문장은 모두 이러한 흐름으로 전개되고 있지만, ②는 직선적이고 일정한 잣대로서의 시간을 설명하므로 이에 맞지 않는다. 도입 문장에서 직선적 시간 개념에 대해 설명하고 있어서, 혹은 평소 우리가 상식적으로 여기는 시간 개념에 따라 판단하지 않도록 한다.

어휘 •linear (직)선의 •conception 개념; 구상, 고안; (난소의) 수정, 임신 •spiral 나선(형), 소용돌이 •elegant 우아한 •intersect 교차하다 •objectively 객관적으로 •coexist 공존하다 •alongside ~ 옆에, 나란히; ~와 함께, ~와 동시에 •displace 대체하다; 옮겨 놓다; 쫓아내다 •flex 구부리다

구문 [1~3행] We are **so** used to our own linear conception of time **that** it scarcely occurs to us that not everyone
가주어   진주어
in the world experiences time in the same terms.
〈so ~ that ...〉: 매우 ~해서 …하다

9. ④ p.116

해석 개 한 마리가 카트에 묶여 있고 그 개가 따라오길 원한다면, 그 개는 끌려오기도 하면서 따라오기도 하는 것이다. 그 개가 따라오길 원치 않는다 하더라도 그 개는 어쨌든 (따라오도록) 강요당할 것이다. ① 마찬가지로, 일이 우리가 바라는 대로 되지 않을 때, 우리 역시 목에 줄을 두르고 있음을 곰곰이 생각해야 한다. ② 그러나 우리와 개 사이의 비교가 어떻든 간에 우리에게는 결정적으로 유리한 점이 있다. 그것은 바로 '이성'이다. ③ 이성은 우리의 소망이 현실과 상충할 때 우리로 하여금 결정을 내리게 하고 불가피한 것들에 기꺼이 승복하게 한다. 그래서 그것은 우리가 우리와 불가피함 사이에 묶인 끈의 긴장을 조정할 때 어느 정도의 자유로운 느낌을 제공해준다. (④ 그런 관점에서, 이성은 우리가 카트를 알아차리고 카트를 따라가는 것이 유일한 혹은 반드시 최선의 선택은 아님을 이해하게 해준다.) ⑤ 우리는 운

해설 우리는 마치 카트에 묶인 개처럼 운명에 끌려 다닐 수밖에 없는 존재이지만, '이성'을 통해 불가피한 상황에 승복하여 어느 정도의 자유를 누릴 수 있다고 말하고 있다. ④는 불가피함을 상징하는 카트를 이성이 따라가지 않는 선택을 내리게 해준다는 내용으로 글의 전개상 흐름에 맞지 않는다. 주제가 도입 부분에 나오지 않으므로 흐름 파악에 주의하며 읽어야 한다.

명의 방향을 바꾸기에는 무기력할지 모르지만, 우리만의 독특한 자유를 찾는 것은 어찌할 수 없는 것에 대한 우리의 자발적 수용에 있다.

오답분석 → ⑤는 ③의 내용을 다시 정리하며 글의 결론을 도출하고 있다.

어휘 • **compel** 억지로 시키다, 강요하다 • **leash** (개 등을 묶어두는) 가죽끈[줄] • **submit** ((to)) (~에) 복종[굴복, 항복]하다 • **willingly** 기꺼이, 자진해서 • **unavoidable** 피하기 어려운, 불가피한 (= inevitable) • **adjust** 조절[조정]하다 • **voluntary** 자발적인; 자원봉사로 하는 • **acceptance** 수락, 용인 • **necessity** 필요(성); 필수품; 불가피한 일 • **distinctive** 특유의, 구별되는

[2행] **If it doesn't want to follow, it will be compelled in any case.**
여기서 it은 '~하더라도'의 의미로 '양보'를 나타낸다.

[5~7행] It ┌─ allows us to determine / when our desires conflict with reality
        │   V₁   O₁   OC₁
        │   and then
        └─ forces us to submit willingly to the unavoidable;
             V₂   O₂   OC₂

[10~12행] **We may be** *powerless* [**to alter** the course of destiny] // but $\boxed{\text{it is}}$ *in our voluntary acceptance of necessity* $\boxed{\text{that}}$ we find our distinctive freedom.
to alter ~ destiny는 형용사 powerless를 수식하는 부사적 용법으로 쓰였다. '~하기에 ···한', 즉 '바꾸기에는 무력한'의 의미. 두 번째 등위절에는 〈it is ~ that〉 강조구문이 쓰였다. in our voluntary acceptance of necessity를 강조.

10. ③

p.116

해석 대 피라미드와 치첸이트사의 마야 사원처럼 천문학에 기반을 둔 고대 구조물들이 (당시) 평민들의 과학을 보여주는 기념비라고 생각해야 할까? 사실, 그것들은 사회 엘리트가 자연 지식을 장악한 최초의 사례와, 그 결과로 인한 첫 번째 과학 엘리트의 등장을 나타낸다. ① 먼저, 초기 계급 사회의 정상에 있었던 사람들은 기념비적 건축물을 건설하기 위해 노예와 다른 형태의 강제 노동을 동원했다. ② 그리고 건축물이 완성되자, 그들은 정치권력의 주요 요소로 천문학 지식을 독점하는 데 그 구조물을 이용했다. (③ 그 천문학적 구조물 덕분에, 관측의 정확도와 달력의 정밀도가 높아졌고, 일[월]식 예측과 같은 중요한 혁신이 이루어졌다.) ④ 통치자들은 그들이 보조금을 지급한, 하늘에 관한 기밀 지식 전문가로 구성된 천문학 관료의 도움으로 국가의 권력을 강화했다. ⑤ 천문학은 이처럼 '훈련된 전문가들의 특권'이 되었다.

해설 고대의 천문학적 건축물들과 지식은 당대의 일반 사람들의 과학이 아니라, 권력을 위한 사회 지도층의 특권이었다는 내용이다. 그러나 ③은 천문학적 건축물로 인해 얻을 수 있었던 이점에 대해 말하고 있으므로 글의 흐름에서 벗어난다.

어휘 • **astronomically** 천문학적으로 *cf.* **astronomical** 천문학의; 어마어마한 • **oriented** ~을 지향하는, ~ 위주의 • **monument** 기념비(적인 것) *cf.* **monumental** 기념비적인; 엄청난 • **domination** 지배, 통치 • **mobilize** 동원되다; 동원하다 • **involuntary** 자기도 모르게 하는; 원치 않는 • **monopolize** 독점하다 • **component** (구성) 요소, 부품 • **accuracy** 정확(도) • **observation** 관찰; 관측; 주시 • **precision** 정확, 정밀; 신중함 • **innovation** 혁신, 쇄신 • **eclipse** (일식·월식의) 식(蝕) • **consolidate** 강화하다; 통합하다 • **bureaucracy** 관료 (체제); 관료 국가 • **specialist** 전문가, 전공자 • **subsidize** 보조금을 주다 • **privilege** 특권; 특혜

[11~14행] **The rulers** <u>consolidated</u> <u>the power of the state</u> / with the help of *an astronomical bureaucracy* [made up
        S   V   O
of *specialists* [in secret knowledge of the sky] [**whom they** subsidized]].

관계대명사 whom은 specialists를 가리키며, they는 The rulers를 가리킨다.

어법의 시작과 끝은 쎄듀다!

파워업 어법어휘 모의고사의
최신 개정판

어법끝
실전 모의고사

수능 어법의 **실전감 향상**

1 완벽한 기출 분석 및 대처법 소개

2 TOP 5 빈출 어법 및 24개 기출 어법 정리

3 최신 경향에 꼭 맞춘 총 288문항

4 [파워업 어법어휘 모의고사]의 어휘 부분을 제외하고
어법을 보강하여 개정!

기출편 ➤ **실전편** ➤

| 기출의 맥 | 기출 꿰뚫기 | 핵심 예상문제 20회 | 실전 모의고사 33회 | 고난도 모의고사 5회 |

수능 · 내신 어법의 개념 적용

어법끝 START 실력다지기

| 어법끝 START 실력다지기의 최신 개정판 |

· 어법끝 START의 복습과 적용
· 문장형, 지문형 문제 등 다양한 문제 유형 수록
· 실전모의 15회 60문제 제공

고등 실전 어법의 완성

어법끝 ESSENTIAL

| 어법끝 5.0의 최신 개정판 |

· 역대 기출의 출제 의도와 해결전략 제시
· 출제진의 함정 및 해결책 정리
· 누적 테스트, 실전모의고사로 실전 적용력 강화

수능 어법의 실전 감각 향상

어법끝 실전 모의고사

| 파워업 어법어휘 모의고사의 최신 개정판 |

· 완벽한 기출 분석 및 대처법 소개
· TOP 5 빈출 어법 및 24개 기출 어법 정리
· 최신 경향에 꼭 맞춘 총 288문항

쎄듀북닷컴(www.cedubook.com)에서 부가 자료를 무료로 다운로드할 수 있습니다.

CEDU BOOK 쎄듀

쎄듀 초등 커리큘럼

	예비초	초1	초2	초3	초4	초5	초6
구문				초등코치 천일문 SENTENCE 1001개 통문장 암기로 완성하는 초등 영어의 기초			
문법					초등코치 천일문 GRAMMAR 1001개 예문으로 배우는 초등 영문법		
어휘				초등코치 천일문 VOCA & STORY 1001개의 초등 필수 어휘와 짧은 스토리			
		패턴으로 말하는 초등 필수 영단어 1 / 2		문장 패턴으로 완성하는 초등 필수 영단어			
ELT	Oh! My PHONICS 1 / 2 / 3 / 4 유·초등학생을 위한 첫 영어 파닉스						
	Oh! My SPEAKING 1 / 2 / 3 / 4 / 5 / 6 핵심 문장 패턴으로 더욱 쉬운 영어 말하기						

쎄듀 중등 커리큘럼

	예비중	중1	중2	중3
구문				천일문 입문 구문 학습 기초
		천일문 기초 1 / 2		문법 중심 구문
문법	천일문 GRAMMAR LEVEL 1 / 2 / 3			예문 중심 문법 기본서
	GRAMMAR Q Starter 1, 2 / Intermediate 1, 2 / Advanced 1, 2			학기별 문법 기본서
	잘 풀리는 영문법 1 / 2 / 3			문제 중심 문법 적용서
	GRAMMAR PIC 1 / 2 / 3 / 4			이해가 쉬운 도식화된 문법서
			1센치 영문법	1권으로 핵심 문법 정리
문법+어법		첫단추 BASIC 문법·어법편 1 / 2		문법·어법의 기초
문법+쓰기	EGU 영단어&품사 / 문장 형식 / 동사 써먹기 / 문법 써먹기 / 구문 써먹기			서술형 기초 세우기와 문법 다지기
				올씀 1 기본 문장 PATTERN 내신 서술형 기본 문장 학습
쓰기		거침없이 Writing LEVEL 1 / 2 / 3		중등 교과서 내신 기출 서술형
		중학영어 쓰작 1 / 2 / 3		중등 교과서 패턴 드릴 서술형
어휘	어휘끝 중학 필수편		중학 필수어휘 1000개	어휘끝 중학 마스터편 고난도 중학어휘 +고등기초 어휘 1000개
독해		Reading Relay Starter 1, 2 / Challenger 1, 2 / Master 1, 2		타교과 연계 배경 지식 독해
		READING Q Starter 1, 2 / Intermediate 1, 2 / Advanced 1, 2		예측/추론/요약 사고력 독해
독해전략		리딩 플랫폼 1 / 2 / 3		논픽션 지문 독해
독해유형		Reading 16 LEVEL 1 / 2 / 3		수능 유형 맛보기 + 내신 대비
			첫단추 BASIC 독해편 1 / 2	수능 유형 독해 입문
듣기		신간 Listening Q 유형편 / 1 / 2 / 3		유형별 듣기 전략 및 실전 대비
		쎄듀 빠르게 중학영어듣기 모의고사 1 / 2 / 3		교육청 듣기평가 대비